21 世纪通识教育系列教材
21st Century Textbooks of General Education

量化交易入门与Python实践

Introduction to Algorithm Trading with Python

覃雄派 陈跃国 ◎ 编著

中国人民大学出版社
· 北京 ·

· 出版说明 ·

随着信息时代的来临、经济全球化的深入与文化软实力竞争的加剧，重视大学生人文素养与创新能力的培养，提升大学生的综合素质，已成为各国教育改革与发展关注的重点和热点。人们越来越意识到：高等教育不仅要培养大学生良好的专业素质，更重要的是使得他们在走向社会之后拥有长足的自我拓展能力。只有以宽口径、厚基础、复合型为人才培养目标，才能更好地提高我国高等教育的质量，培育出适应现代社会需求的具备公民意识、社会责任感与创新精神的优秀人才。

从中外大学通识教育的实践来看，通识教育是一项系统工程，而课程体系建设始终是推进通识教育的核心任务，教材建设则又是其中的重要环节。为满足广大高校师生对高质量通识教育教材的需求，中国人民大学出版社组织多学科、多领域的专家学者，在广泛调研与深入研讨的基础上，组织编写了这套“21 世纪通识教育系列教材”，为推动高等学校通识教育教材建设进行了探索。

本套教材分为人文、政法和经管三大板块，定位为非专业统开课教材，突出“通识”的特色，强调内容阐释的“基础”和“宽度”，力求突破单纯的“专业视域”或“知识视域”，引导学生调整知识结构，拓宽文化视野，以达成人才培养效果上的“宽度”，从而实现高等教育培养复合型人才的目标。

本套教材中的每一本均由该学科领域有影响力的专家学者领衔编撰。通识教材的“基础”与“宽度”，需要特别重视教材纲目与内容的适用性、可拓展性和灵活性。唯有在该领域具有丰富教学经验及精深学术水准的名家，方能“取精用弘，由博返约”，编撰出体现“通识”特色的高水平教材。

本套教材形式与内容和谐统一，教材内容基础适用，语言简洁生动，并辅以典型、有趣的案例、图表，轻松活泼的栏目和插图等，图文并茂，引人入胜，照顾到青年学生群体的阅读习惯。

作为出版者，我们特别希望通过加强通识教育教材建设，推进高校课程体系的融会贯通，提高学生跨学科、跨文化的理解能力，为学生未来的职业生涯与人生发展奠定良好的知识和能力基础。这套通识教育系列教材只是开始，期望更多的专家学者共襄此事，推进通识教育教学的改革与发展。

中国人民大学出版社

·前　言·

深度学习技术的进步和突破，带动人工智能领域重新焕发青春活力。利用人工智能为各行各业赋能，成为时代的主题。

从2013年开始，作者在中国人民大学为全校开设通识课“金融大数据分析与量化交易”。该课程讨论如何利用成熟的人工智能、统计分析技术给交易赋能，实现交易的自动化和智能化。

在教学过程中，作者参考了现有的教材和大量其他资料，不断丰富讲义，经过整理，形成本书。

本书作为量化交易的入门书籍，适合计算机、信息、统计学、经济学、金融学等专业的本科生使用。

本书提供丰富而又简单的实例，娓娓道来，尽快把读者领入量化交易的大门。希望本书能引发读者思考，助力读者起跳，去构想和实现更加先进的策略，去市场上实战。

本书代码均可以从在线资源网址 https://blog.csdn.net/xiongpai1971/article/details/89426911 下载。

目　录

1 量化交易

1.1 量化交易简介

1.1.1 量化交易的定义及优势

算法交易和量化交易，分别是从 algorithm trading 和 quantitative trading 直接翻译过来的。除此之外，还有自动化交易（automated trading）、程序化交易（programmed trading）等相似的概念。在这里，不深入剖析这些概念的细微差别。我们认为，这些概念的内涵将逐渐趋同。

所谓量化交易，是建立交易模型，利用计算机系统强大的信息处理能力，分析必要的数据，产生交易信号，自动执行订单，以期获得利润的过程。

量化交易具有若干优势，包括：(1) 交易模型体现出很强的一致性（稳定性）。交易模型不像人类投资者那样具有情感，受到情绪的影响。它仅仅依赖于数据分析结果，进行交易决策。因此，它能够保持一致的交易行为，克服贪婪、恐惧、侥幸心理，克服认知偏差，达成投资者最重要的一种素质，即严格的纪律性。相反，人类投资者受到自己情绪的影响，在投资过程中很难坚持既定的原则。(2) 交易模型可以同时处理与多个金融资产（股票、期货等）相关的海量信息，包括价格、新闻、政策发布、博客等，快速分析市场各个要素之间的关系。人脑是没有办法在短时间内对大量的数据做一个完整的梳理和处理的。(3) 由于有强大的计算机加持，交易模型进行数据分析和执行订单的速度（效率）比人更快（更高）。计算机在容量和速度方面远超人脑。

利用最新的机器学习技术，量化交易系统突破了人类基金经理工作时长、身体精力、工作稳定性的限制。

> 谈到计算机的强大数据处理能力，以 AI 量化交易的先驱 Rebellion 为例，他们大量收集各种数据。把超过 20 年的全球经济和市场数据交给计算机，让计算机找出不同因素是如何影响各类资产价格的，细致到不同行业和地区的差别。
>
> 由于交易模型无须遵循固定的交易策略，而是自己去寻找价格变化的因素和价格变化的模式，交易策略是自适应的（self-adaptive）。
>
> 借助金融知识（知识图谱），系统甚至能够自动识别概念板块、板块间和板块内部的互动（拉动）等规律。

需要强调的是，量化交易并不是万能的。计算机系统永远无法达到投资经理的市场敏锐度、理解能力、反应能力和心理素质。计算机系统的优势在于它能够不知疲倦地追踪和分析大量的数据。

金融市场(股票市场、期货市场等)是一个动态变化的复杂系统,进行价格预测是一件很困难的事情。尤金·法马(Eugene Fama)在 20 世纪 70 年代提出了著名的有效市场理论(efficient market hypothesis, EMH),它指出所有可以获得的信息立即反映在股票价格的变化中。只有新的信息到达,才能引起股票价格的新变化。每只股票在证券交易所以公平价格交易,市场对股票的错误估值都可以即时修正。对金融市场的价格运动进行预测几乎是不可能的。

但是,一方面,信息的传播是有一定的延迟的;另一方面,不同的人对接收到的同一信息会有不同的解释。研究表明,一些宏观经济变量(macroeconomic variable)和技术指标(technical indicator)在一定程度上能够预测股票价格的未来变化。比如,相关研究表明,南亚地区的四个股票市场的未来收益存在一定的可预测性(predictability)。

1.1.2 国内外量化交易简况

在实际应用中,世界范围内的各大银行、对冲基金(hedge fund)、投资机构广泛采用算法交易技术和模型。根据调查,2000 年,仅在美国由华尔街的算法交易系统发出的订单(order),就占到全美股票交易量的 40%。到 2008 年,这个数字攀升到 60%;到 2014 年,这个数字超过 70%。这些交易系统属于各大投资银行、对冲基金、机构投资者等。它们各展其能,研发了专有的量化交易技术,对于技术细节则秘而不宣。能赚钱的技术,是没有人愿意分享的。国内的机构投资者,包括公募基金、私募基金等,也开始采用量化交易系统、技术和策略。

很多私募基金开始尝试量化交易,有的挣到钱了,很低调;没有挣到钱的,就更低调了。进入这个领域并且实现很好的收益的团队,都有很厉害的角色。

在一个团队里,需要编程能力很强的人,需要对业务有深刻理解的人。如果有一个人,他既对市场有深刻理解,能够挑选合适的因子和设计强大的策略,编程能力还很强,那么这个人就能够顶得上一个团队。但这种情况是很少见的,更多的私募基金需要聚拢各方面的人才,来做量化交易。

1.1.3 量化交易和人工智能、深度学习

随着大数据时代的到来和深度学习等人工智能技术的爆发,很多量化交易公司开始利用人工智能、深度学习技术来做交易。也有很多投资者看到量化交易的广阔前景,创立新的量化交易公司。

这里面包括老牌的公司 Two Sigma、桥水(Bridge Water)、Rebellion 等以及近年来新成立的公司 Castilium、Binatix 等。量化交易也产生了质的变化,人工智能可以“自主”地对海量数据进行分析、拟合和预测,机器学习、深度学习、自然语言处理、知识图谱等技术都应用到量化交易中来。

值得一提的是,曾经领导 IBM Watson(在智力问答节目 Jeopardy 中打败人类选手)项目的 David Ferrucci 于 2012 年加入桥水公司,领导人工智能量化投资部门。据彭博社报道,该团队将设计新的交易算法,通过历史数据和统计概率预测未来。他们的程序将随着市场变

化而变化,不断适应新的市场状况,而不是遵循固定的模型。

1.2 量化交易的传奇人物

1.2.1 西蒙斯与文艺复兴公司、大奖章基金

提到量化交易,就不能不提到一个人,他就是詹姆斯·西蒙斯(James Simons),量化交易领域的传奇人物。

詹姆斯·西蒙斯出生于1938年,20岁本科毕业(麻省理工学院),23岁博士毕业(加州大学伯克利分校),获得数学博士学位,是一个不折不扣的天才。

博士毕业后,他很快找到了一个教职。但是他讨厌教书生活,于1964年应聘到美国国防部工作,他所在的部门是National Security Agency(NSA),主要工作是破译密码。他要破译的不是普通的电脑密码,而是苏联的通信密码。这项工作需要很高深的数学理论基础,这正是西蒙斯所擅长的。西蒙斯的同事里有很多厉害的人物,包括隐马尔科夫模型的发明人等。

在美国国防部工作期间,西蒙斯完成本职工作后还有大把时间。于是他继续研究数学,还发表了水平很高的数学论文。后来,西蒙斯由于发表反战言论被国防部开除了。

1968年,纽约州立大学石溪分校成立了数学系,要招聘一个系主任。30岁的西蒙斯被任命为该系的系主任。在这期间,西蒙斯和丘成桐还有交集,丘成桐是西蒙斯的师弟。丘成桐前来应聘,他要求终身教职,西蒙斯没有答应。丘成桐之后很快获得了数学界最高奖——菲尔兹奖,可见西蒙斯也有看走眼的时候。

西蒙斯在学术界风生水起,还和他的导师陈省身教授发表了陈-西蒙斯定理。他1976年获得了维布伦奖,这是几何学界最高奖,每5年颁发一次。

1978年,西蒙斯辞去数学系主任职务,开始下海创业,做投资。他的数学天分在华尔街得到充分发挥,他创造了很多难以企及的纪录,成为世界上最伟大的对冲基金经理之一。与巴菲特的价值投资不同,西蒙斯使用的方法是量化投资。

西蒙斯成立的公司名字叫作文艺复兴科技公司(Renaissance Technologies Corporation)(以下简称"文艺复兴公司"),看起来跟投资一点都不沾边。文艺复兴公司是量化投资的先驱,公司发布的第一只基金称为大奖章基金(Medallion Fund),据说是为了纪念他获得维布伦奖。

1.2.2 文艺复兴公司的核心竞争力

文艺复兴公司招聘了大量人才,他们都是牛人,包括程序员、数学博士等;甚至还有天体物理学博士,他们看起来和华尔街完全沾不上边,却做到了传统的华尔街人做不到的事情。他们运用数学、统计学方法,建立预测模型,搜集大量数据,从中寻找金融资产价格、宏观经济、市场指标、技术指标等各种变量间的关系,发现市场中的微小获利机会。

有些程序员在进入文艺复兴公司之前已经工作多年,获得名校(比如斯坦福大学等)的计算机博士学位。其中一个程序员叫Peter Brown,是李开复的师弟。有些数学博士在进入文艺复兴公司之前,已经在大学(比如康奈尔大学)做教授很多年。

文艺复兴公司既做股票的量化交易,也做期货的量化交易,甚至包括债券、外汇等。

文艺复兴公司的核心竞争力是数学和编程。公司员工收集价格数据,利用数学工具加以分析,完成交易决策,并且把这些交易思想写成程序,让计算机来自动运行。他们一开始在日线数据上使用隐马尔可夫模型来对股票市场进行建模,列举了 8 个状态,试图应用到交易中,但不是很成功。

人才的加入带来了新的见解,一些建议得到采纳,比如:(1) 模型交易的频率不能过低,最好提高到一天一次的水平;(2) 不能仅使用日线数据,也要用到日内数据,甚至逐笔数据;(3) 每次下单要做到和盈利概率正相关等。文艺复兴公司的量化交易模型越做越好。

文艺复兴公司利用数学工具,寻找用于交易决策的因子。他们试图通过数据分析,找到价格序列中的某种规律性,并确保这些规律性是可持续的、可重复的,而不是随机的。他们基于这样的因子做出交易决策。即便他们不了解其中的机理,只要在统计上具有显著意义就够了。当然,如果能够给出合理的解释就更好了。

进入 21 世纪,随着大数据时代的到来和数据价值的显现,文艺复兴公司在数据收集方面进一步发力,它收集包括行情、财报、新闻等所有可以收集到的信息。基于这些信息,利用统计模型,争取提前足够的时间去预测价格的变化。公司研究股票价格、期货价格和各种经济数据(比如利率、经济增长)的关系,甚至研究期货价格和天气(天气影响农产品收成)的关系。

文艺复兴公司每天下单上万笔(15 000~30 000 笔),一般持仓 1~2 天,称为短线策略。这和高频交易是不一样的,高频交易一般指持仓时间很短的交易,比如持仓几十秒、几分钟等。

2004 年之后,西蒙斯开始尝试一些长线策略,他发起了新的基金做这件事。

1.2.3 西蒙斯和文艺复兴公司的成绩

公司步入正轨以后,从第二年开始,西蒙斯和他的文艺复兴公司就没有一年是亏损的,并且持续 30 年之久,不断续写着传奇。

1988—2015 年,大奖章基金年均回报率高达 34%。这个数字,较索罗斯等投资大师同期的年均回报率高 10 个百分点,较同期标准普尔 500 指数的年均回报率高 20 多个百分点,比股神巴菲特近 20 年间的平均回报率高 18 个百分点。

文艺复兴公司最初管理的资金规模为 2 000 多万美元,后来增长很快,1992 年达到 2.8 亿美元,1994 年达到 6 亿美元。1998 之后,文艺复兴公司逐渐进入稳定期,既交易股票,也交易期货。期货部分占公司收入的 90%,股票部分占 10%。随着股票部分研发的投入和模型的成熟,股票部分的收入占比在增长。

1995—2000 年,文艺复兴公司的夏普指数是 2.5,基本保证 20 年不会有年度亏损。2000 年,公司管理的资金规模达到 40 亿美元。

文艺复兴公司把业务逐步扩展到更多的市场,包括加拿大、德国等。到了 2003 年,夏普指数达到 6,这是分散化的效果。进入 2004 年,夏普指数甚至达到 7.5。

2005 年,文艺复兴公司的大奖章基金过去 15 年的费后年化收益率达到 38.4%。美国的 *Alpha* 杂志每年根据调查发布对冲基金经理收入排行榜。2005 年和 2006 年,西蒙斯分别以 15 亿、17 亿美元的净收入,稳坐全球最赚钱对冲基金经理宝座,2007 年以 13 亿美元屈居第五。

2007 年 8 月,金融危机开始露出苗头。西蒙斯坚持对量化交易实施干预,以便及时止损,他认为争取活下去才是最重要的。文艺复兴公司开始清空股票,大奖章基金一周之内损失 10 亿美元。很快西蒙斯决定重新启动量化交易,他们的策略继续奏效,继续赚钱。有些员工抱怨,如果不停下程序的话,还可以赚得更多。

2008 年,大奖章基金盈利 86%,西蒙斯个人收入超过 20 亿美元,高居 *Alpha* 杂志当年基金经理收入排行榜的榜首。索罗斯当年排名第四,入账 11 亿美元。

到了 2017 年,文艺复兴公司的资金规模达到 500 亿美元,其中有很多机构投资者,包括政府基金、养老基金等。

2018 年,西蒙斯身家达到 230 亿美元。到了 2019 年,西蒙斯收入达 15 亿美元,竞争对手 Two Sigma 的两个合伙人的收入各为 7 亿美元。

截至 2019 年 6 月,文艺复兴公司大奖章基金自 1988 年以来年化费前收益率达到 66%,费后收益率达到 39%,资金总规模达到 650 亿美元。

1.3 量化交易系统

量化交易借助两大力量,分别是数学和计算机,进行海量数据处理,多角度、多层次分析市场,实现自动化交易。多角度是指量化交易系统从宏观周期、市场结构、市场情绪、估值、成长、盈利质量、分析师预测等角度进行分析。多层次是指量化交易系统在大类资产配置、行业选择、个股精选等层次上都有模型进行处理。

量化交易系统借助计算机强大的数据处理能力,选择资产进行交易,在控制风险的前提下,追求收益的最大化。

一个量化交易系统包含四个主要的模块,分别是:(1) 数据收集模块;(2) 模型与数据分析模块;(3) 订单执行模块;(4) 监控模块。见图 1-1。

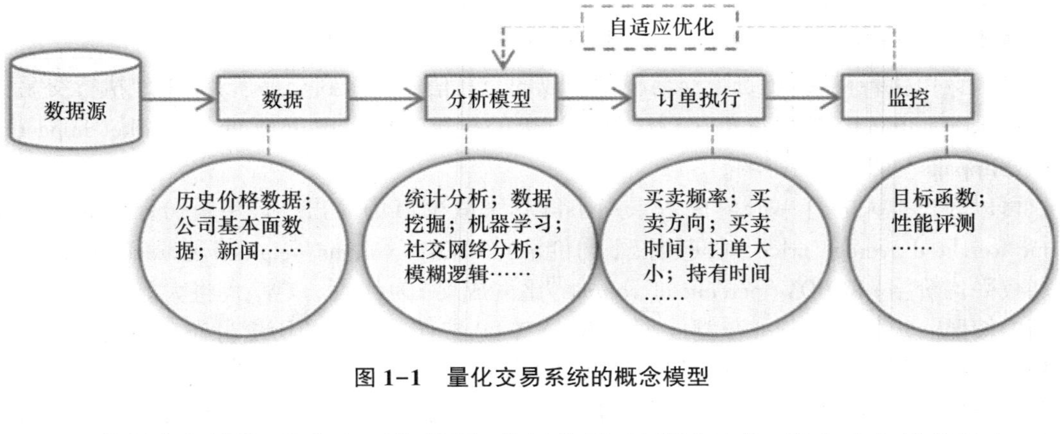

图 1-1 量化交易系统的概念模型

(1) 数据收集模块:收集必要的数据,进行分析,以帮助决策,即生成交易信号(trading signal)。可以收集的数据包括历史价格和交易量数据、新闻、博客/微博、公司的季报/年报(财务数据)、国内宏观经济数据、国际宏观经济数据、上下游厂商数据等。在这些数据的基础上,提炼因子(参数),研发量化交易策略,编写模型。生成投资组合,配合适当的仓位管理。

其中,历史价格和交易量数据可以从财经网站(比如 Google Finance)获得,实时的价格和交易量数据可以从交易所获得。新闻、博客/微博数据可以从互联网上获取。公司的季报/年报、国内宏观经济数据、国际宏观经济数据可以从权威的官方网站获取。

(2) 模型与数据分析模块:利用交易模型,分析相关的数据,生成交易信号。主要的分析方法包括统计分析、数据挖掘与机器学习方法等。近年来,大数据技术和深度学习技术应用到量化交易领域,取得良好的效果。

在互联网时代,我们可以方便地获取大量的数据。从海量数据中分辨和识别模式,需要机器学习技术和工具,这是研发更好的量化交易策略的可行路径。

人们发现,基于单一价格数据建立的交易策略,由于信息不完整带有很大的局限性。于是人们开始引入新闻、博客、名人讲话、政策发布、社交网络等,从中获得经济发展和价格变化的线索。甚至有公司运用卫星拍摄的港口集装箱图像以及农田农作物图像进行分析,预测贸易和农产品价格的未来变化。这些数据包括结构化数据(比如价格信息),也包括非结构化数据,比如新闻(文本数据)以及社交网络(图数据)等。

利用自然语言处理(natural language processing, NLP)技术、图像处理技术以及图数据分析处理技术,非结构化数据成为分析对象。对非结构化数据进行分析,转换为结构化信息,可从中探索影响市场变动的因子。人们希望计算机像人类一样,理解这些不完整的非结构化信息,并在交易决策中加以运用。

> 金融资讯信息丰富多样,包括公司的新闻(公告、重要事件)、金融产品资料(股票、期货等)、宏观经济信息(通货膨胀、失业率等)、政策法规(宏观经济政策、税收政策等)及社交媒体评论等。
>
> 利用自然语言处理技术,从中抽取信息(包括实体、关系、事件等),构建金融知识图谱;在语义层面提供知识的表示、存储和推理。金融知识图谱在金融预测分析中具有重要的作用。比如,在中兴事件中,可根据产业链图谱推导受到影响的关联公司。
>
> 在此基础上,智能问答系统提供知识检索的入口,可以应用于智能投研和智能投顾。理想目标是这些系统能代替投资人员做投资预测并且自动进行交易。

(3) 订单执行模块:负责把交易模型生成的交易信号发送到交易所,真正地执行交易订单(order execution),返回订单执行结果。订单的执行需要考虑市场冲击(market impact)、滑点(slippage)等因素的影响。

可以通过把大的订单分解成一系列小订单来减少市场冲击。订单拆分策略以 TWAP (time weighted average price,时间加权平均价格)、VWAP(volume weighted average price,成交量加权平均价格)和 POV(percent of volume,比例成交)为代表。TWAP 将大订单在规定的时间内按照一定的交易频率分割成小订单。VWAP 按照交易量的历史分布分割订单。POV 则将小订单以固定比例混入订单流以降低对市场的影响。

订单拆分策略技术成熟,仅仅用在订单执行部分,它不是量化交易的核心。量化交易的核心(即关键问题)是决定买还是卖、买/卖什么、什么时候买/卖以及买/卖多少等。有些文章在讲量化交易的时候,大谈特谈 TWAP、VWAP、POV 等,俨然这就是量化交易的全部或量化交易的核心。这是极具误导性的。

考虑到滑点问题(订单执行的时候,价格已经在不断变化),希望按照预期的价格拥有金融资产头寸(position)。

(4) 监控模块:负责监控系统运行。具体的功能包括进行投资组合管理、风险管理以及对模型进行持续的优化和改进等。其中,风险管理需要考虑适时地止损(stop loss)或者获利了结(take profit,也称为止盈)。

市场瞬息万变,不断演进,假设某种相关性会持续很长时间是不现实的。整个量化交易系统需要对此做出反应,随着旧关系的衰减和新关系的出现,适时进化交易策略。这种持续的优化和改进,可以是离线的,也可以是在线的。所谓离线的(offline),是指交易时间使用交易策略,闭市时间优化策略。在线的(online),是指模型可以在线更新,具有及时自我进化的能力。

在上述几大模块中,最重要的是数据分析和交易信号生成,本书将重点讨论这个问题。

1.4 交易策略的研发、测试和上线过程

交易策略的研发、测试和上线过程大致分为以下几个步骤:(1) 交易策略研发。在这个阶段,程序员编写交易策略代码。这些代码可以是对投资专家的投资思想的固化,也可以是基于机器学习模型的策略实现。基于机器学习模型的交易策略充分利用大数据实现模型的训练,使得模型可以适应不同的市场状况,做出比较准确的预测。(2) 历史回测(back testing)。交易策略开发完成之后,首先要在历史数据上进行回测,并计算性能指标,根据性能指标评价模型的优劣。(3) 实盘模拟(paper trading)。如果对模型的历史回测得到的结果比较好,也就是交易模型在历史数据上的表现不错,则可以考虑把模型应用到实时的交易所价格数据上。但是订单并没有路由(route)到交易所,而是模拟执行,也就是仅仅记录做了什么操作,是盈利还是亏损。实盘数据是正在发生的交易以及价格的变化,是交易模型没有见过的。模型的泛化能力决定了其性能好坏。(4) 实盘交易(live trading)。如果实盘模拟的结果显示交易策略的泛化能力还不错,就可以对交易模型进行生产部署,在实际交易中使用该交易模型。实盘交易与实盘模拟的区别在于,实盘交易的订单直接路由到交易所去执行,真金白银地盈利或者亏损。

在历史回测、实盘模拟、实盘交易等步骤中,如果发现交易策略的性能不是很理想,就需要回头去对交易模型进行调整和优化。对交易模型进行调整和优化的方法包括改变模型参数、使用新的数据和指标、使用新的数据分析方法或者对若干分析方法进行组合等。

在实盘交易过程中,需要对交易模型进行持续的监控。因为交易模型进行了真正的买卖操作,稍有不慎便造成不应有的损失。使用了一段时间以后,有可能现有的模型已经不能适应新的市场情况的变化,应该放弃该模型,研发新的模型。

1.5 量化交易系统的评价指标

对于交易模型的评价,人们最感兴趣的是其年化利润率(annualized profit ratio,也称收益率)。如果一个交易模型不能在无风险的定期存款以外创造额外的收益,就是没有用的。倘若如此,还不如直接把款项存为定期存款。假设我们投资的初始资金为 MYM10 000,一年以后资产价值(包括现金和股票)为 MYM11 000,那么利润率为 10%。如果投资周期不是一年,那么我们得到的利润率需要转化成年化利润率,计算公式为:年化收益率=(投资收益/

本金)/(投资天数/365)×100%。

人们往往追逐更高的利润率而忽视了其他方面。我们认为利润率不是越高越好,判断交易模型的优劣还需要看其他指标。

我们希望在保证稳健盈利的基础上,将风险和回撤降到一个安全可控的范围内。除了年化收益率,还有两个重要的性能指标,即最大回撤(max drawdown, MDD)和夏普指数(Sharpe ratio)。

最大回撤指标评价一个交易模型及其投资组合的风险度,最大回撤越小越好。最大回撤的计算公式为 MDD=(A-B)/A,其中 A 为最大下跌之前的资产最大净值(peak asset value before largest drop),B 为资产净值创出新高之前的最低的资产净值(lowest asset value before new high established)。

比如,一个投资组合的开始净值为 MYM10 000,这个净值经过一系列股票交易以后发生变化,第一天为 MYM17 000,第二天为 MYM8 000,第三天为 MYM13 000,第四天为 MYM7 000,第五天为 MYM19 000。那么,最大回撤为(17 000-7 000)/17 000=58.8%。最高净值 MYM19 000 没有用来计算最大回撤,因为这里的回撤是从最高点 MYM17 000 开始的。

夏普指数是由威廉·夏普(William F. Sharpe)发明的一个指标。他用标准差(standard deviation)以及超额收益(excess return)来计算每单位风险获得的收益,这里的风险指的是波动性。

假设投资组合的年化收益率为 12%,波动性为 10%,无风险的定期存款利率为 5%,那么夏普指数为(0.12-0.05)/0.1=0.7=70%。投资模型的夏普指数越高,显示投资模型越稳健,收益越好。

1.6　量化交易的核心问题

我们把钱拿在手里,一年到头不会有什么收益,考虑到通货膨胀和物价上涨,甚至可能有损失。放在活期账户或者定期账户上,则有一定的利息,但是这个利息很低。

量化交易以交易为手段,以获取利润为目的。它需要根据掌握的数据进行分析后,判断买卖的标的物(股票/期货/外汇等)、买卖的时间点、买卖的数量等。

我们可以把这个业务需求转换成一个统计分析、机器学习的问题,即利用现有数据预测未来的价格是涨还是跌或者涨跌到什么程度。

进一步地,我们可以把问题看作:

(1) 回归问题:预测未来的收盘价或者收益率。

(2) 分类问题:预测未来价格相对于今天是上涨还是下跌。

基于规则的交易策略似乎很难抽象为一个分类或者回归问题。但它是基于对未来的预期做交易,本质上也是预测。需要注意的是,靠一个基于规则的策略和一两个因子,想要“一招鲜吃遍天”,这样的想法是幼稚的。

参考文献

[1] 覃雄派, 陈跃国, 杜小勇. 数据科学概论. 北京: 中国人民大学出版社, 2018.

[2] 王秋月，覃雄派，赵素云，张静．人工智能与机器学习．北京：中国人民大学出版社，2020.
[3] 量化投资之父西蒙斯生平．https://www.toutiao.com/i6758750427782578699/.
[4] List of Funds or Trading Firms Using Artificial Intelligence or Machine Learning. https://robusttech-house.com/list-of-funds-or-trading-firms-using-artificial-intelligence-or-machine-learning/.
[5] PyAlgoTrade 中文教程．https://pyalgotrade-docs-zh-cn.readthedocs.io/zh_CN/latest/tutorial.html.

2

股票与期货基础

2.1 股票入门

2.1.1 股票的概念

股票(stock)是股份公司发行的所有权凭证。它是股份公司为筹集资金而发行给各个股东,作为持股凭证并借以取得股息和分红的一种有价证券。

每股股票都代表股东对企业拥有一个基本单位的所有权。股东与公司之间的关系不是债权-债务关系。股东是公司的所有者,以其出资额为限,对公司负有限责任,承担风险,分享收益。

股票可以转让、买卖,但不能要求公司返还其出资。股票市场是对已经发行的股票进行转让、买卖和流通的场所。

2.1.2 股票的历史和国家背书

股票是资本市场主要的长期信用工具,股票和股票交易的历史悠久。

1602 年,在荷兰阿姆斯特丹印制了世界上最早的股票——东印度公司股票。1609 年,在阿姆斯特丹成立了世界上第一个股票交易所。1790 年,美国的费城证券交易所诞生。1993 年,上海证券交易所成立。

股票是企业融资的重要渠道,对经济发展功不可没。从国外股票发展的历史和股票功能的不可替代性来看,股票交易(证券业)是一个很有前途的行业。有国家背书,证券业垮不了。

当然对普通投资者来说,股市有风险,入市需谨慎。

2.1.3 股票的种类

按照股票的上市地点和面对的投资者进行分类,股票有如下类别。

1. A 股

A 股的正式名称是人民币普通股票。它是由我国境内的公司发行,供境内机构、组织或个人(不含港、澳、台投资者)以人民币认购和交易的普通股股票。

A 股不是实物股票,以无纸化方式电子记账。实行 T+1 交割制度,有涨跌幅(10%)

限制。

2. B 股

B 股的正式名称是人民币特种股票。它是以人民币标明面值,以外币认购和买卖,在境内(上海、深圳)证券交易所上市交易的股票。它的投资者限于外国的自然人、法人和其他组织,香港、澳门、台湾地区的自然人、法人和其他组织,以及定居在国外的中国公民等。

B 股不是实物股票,以无纸化方式电子记账。实行 T+3 交割制度,有涨跌幅(10%)限制。

3. H 股

H 股是指注册地在中国内地、上市地在香港的外资股。一般是指国有企业在香港上市的股票。香港的英文是 Hong Kong,取其首字母,在香港上市外资股称为 H 股。

4. S 股

S 股是指那些主要生产或者经营等核心业务在中国内地而企业的注册地在新加坡(Singapore)或者其他国家和地区,在新加坡交易所上市挂牌的企业股票。新加坡的第一个英文字母是 S,在新加坡上市的股票称为 S 股。

5. N 股

N 股是指那些在中国内地注册、在纽约(New York)交易所上市的外资股。纽约的第一个英文字母是 N,在纽约上市的股票称为 N 股。

2.1.4 交易场所和交易规则

上海证券交易所(Shanghai Stock Exchange,简称上交所)是中国内地两个证券交易所之一。上海证券交易所创立于 1990 年 11 月 26 日,同年 12 月 19 日开始正式营业。以数字 6 开头的股票是上交所股票。截至 2020 年底,上交所上市公司数量已经超过 1 800 家。

深圳证券交易所(Shenzhen Stock Exchange,简称深交所),成立于 1990 年 12 月 1 日。以数字 0 开头的股票为深交所股票。截至 2020 年 12 月,深交所上市公司数量已经超过 2 300家。①

证券交易所是为证券集中交易提供场所和设施,组织和监督证券交易,履行国家有关法律、法规、规章、政策规定的职责,实行自律管理的法人。

2.1.5 一级市场和二级市场

股票一级市场是上市公司通过中介(证券商)向广大投资者出售新股票的地方。上市公司通过一级市场募集到自己所需要的资金,而在一级市场购买到新股的股民或机构会成为公司股东。

股票一级市场的发行价格是由上市公司确定的,并且经过国家相关部门的批准,这种行为是一次性的,并且具有单向性。买入股票之后就不能在一级市场再次卖出,想要卖出就只能通过二级市场出售。

二级市场是指已发行上市的证券进行买卖流通的市场。量化交易主要针对二级市场。

投资者可以根据自己的需要随时买进股票,也可以随时卖出股票。但是,我国实行的是

① http://data.chinabaogao.com/gonggongfuwu/2019/0U43R622019.html.

T+1 交割制度，如果想要卖出股票，就必须在购买股票的次日或者之后。

2.1.6　股票交易时间、交易单位和交易费用

股市交易时间为每周一到周五上午 9:30~11:30，下午 13:00~15:00。周六、周日及上海证券交易所、深圳证券交易公告的休市日不进行交易。

股票的计量单位是股。股票交易单位是每次买卖股票数额的标准数量。在上海证券交易所和深圳证券交易所的规定中，一手等于 100 股。委托买入的数量，必须为 100 股或其整数倍。

股票交易会发生一定的费用，具体如下：

1. 印花税

印花税是根据国家税法规定，在股票（包括 A 股和 B 股）成交后，对买卖双方投资者按照规定的税率分别征收的税金。一般为成交金额的 1‰。

为了不断降低市场交易成本、提高市场效率、减轻投资者交易负担，印花税可以调整。

2. 佣金

佣金是指投资者在委托买卖证券成交之后，按成交金额的一定比例支付给券商的费用。此项费用一般由券商的经纪佣金、证券交易所交易经手费及管理机构的监管费等构成。

A 股的佣金为成交金额的 3‰，起点为 5 元。小于 5 元按照 5 元收取。

3. 过户费

过户费是指投资者委托买卖的股票成交后，买卖双方为变更股权登记所支付的费用。这笔收入属于证券登记清算机构的收入，由证券经营机构在与投资者清算交割时代为扣收。

交易过户费按照成交金额的 0.02‰向买卖双方投资者分别收取，为“中国结算”收费，证券经营机构不予留存。

4. 委托费

在一般情况下，投资者在上海、深圳本地买卖沪、深证券交易所的证券时，向证券营业部缴纳 1 元委托费，异地缴纳 5 元委托费。

2.1.7　涨跌幅与 T+1 制度

上海、深圳两个交易所自 1996 年 12 月 16 日起，分别对上市交易的股票（含 A、B 股）、基金类证券的交易实行价格涨跌幅限制。即在一个交易日内，除上市首日证券外，证券的交易价格相对于上一交易日收盘价格的涨跌幅度不得超过 10%。超过涨跌限价的委托为无效委托。

我们不能将涨跌幅限制制度与涨跌停板制度混为一谈。在涨跌停板制度下，证券价格达到波动限制时就立即暂停交易。涨跌幅限制是一种委托价格限制，越过限制范围的委托为无效委托。

涨停板是指某一只股票价格上涨到证交所规定的限度（+10%）。跌停板是指某一只股票价格下跌到证交所规定的限度（-10%）。

“T”表示交易，“T+1”表示交易日第二天。T+1 交割制度指投资者当天买入的证券，不能在当天卖出，需待第二天才可以卖出。

注意：美国股市没有涨跌幅限制。但在股市暴跌时，整个股市会停盘一小时或干脆提早闭市。如“9 · 11”后，美股第一天大跌 200~300 点，中间停盘一小时，但是不管用。第二天

股市到午后暴跌超过 600 点，干脆闭市。

2.1.8 相关概念

下面给出股票交易的一些基本概念（包括一些行话）。

（1）建仓：指投资者判断股价将要上涨而买进股票。

（2）补仓：指在股价上涨到高位时买进股票的投资者，后来又在该股价跌到相对低位时再次买进。

（3）套牢：指投资者买进股票后，因股票价格下跌造成账面上亏损的一种现象。

（4）解套：指股价回升到买进价的附近，将股票卖出，收回资金。

（5）满仓：指投资者将全部资金用于买进股票而手中已无现金。

（6）空仓：指投资者将所持有的股票全部抛出而手中已无股票。

（7）减磅：指在股市形势看差时，投资者卖出一部分股票来规避风险。

（8）清仓：指在股市形势看差时，投资者将股票全部卖出来规避风险。

（9）多头：指股票成交中的买方。

（10）空头：指股票成交中的卖方。

（11）多头市场：股票价格普遍上涨的市场，也称为牛市。

（12）空头市场：股票价格呈长期下降趋势的市场，也称为熊市。

（13）做多：投资者预计股价将会上涨，买入股票，以期后续股价真的上涨，从而获得利润。做多是量化交易的主要买卖方向。有时候投资者没有那么多钱，可以向经纪人交纳保证金，通过经纪人向银行融资。

（14）做空：投资者预计股价将会下跌，向经纪人交付押金，借入股票（称为融券）抢先卖出，以期后续股价真的下跌，买入股票并归还股票，从而获利。

（15）利好：指刺激股价上涨的信息。包括上市公司经营业绩好转、银行信贷资金放宽、银行利率降低、社会资金充足、市场繁荣等，以及其他政治、经济、军事、外交等方面对股价上涨有利的信息。

（16）利空：指促使股价下跌的信息。包括上市公司经营业绩恶化、银行紧缩、银行利率调高、经济衰退、通货膨胀、天灾人祸等，以及其他政治、经济、军事、外交等方面促使股价下跌的不利消息。

（17）黑马：原来指赛马场上本来不被看好的马匹最后却能够意外胜出，让很多人大跌眼镜。在这里指的是本来不被人看好，但是意外有较大幅度上涨的股票。

（18）蓝筹股（blue chip）：指的是那些在行业景气和不景气的时候都有能力赚取利润，同时风险较小的公司的股票，比如中国移动。蓝筹股的价格通常较高。

（19）跳空：指股市受到强烈利多或利空消息的刺激，股价开始大幅跳动。在上涨时，当天的开盘价或最低价高于前一天的收盘价或最高价，称为跳空高开；下跌时，当天的开盘价或最高价低于前一天的收盘价或最低价，称为跳空低开。

（20）反弹：指在股市上，股价呈不断下跌趋势，终因股价下跌速度过快，而逆向回升到某一价位的调整现象。一般来说，股票的反弹幅度要比下跌幅度小，比如反弹到前一次下跌幅度的 1/3 左右时，又恢复原来的下跌趋势。

（21）反转：股价朝原来趋势的相反方向移动，分为向上反转和向下反转。

2.1.9 股票交易撮合

1. 原则

股票交易市场有很多的买方和卖方,交易所对其进行撮合。

原则是:(1) 价格优先。较高价格买进申报优先于较低价格买进申报,较低价格卖出申报优先于较高价格卖出申报。(2) 时间优先。买卖方向、价格相同的,先申报者优先于后申报者。先后顺序按交易主机接受申报的时间确定。

股票交易的撮合通过竞价方法实现。竞价方法包括集合竞价与连续逐笔竞价。

2. 集合竞价

集合竞价是指对一段时间内接受的买卖申报,一次性集中撮合的竞价方式。开盘价以集合竞价方式产生。沪、深开放式集合竞价时间为 9:15~9:25 以及 12:57~13:00,其余交易时间均为连续竞价时间。

在集合竞价期间内,交易所的自动撮合系统只储存而不撮合,当申报竞价时间一结束,撮合系统将根据集合竞价原则,产生该股票的当日开盘价。

确定成交价格的原则为:(1) 成交量最大的价位;(2) 高于成交价格的买进申报与低于成交价格的卖出申报全部成交;(3) 与成交价格相同的买方或卖方,至少有一方全部成交(量小的那一方)。

两个以上价位符合上述条件的,取其中间价并四舍五入为成交价,其所有交易以同一价格成交。

集合竞价未成交的买卖申报,自动进入连续逐笔竞价。

3. 连续逐笔竞价

集合竞价结束后,就进入连续竞价时间,即 9:30~11:30 和 13:00~15:00。投资者的买卖指令进入交易所主机后,撮合系统将按“价格优先,时间优先”的原则,进行自动撮合。价格相同时,以时间先后顺序依次撮合。

连续逐笔竞价是指对买卖申报逐笔连续撮合的竞价方式。确定成交价格的原则如下:

(1) 最高买入申报与最低卖出申报价格相同,以该价格为成交价。比如,某只股票的委托情况为:买一 7.85 元、买二 7.68 元;卖一 7.85 元、卖二 7.90 元,那么 7.85 元为成交价格。

(2) 买入申报价格高于即时揭示的最低卖出申报价格时,以即时揭示的最低卖出申报价格为成交价。比如,某只股票的委托情况为:卖一 7.85 元、卖二 7.90 元,此时若有以 7.89 元买入的委托,则以最低卖出价 7.85 元为成交价。

(3) 卖出申报价格低于即时揭示的最高买入申报价格时,以即时揭示的最高买入申报价格为成交价。比如,某只股票的委托情况为:买一 7.85 元、买二 7.68 元;若此时有以 7.69 元卖出的委托,则以最高买入价 7.85 元成交。

下面给出一个简单明了的实例①,对连续逐笔竞价进行说明。

假设有一个实体市场,市场有一个大白板,卖方和买方都把买卖需求写在白板上。

市场管理员根据白板上的报价,按照规则帮助(撮合)买卖方完成交易。撮合规则是“价格优先,时间优先”。

---

① https://www.taoguba.com.cn/.

假设市场上有很多卖大豆的(类似于某只股票),也有很多买大豆的。买卖队列如表 2-1 所示。

表 2-1 买卖队列

买/卖	价格	数量	委托人
卖 5	10.00	100	C
卖 4	6.00	50	B
卖 3	5.50	50	A
卖 2	5.20	500	丙 300,丁 200
卖 1	5.00	100	甲
买 1	4.50	100	乙
买 2	4.40	150	E
买 3	4.00	200	F
买 4	3.50	300	G
买 5	2.00	10 000	H

现在,买卖不匹配,没有办法成交。

如果这时候新来一个大豆卖家 K,觉得 4.50 元的价格很不错,向管理员报价大豆,卖出 50 斤,价格为 4.50 元/斤。注意,1 斤等于 0.5 千克。

管理员一看,可以成交了,就让卖家 K 和买家乙的单子成交。但 K 只卖 50 斤,所以上述买卖队列变成表 2-2 所示的状态。

表 2-2 买卖队列

买/卖	价格	数量	委托人
卖 5	10.00	100	C
卖 4	6.00	50	B
卖 3	5.50	50	A
卖 2	5.20	500	丙 300,丁 200
卖 1	5.00	100	甲
买 1	4.50	50	乙
买 2	4.40	150	E
买 3	4.00	200	F
买 4	3.50	300	G
买 5	2.00	10 000	H

K 卖给乙 50 斤,乙的报价单还有 50 斤,此时的成交价格就是 4.50 元。

这个时候,又来了个 X 先生,需要大豆 300 斤。他发现大豆的成交价是 4.50 元一斤,但是这个价格没有卖家,他又要的比较急,愿意加钱,认为 5.50 元以下都可以接受。于是他报价大豆，买入 300 斤，价格为 5.50 元/斤。

管理员查看白板，5.50 元下面还有 5.00 元和 5.20 元两个价位。于是按照价格优先、时间优先的原则，先把甲的 5.00 元 100 斤成交了，然后在 5.20 元这个价格上，让先报价的丙成交。由于 X 先生只要 300 斤，甲卖给他 100 斤，丙就只能卖给 X 先生 200 斤。

X 先生是以什么价格完成交易的？是 5.50 元、5.00 元还是 5.20 元呢？

为了保护买卖双方的利益，管理员规定，高于最低卖出价格的买单报价和低于最高买入价格的卖单报价，都以最优对手方价格成交。

在本例中，X 先生的报价是买入 5.50 元 300 斤，高于甲先生、丙先生、丁先生的卖出报价。最终成交价格是，先和甲先生完成一笔 5.00 元、100 斤的交易，然后和丙先生完成一笔 5.20 元、200 斤的交易。最新的成交价格变为 5.20 元。

X 先生的大豆的平均持有成本是多少元呢？可以这样计算：(5.20×200+5.00×100)/300=5.13 元。

由此可见，撮合交易就是在买卖队列和新增报价单的不断匹配中实现价格形成机制的，体现了供求关系和买卖双方的期望。

2.1.10 股票平均持有成本

我们进行股票交易的时候，可能是多买一卖、一买多卖或者是多买多卖。比如第一天买入 100 股，单价 55.00 元；第二天买入 200 股，单价 56.00 元；第三天卖出 300 股，单价 57.00 元，就是多买一卖。

我们持仓的股票有可能混杂着不同的成本，我们需要随时了解平均持有成本。下面通过几个实例来介绍，如表 2-3、表 2-4 和表 2-5 所示。

表 2-3 多买一卖

买/卖	股数	价格(元)	持仓股数	平均成本(元)	盈利(元)
买入	100	55.00	100	55.00	
买入	100	56.00	200 (100+100)	55.50*	
卖出	200	57.00	0 (200−200)	0	300†

* (55.00×100+56.00×100)/200=55.50

† 200×(57.00−55.50)=300

表 2-4 一买多卖

买/卖	股数	价格(元)	持仓股数	平均成本(元)	盈利(元)
买入	200	55.00	200	55.00	
卖出	100	56.00	100 (200−100)	55.00	100*

续表

买/卖	股数	价格(元)	持仓股数	平均成本(元)	盈利(元)
卖出	100	57.00	0 (100−100)	0	200†

∗ 100×(56.00−55.00)= 100

† 100×(57.00−55.00)= 200

表 2−5　多买多卖

买/卖	股数	价格(元)	持仓股数	平均成本(元)	盈利(元)
买入	200	55.00	200	55.00	0
卖出	100	56.00	100 (200−100)	55.00	100∗
买入	200	57.00	300 (100+200)	56.33	
卖出	100	58.00	200 (300−100)	56.33	166.70†

∗ (56.00−55.00)×100＝100

† (58.00−56.33)×100＝166.70

持仓股数、平均成本、盈利的计算,请读者参考表格中的说明。

2.1.11　K 线图

1. 一个蜡烛

为了解 K 线图,我们首先了解一个蜡烛,如图 2−1 所示。把一个时间周期(period)内的开盘价(open)、收盘价(close)、最高价(high)和最低价(low)绘制成一个立起来的矩形。

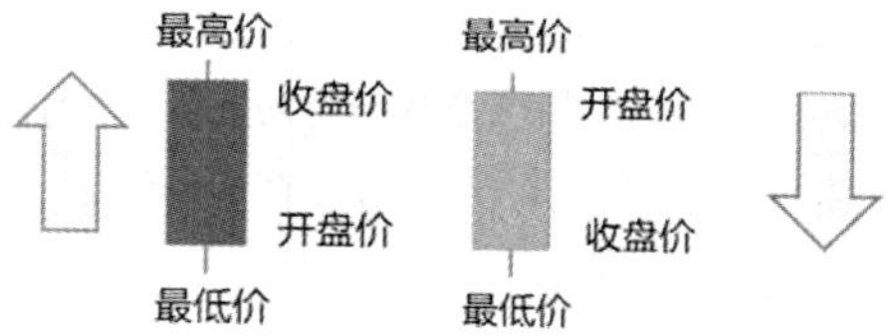

图 2−1　一个蜡烛

用矩形框的上下两边表示开盘价和收盘价。如果收盘价高于开盘价,那么下边缘为开盘价,上边缘为收盘价;否则反过来。矩形框两端各自引出的一根线,表示最高价和最低价。这就是一个蜡烛(candlestick)。

2. K 线图

把一段时间每个时间周期的蜡烛,按照时间顺序绘制在一张图上,就是 K 线图。K 线图的横轴表示时间,纵轴表示价格,如图 2−2 所示。

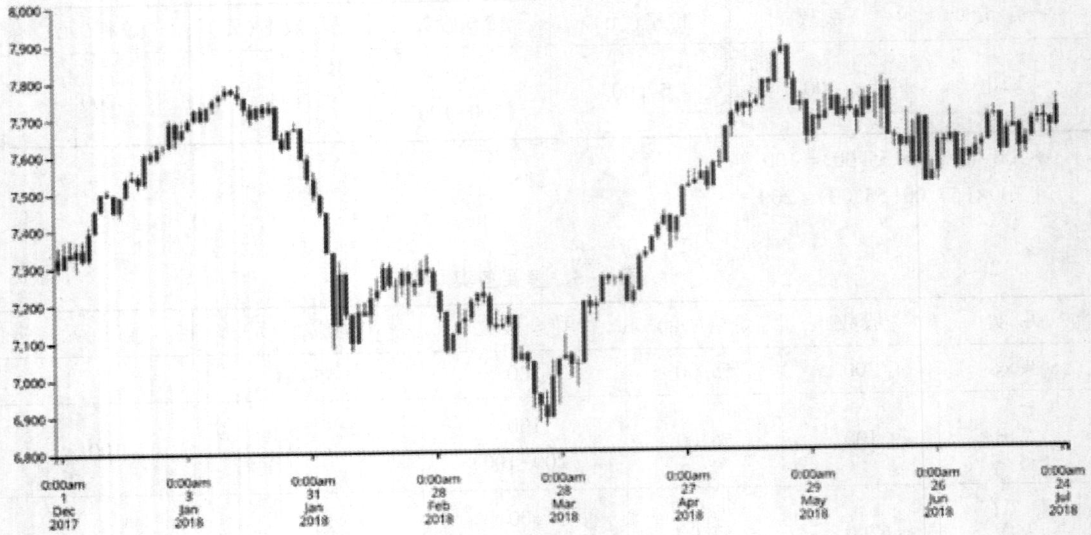

图 2-2 K 线图

资料来源：https://bl. ocks. org/tompiler/6045b80d2164077faaf96e0304531bba.

2.2 期货入门

2.2.1 期货和期货交易的定义

期货是一种合约，一种将来必须履行的合约，而不是具体的货物。合约的内容是统一的、标准化的，合约的价格会因各种市场因素的变化而发生波动。这个合约对应的“货物”称为标的物，通俗地讲，就是期货要炒的那个“货物”是以合约符号来体现的。

期货与现货完全不同，现货是实实在在可以交易的货物（商品），期货是以某种大众产品如棉花、大豆、石油等及金融资产如股票、债券等为标的的、标准化的、可交易的合约。期货标的物可以是某种实物商品（如黄金、原油、农产品），也可以是金融工具。

期货交易是一种集中交易标准化远期合约的交易形式。在期货交易中，交易双方在期货交易所通过买卖期货合约，根据合约条款的约定，在未来某一特定时间和地点，以某一特定价格买卖某一特定数量和质量的商品。

2.2.2 期货交易历史

期货市场最早萌芽于欧洲。

1848 年，芝加哥的 82 位谷物商发起组建了芝加哥期货交易所（Chicago Board of Trade，CBOT）。交易所成立之初，只是一个集中进行现货交易和现货中远期合约转让的场所。

远期交易方式在发展过程中逐渐暴露出一些问题。交易双方在商品品质、等级、价格、交货地点及时间等方面总是存在分歧。远期合约一旦签订就很难转让。远期交易能否履约，完全靠交易对方的信用。

针对上述情况,1865 年,芝加哥期货交易所推出标准化合约。标准化合约反映了最普遍的商业惯例,使得市场参与者能够方便地转让期货合约。在合约标准化的同时,芝加哥期货交易所还引入交易保证金制度,向签约双方收取不超过合约价值 10%的保证金,作为履约保证。标准化合约和保证金制度的引入是具有历史意义的制度创新,促成了真正意义上的期货交易的诞生。

芝加哥商品交易所(Chicago Mercantile Exchange, CME)创立于 1874 年,其前身为农产品交易所,由一批农产品经销商创建。芝加哥商品交易所主要提供四类产品的期货和期货的期权,即利率、股票指数、外汇和商品。

伦敦金属交易所(London Metal Exchange, LME)是世界上最大的有色金属交易所,成立于 1876 年。其交易品种有铜、铝、铅、锌、镍和铝合金,交易所的价格和库存对世界范围的有色金属生产和销售有着重要的影响。

1885 年,法国商品期货交易所成立,主要交易白糖、咖啡、可可和土豆等。

2.2.3 期货交易的特点及与股票交易的区别

期货交易具有如下特点。

(1) 合约标准化:期货合约的条款中除价格外,其他方面均由期货交易所规定好,具有标准化的特点。

(2) 交易集中化:期货交易必须在期货交易所内进行。期货交易所实行会员制,只有会员才能进场交易。场外的客户如果想参与期货交易,只能委托期货经纪公司代理。

(3) 双向交易和对冲机制:双向交易指的是期货交易者既可以买入期货合约作为期货交易的开端(买入建仓),也可以卖出期货合约作为交易的开端(卖出建仓),这就是通常所说的“买空卖空”。

(4) 杠杆机制:期货交易实行保证金制度,期货交易者在进行期货交易时,只需要缴纳少量的保证金,一般为成交合约价值的 5%~10%,就能完成数倍乃至数十倍的合约交易。

(5) 每日无负债结算制度:期货交易实行每日无负债结算制度,即在每个交易日结束后,对交易者当天的盈利状况进行结算,在不同交易者之间根据盈亏进行资金划转。如遇交易者亏损严重,保证金账户资金不足,则要求交易者必须在下一日开市前追加保证金。

期货交易和股票交易的区别在于:(1) 交易对象不同,一个交易期货合约,一个交易股票;(2) 期货市场的保证金制度使投资者可以“以小搏大”,收益和风险同时被放大,有可能血本无归,股票交易一般有多少钱办多少事;(3) 期货交易实行双向交易机制,即期货交易可以做空,股票交易一般做多;(4) 期货交易实行 T+0 交割规则,股票交易实行 T+1 交割规则(制度)。

2.2.4 期货交易的功能以及对宏观经济、微观经济的作用

期货交易有两个功能。

(1) 规避风险:主要通过套期保值来实现。后文将给出套期保值的实例。

(2) 价格发现:期货交易过程综合反映了供求双方对未来某个时间、某种商品的供求关系变化和价格走势的预期。这种价格信息具有连续性、公开性和预期性的特点,有利于增加市场透明度,提高资源配置效率。于是,期货交易起到价格发现的作用,一般通过期货投机

来实现。

在宏观经济层面,期货交易的作用主要有:(1) 提供分散、转移价格风险的工具,有助于稳定国民经济;(2) 为政府制定宏观经济政策提供参考依据;(3) 有助于本国争夺国际定价权;(4) 促进本国经济的国际化;(5) 有助于市场经济体系的建立与完善。

在微观经济层面,期货交易的作用主要有:(1) 锁定生产成本,实现预期利润;(2) 利用期货价格信号,组织安排现货生产;(3) 拓展现货销售和采购渠道;(4) 促使企业关心产品质量,生产优质产品。

2.2.5 相关概念

下面介绍和期货、期货交易相关的若干概念。

(1) 期货合约:期货合约是指由期货交易所统一制订的、规定在将来某一特定的时间和地点交割一定数量和质量的实物商品或金融商品的标准化合约。

(2) 做多:做多就是做多头,多头对市场判断是上涨,所以做多就是买入期货。股票、外汇市场也使用同样的概念。

(3) 做空:做空就是做空头,空头对市场判断是下跌,所以做空就是卖出期货。股票、外汇市场也使用同样的概念。

(4) 套期保值(hedge):套期保值主要是为了避免现货市场上的价格风险,而在期货市场上采取与现货市场上方向相反的买卖行为,即对同一种商品在现货市场上卖出,同时在期货市场上买进;或者相反。它有两种形式,空头套期保值和多头套期保值。

(5) 套利(arbitrage):是指利用相关市场或者相关合约之间的价差变化,在相关市场或者相关合约上进行交易方向相反的交易,以期在价差发生有利变化时获得利润的交易行为。

(6) 股指期货(share price index futures, SPIF):全称是股票价格指数期货,也可称为股价指数期货、期指。股指期货是指以股价指数为标的物的标准化期货合约。双方约定在未来的某个特定日期,按照事先确定的股价指数的数值,进行标的指数的买卖,到期后通过现金结算差价来进行交割。

2.2.6 我国的期货交易所与交易品种

我国的四大期货交易所是大连商品交易所、上海期货交易所、郑州商品交易所和中国金融期货交易所等。几个交易所的交易品种如表 2-6 所示。

表 2-6　交易所与交易品种

交易所	交易品种
大连商品交易所	玉米、黄大豆、豆粕、豆油、棕榈油、聚乙烯、PVC
上海期货交易所	铜、铝、锌、黄金、燃料油、天然橡胶、螺纹钢、线材
郑州商品交易所	小麦、棉花、白砂糖、绿豆、PTA、菜籽油
中国金融期货交易所	沪深 300 指数期货

2.2.7 商品期货上市条件及合约示例

商品期货上市必须符合若干条件,包括:(1) 储藏和保存较长时间不变质;(2) 品质易于划分,质量可以评价;(3) 商品可供应量较大,不易被少数人控制和垄断;(4) 买卖者众多;(5) 价格波动频繁。

下面列举几个期货标准合约实例,如表2-7、表2-8和表2-9所示。

表2-7 玉米期货标准合约

交易品种	黄玉米
交易单位	10吨/手
报价单位	元(人民币)/吨
最小变动价位	1元/吨
涨跌停板幅度	上一交易日结算价的±4%
合约月份	1月、3月、5月、7月、9月、11月
交易时间	每周一至周五上午9:00~11:30,下午13:30~15:00
最后交易日	合约月份第十个交易日
最后交割日	最后交易日后第三个交易日
交割等级	大连商品交易所玉米交割质量标准(FC/DCE D001-2015)
交割地点	大连商品交易所玉米指定交割仓库
最低交易保证金	合约价值的5%
交易手续费	不超过3元/手(当前为1.2元/手)
交割方式	实物交割
交易代码	C
上市交易所	大连商品交易所

表2-8 黄金期货标准合约

交易品种	黄金
交易单位	1 000克/手
报价单位	元(人民币)/克
最小变动价位	0.05元/克
涨跌停板幅度	不超过上一交易日结算价±3%
合约交割月份	1—12月
交易时间	上午9:00~11:30,下午13:30~15:00;(夜盘)21:00~次日2:30
最后交易日	合约交割月份的15日,遇法定节假日顺延

续表

交易品种	黄金
最后交割日	最后交易日后连续五个工作日
交割等级	金含量不小于 99.95% 的国产金锭及经过交易所认可的伦敦金银市场协会(LBMA)认定的合格供货商或精炼厂生产的标准金锭
交割地点	交易所指定交割金库
最低交易保证金	合约价值的 4%
交易手续费	N/A
交割方式	实物交割
交易代码	AU
上市交易所	上海期货交易所

表 2-9　沪深 300 股指期货合约

合约标的	沪深 300 指数
合约乘数	每点 300 元
报价单位	指数点
最小变动价位	0.2 点
合约月份	合约月份为当月、下月及随后的两个季月,共四个月份。比如,在 2006 年 12 月 1 日,中国金融期货交易所可供交易的沪深 300 股指期货合约,将有 IF0612、IF0701、IF0703 和 IF0706 四个月份的合约。
交易时间	上午 9:30~11:30,下午 13:00~15:00
涨跌停板幅度	上一个交易日结算价的±10%
最低交易保证金	合约价值的 8%
最后交易日	合约到期月份的第三个周五,遇国家法定节假日顺延
最后交割日	同最后交易日
交割方式	现金交割
交易代码	IF
上市交易所	中国金融期货交易所

2.2.8　期货交易的类型

1. 套期保值

套期保值是指以规避现货价格风险为目的的期货交易行为。生产经营者在现货市场上买进或卖出一定数量的现货商品的同时,在期货市场上卖出或买进与现货品种相同、数量相当但方向相反的期货商品(期货合约),以一个市场的盈利弥补另一个市场的亏损,达到规避价格波动风险的目的。表 2-10 和表 2-11 给出了两个实例。

表 2-10 套期保值(实例 1)

背景描述	7 月份,大豆的现货价格为每吨 2 010 元,某农场对该价格比较满意,但是大豆 9 月份才能出售,因此该农场担心到时现货价格可能下跌,从而减少收益。 为了避免将来价格下跌带来的风险,该农场决定在大连商品交易所进行大豆期货交易。
7 月	7 月份,大豆现货价格 2 010 元/吨 卖出 10 手(10 手×10 吨/手 = 100 吨)9 月份大豆合约,价格为 2 050 元/吨
9 月	9 月份,卖出 100 吨大豆,价格为 1 980 元/吨 买入 10 手 9 月份大豆合约平仓,价格为 2 020 元/吨
盈亏	大豆现货亏损 30 元/吨(1 980-2 010),总亏损 3 000 元(10 手×10 吨/手×30 元/吨);大豆期货盈利 30 元/吨(做空 2 050,跌到 2 020),总盈利 3 000 元(10 手×10 吨/手×30 元/吨)。
总结	虽然现货市场价格出现了对该农场不利的变动,价格下跌了 30 元/吨,因而少收入 3 000 元,但是在期货市场上的交易盈利 3 000 元,从而消除了价格不利变动的影响。

表 2-11 套期保值(实例 2)

背景描述	9 月份,某油脂厂预计 11 月份需要 100 吨大豆作为原材料。当时大豆的现货价格为每吨 2 010 元,该油脂厂对该价格比较满意。 据预测 11 月份大豆价格可能上涨,因此该油脂厂为了避免将来价格上涨导致原材料成本上升的风险,决定在大连商品交易所进行大豆套期保值交易。
9 月	9 月份,大豆现货价格 2 010 元/吨 买入 10 手(10 手×10 吨/手 = 100 吨)11 月份大豆合约,价格为 2 090 元/吨
11 月	11 月份买入 100 吨大豆,价格为 2 050 元/吨 卖出 10 手 11 月份大豆合约平仓,价格为 2 130 元/吨
盈亏	现货亏损 40 元/吨(2 010-2 050),总亏损 4 000 元(10 手×10 吨/手×40 元/吨);期货合约盈利 40 元/吨(2 090 做多,涨到 2 130),总盈利 4 000 元(10 手×10 吨/手×40 元/吨)。
总结	虽然现货市场价格出现了对该油脂厂不利的变动,价格上涨了 40 元/吨,因而原材料成本增加 4 000 元,但是在期货市场上的交易盈利 4 000 元,从而消除了价格不利变动的影响。

2. 期货投机

期货投机是指在期货市场上以获取价差收益为目的的期货交易行为,包括做多和做空,做多是先买后卖,做空是先卖后买。

期货交易实行保证金制度,即交易者可以用少量资金做数倍于其资金的交易,以此寻找获取高额利润的机会。当然利润高,风险也高。

3. 套利交易

套利交易也叫价差交易,是指在买入或卖出某种期货合约的同时,卖出或买入相关的另一种合约,并在某个时间同时将两种合约平仓的交易方式。套利交易包括跨期套利、跨品种套利、跨市场套利等不同类型。表 2-12 给出了一个跨期套利交易实例。

表 2-12 跨期套利交易实例

	方案 1
背景	以大连大豆期货合约为例:2007 年 3 月 15 日,大连交易所大豆 0705 合约 3 026 元/吨,0709 合约 3 216 元/吨,存在价差 190 元。于是存在跨期套利机会,即买入 0705 合约,卖出 0709 合约。
操作	在期货市场同时买进 100 手(100 手×10 吨/手 = 1 000 吨)0705 大豆合约,卖出 100 手 0709 大豆合约。如果价差缩小,比如 0709 合约和 0705 合约价差缩小到 150 元左右,就在期货市场上平仓了结,实现利润。 操作序列为: (1) 买入开仓 0705,卖出开仓 0709(同时); (2) 卖出平仓 0705,买入平仓 0709(同时)。
费用	保证金 0705:100 手×10 吨/手×3 026 元/吨×8% = 242 080 元 保证金 0709:100 手×10 吨/手×3 216 元/吨×8% = 257 280 元 手续费:开仓 100 手×10 吨/手×1.6 元/吨×2 次 = 3 200 元,平仓 100 手×10 吨/手×1.6/吨×2 次 = 3 200 元,总共 6 400 元
利润	利润:(3 216−3 026−150)元/吨×100 手×10 吨/手 = 40 000 元 利润率:利润/(保证金+手续费) = 40 000/(242 080+257 280+6 400) = 7.90%
方案 1 优缺点	资金占用量少,盈利高,无风险。缺点是市场上不容易出现这样的机会。
	方案 2(背景同上)
操作	通过两次实物交割完成交易。通过接仓单的方式实现套利利润。即 2007 年 5 月(底)买入仓单交割,2007 年 9 月(初)卖出仓单交割。 操作序列: (1) 买入开仓 0705,卖出开仓 0709; (2) 买入仓单交割 0705; (3) 卖出仓单交割 0709。
费用	保证金 0705:100 手×10 吨/手×3 026 元/吨×8% = 242 080 元 保证金 0709:100 手×10 吨/手×3 216 元/吨×8% = 257 280 元 交易手续费:开仓 100 手×10 吨/手×1.6 元/吨×2 次 = 3 200 元 仓储费:60 000 元 交割手续费:16 000 元 增值税:24 700 元 资金利息:53 560 元
利润	利润:(190−157.5)元/吨×10 吨/手×100 手 = 32 500 元 利润率:利润/成本 = 32 500/(242 080+257 280+3 200+60 000+16 000+24 700+53 560) = 32 500/656 820 = 4.95%

方案 2 优缺点	无任何风险,收益稳定。 动用资金相对较多,市场机会不多。机会出现时,需要快速把握。

注:

(1) 仓储费:0.50 元/吨/天,10 吨/手×100 手×0.50 元/吨/天×30 天/月×4=60 000 元。

(2) 交割手续费:8 元/吨,两次交割 10 吨/手×100 手×8 元/吨×2 次=16 000 元。

(3) 增值税:按照建仓价位与交割结算价差乘以 13%计算。按照 190 元/吨计算,10 吨/手×100 手×190 元/吨×13%=24 700 元。

(4) 资金利息:借款为 10 吨/手×100 手×3 026 元=3 026 000 元,利息为 3 026 000 元×5.31%×4/12=53 560 元(年贷款利率为 5.31%)。这个借款用于买入仓单。

(5) 方案 2 的套利成本=保证金 0705+保证金 0709+交易手续费+仓储费+交割手续费+增值税+资金利息,即 242 080+257 280+3 200+60 000+16 000+24 700+53 560=656 820 元。

(6) 157.5 元/吨=1.6 元/吨×2 次开仓+0.50 元/吨/天×30 天/月×4+8 元/吨×2 次交割+190 元/吨×13%+3 026 元/吨×5.31%×4/12=3.2+60+16+24.7+53.6。

2.2.9 期货投机与赌博的区别

有人把期货投机看作赌博,那是不对的。期货投机和赌博有如下几个方面的区别。

(1) 经济职能的区别:赌博仅仅是个人之间金钱的转移,没有创造出新的价值。期货投机是价格发现机制中不可缺少的组成部分,不仅能够提高市场流动性,而且有助于社会经济正常运行。

(2) 风险机制的区别:赌博是人为制造的风险。期货市场要规避的风险在现实的商品生产经营活动中客观存在。即使没有期货投机活动,这种风险也不会消失。

(3) 运作机制的区别:赌博以事先建立的游戏规则为基础,游戏规则的运行是随机的,对结果是无法预测的。期货投机可以依靠投机者的分析和对经济形势的掌握和理解。投机中有运气的成分,如果能够抓住机遇,是可以盈利的。

2.2.10 投机者的类型

期货市场上,可按照不同的分类标准划分投机者:(1) 按交易头寸,可分为多头投机者和空头投机者;(2) 按交易量大小,可分为大投机商和小投机商;(3) 按分析预测方法,可分为基本面分析派和技术分析派;(4) 按持仓时间,可分为长线交易者、短线交易者、当日交易者和抢帽子者。

抢帽子者又称炒家,是指市场上进行短期投机的交易者。这类交易者一般是行家里手,他们熟悉市场行情,掌握各种期货的供求状况,对于期货在短期内的涨跌有一定的预测和敏锐的反应能力,其投机技巧是在最小的价格变动中交易获利。

2.2.11 投机原则与资金管理

期货投机者有必要:(1) 充分了解期货标准合约的内容;(2) 提前制定交易计划;(3) 确定获利和亏损的限度;(4) 确定投入的风险资本。

由于期货市场实行保证金制度,可以以小博大,同时也放大了风险,所以在资金管理方面有如下建议:(1) 一般散户的累计投资额限制在资本的 60%以内;(2) 一般散户投资者的每笔最大交易资金不宜超过总资金的 1/3;(3) 在相关商品期货市场上投入的资金应限定在总资本的 50%以内;(4) 所有的交易都需要事先设定好止损计划和止损标准,对亏损的头寸,不应该使用加码来摊平成本。

2.2.12　期货交易的撮合、市价单和限价单

计算机撮合期货成交分为两个阶段,包括集合竞价阶段和连续竞价阶段。

期货集合竞价是指交易日开盘前,期货投资者在规定时间内进行自由报价,并根据集合竞价的成交情况,确定该期货品种的开盘价。

每一交易日开盘前五分钟为集合竞价时间,前四分钟为投资者自由申报价格时间,这个时间段是可以报单和撤单的。在集合竞价阶段,以能够达到最大成交数的价格为开盘价格。后一分钟为竞价撮合时间,注意这个时间段是不可以报单和撤单的,最终根据撮合结果确定开盘价。在最后一分钟没有成交的订单,将会进入连续竞价时间进行竞价交易。

在连续竞价时间,根据价格优先、套利优先、时间优先的原则进行撮合。

(1) 市价单:投资者发出的订单按照当时的市场价格(随行就市)成交。市价单能保证马上成交,但成交的价格可能不理想。

(2) 限价单:投资者发出的订单规定预期的成交价格(限定的价格)。限价单成交的价格符合投资者的意愿,但可能不能马上成交。

参考文献

[1]　覃雄派, 陈跃国, 杜小勇. 数据科学概论. 北京: 中国人民大学出版社, 2018.

[2]　王秋月, 覃雄派, 赵素云, 张静. 人工智能与机器学习. 北京: 中国人民大学出版社, 2020.

3 基本面分析和技术分析

人们采用两种分析方法来预测股票价格的变化，一种是基本面分析（fundamental analysis，也称为基本分析），一种是技术分析（technical analysis）。

所谓基本面分析，是通过分析影响股票内在价值的各种经济因素，对股票价格做出预测，一般用于中长期预测。这些经济因素包括宏观经济、微观经济以及特定公司的市场竞争力和财务表现等。

技术分析派则相信历史总会重演。他们关注近期市场的多方和空方的博弈（市场的供给和需求），看价格朝着什么方向变动，有什么样的趋势，会持续多长时间等。技术分析使用作图工具、指标计算和数据分析工具，寻找可能盈利的价格变化模式（pattern），一般用于中短期价格预测。

技术分析派有一些子流派，有些依赖于价格图表所表现出来的模式，有些依赖于技术指标的变化，或者两者都参考。

3.1 基本面分析与技术分析的共存

基本面分析和技术分析看起来截然不同，就好像水和火那样。

实际上，很多投资者把两者结合起来，并且取得了成功。比如，有些投资者主要利用基本面分析方法，当他们选择被低估的股票（undervalued security）以后，需要利用技术分析方法来决定什么时候下单买卖。下单的时机可以选择在一只股票已经处于超卖（oversold）的情况下，这时候价格有可能反弹，涨回去。

此外，有些采用技术分析方法的投资者也观察一些基本面因素，对交易信号做最后的确认。比如，通过技术分析得到一个卖出信号，投资者还可以看看基本面数据，来确认是否适宜卖出。

作为一个投资者，了解基本面分析和技术分析的基础知识是很有必要的。

3.2 基本面分析

基本面分析通过研究影响一个公司的业务前景的一些关键因素，来研究一只股票的价值。从更广的意义上，我们也可以运用基本面分析方法，去研究各个行业或者整个国家的经济。

基本面分析的目的是研究一个财务实体(financial entity,比如一家公司)的经济健康状况(well-being)。

基本面分析主要涉及财务报表的分析,也称为定量分析,包括对营收(revenue)、支出(expenses)、资产(assets)、债务(liabilities)等一家公司的方方面面的了解,以便预判其未来的性能表现(future performance)。这就需要仔细分析几个财务报表,包括资产负债表(balance sheet)、损益表(income statement)和现金流量表(cash flow statement)等。

当然,基本面分析不仅仅是阅读一些财务报表,还包括一些定性分析方法,也就是评价一家公司难以度量的、无形的(intangible)的指标。

基本面分析的最终目的是回答这样一个问题:一家公司的股票现在是否适合进行投资,也就是买入? 这个问题还可以分解为若干问题:

(1) 该公司的营收是否在增长?

(2) 该公司是否在盈利?

(3) 该公司是否有能力偿还债务?

(4) 该公司是否在未来和对手的竞争中处于有利地位,并打败竞争对手?

(5) 管理层是否存在编造数据(cook the books)的行为?

1. 定性分析与定量分析

基本面因素可以划分成两类,即定性因素和定量因素。基本面分析中的定量因素是一些数字化的、可以度量的指标,包括营收、利润、资产、负债等。

基本面分析的定性因素是关于一家公司的一些不易度量的、无形的因素。比如公司的董事会和管理层的构成、品牌知名度、专利技术和知识产权拥有情况等。

2. 内在价值

在金融上,一个公司的真实价值就是其内在价值(intrinsic value)。比如,目前某只股票的价格为 MYM20,但是我们对该公司做了相当全面的调查和功课后,认为它的股票应该值 MYM25。在这种情况下,我们确定该公司股票的内在价值为 MYM25。

这时候有一个投资机会,因为成交价格远低于内在价值。我们现在买入,股价极有可能涨到 MYM25,到时候将创造可观的利润。长远来讲,股票市场将体现公司的内在价值。

困难在于你不知道你对公司内在价值的判断是否正确。即便判断正确,需要多长时间公司的内在价值才会体现在股价上,也是一个问题。这个时间可能是几天、几周甚至几年。

有些人反对基本面分析,认为基本面分析没有什么用(技术分析也没有什么用)。他们认为,一旦市场上出现所谓的能够带来超额收益(excess return)的机会,市场参与的各方(多/空双方)会立即发现这样的机会,这种机会立刻被修正,进而消失。

3.2.1　定性分析

1. 公司/企业因素

定性分析的第一个方面(因素)是公司或者企业本身。

(1) 商业模型。我们需要了解一家公司,它到底是干什么的,它提供什么样的产品和服务,它靠什么挣钱。有些商业模型很简单也很好理解,比如麦当劳就是卖汉堡包的。

有些商业模型不是那么好理解,非常复杂。比如区块链和比特币,在少数人已经挣到大钱的时候,很多人还是没有办法理解,他们怎么就挣到钱了呢?

有些商业模型靠着发展代理和收取加盟费构筑商业金字塔。当某一天塔基难以维持的时候,它就轰然倒塌了。有公司甚至故意将商业模型复杂化,把人们搞得云里雾里,比如20世纪的波士顿炸鸡公司(Boston Chicken)。

沃伦·巴菲特(Warren Buffett)很少对高科技股票进行投资,因为他不理解其商业模型。这不是说高科技股票不好,而是他对这个领域不熟悉。这是值得借鉴的经验,当我们要投资某只股票的时候,有必要对其商业模型进行研究,以便知道是什么驱动其未来的增长。

(2) 竞争优势。一个公司能否长久成功,取决于其能否保持竞争优势(competitive advantage)。竞争优势需要和运营效率(operational effectiveness)区别开。运营效率指的是一家公司在做其他公司同样的业务活动时,效率更高。竞争优势指的是一家公司以不同的方式做同样的业务活动或者做不同的业务活动时,做得更好。比如,当中关村很多中小企业在通过柜台、专营店开展业务时,刘强东已经在开展电子商务了。最后,中关村的很多柜台纷纷倒闭,彻底关门。

(3) 管理层。一家公司需要管理层来把握方向,引导其走向成功。

上市公司的网站都有其管理层的介绍。可以在那里找到他们的简历,包括教育背景、工作经历、工作成绩等。

我们应该使用互联网及其他渠道,了解管理层有没有其他污点信息。

年报(annual report)的"管理层讨论及分析"一节提供了管理层的业务展望,把最近五年的内容放在一块研究,可以看到其中的变化。

此外,管理层是继续持有股票,还是不断减持,也是重要的方面。如果管理层的大量财富还在股票上,他们就有很大的动力把公司搞好,认真做事,做对的事。

管理层的有些成员在其他公司工作过,我们可以了解他们以前的业绩,进而对其能力有一个判断。

(4) 公司治理。公司治理政策描述了公司的章程、附带的条例和若干规定,把董事会、高管和股东的关系和义务做了澄清。

严谨的公司治理使得某些人做出违法或者违反道德的事情变得困难,促进公司业务健康发展。

公司治理政策涵盖很多方面,包括董事会的构成、股东权益保证、财务和信息透明度等,信息有必要及时披露。

每个董事会成员应具有其独立性,维护股东权益,而不是和其他董事会成员共谋,欺骗股东。

2. 行业因素

各行各业在客户基础、市场份额、行业增长、竞争烈度、行业监管以及所处的经济周期(cycles)等方面千差万别。对行业的了解使得投资者对一个公司的财务健康状况有更加深入的认识。

(1) 客户基础。有些公司只有少数几个客户,有些公司则拥有成千上万个客户。如果一家公司依赖于少量几个客户,当这几个客户的订单减少时,对业务的影响是非常大的。

神州泰岳发展早期,"飞信"的业务占比很高,客户为中国移动;后来,神州泰岳的管理层带领公司实现了多元化发展。

(2) 市场份额。如果一家公司拥有85%的市场份额,说明这家公司是一个占据绝对优势的大玩家(big player)。这时候,这家公司为自己建起了经济护城河(economic moat)。它在这个行业占据主导地位,其他公司不容易进去。

(3) 行业增长。看一个公司的增长潜力,首先要看在整个市场里客户群会如何增长,然后看该公司能够抢到多少客户。如果行业或者市场的增长是零或者负的,那就需要仔细考虑了。

(4) 竞争烈度。某些行业没有什么门槛,一旦有利可图,大量的竞争者就会涌入。对于每个企业来讲,运营环境变得极其困难。新冠肺炎疫情期间,口罩紧缺,其生产技术门槛不高,谁抢到原材料和设备,谁就占据竞争优势。

在一个高度竞争的行业,企业缺少定价权(pricing power)。在一个竞争者很少的行业,一个企业就可以把成本转嫁到客户身上,比如沃尔玛就拥有很强的定价权。

(5) 行业监管。某些行业(如电力、煤气、药品等)因其提供的产品和服务对国计民生极其重要,受到严格的监管。要进入这些行业,企业需要具备应有的资质,接受严格的资格审查。

比如,美国食品药品监督管理局(U. S. Food and Drug Administration, FDA)要求,新药品上市之前,需要经过一系列医学实验。可见,监管意味着成本增加。公司在新品上市之前需要持续投资,要有实力才可以做到。

3.2.2 定量分析

定量分析主要涉及阅读和分析财务报表,包括损益表、资产负债表、现金流量表等。下面简单介绍这些报表的功能和这些表格所提供的信息。

美国证券交易委员会(Securities and Exchange Commission,SEC)要求所有主要交易所的上市公司定期发布财务报告,包括损益表、资产负债表、现金流量表等。

10-K 报表表示每个财政年度(fiscal year)发布的财务报表,披露一个公司的业务表现(business performance)。10-Q 则是季报,可以看作 10-K 的一个缩小版,它披露一家公司在一个财政季度的业务表现。

根据法律,上市公司需要邀请经过认证的会计师事务所对年报进行审计。会计师事务所需要仔细审核,不放过财务报表的任何瑕疵。

1. 损益表

损益表度量一个公司在一段时间内的业务表现。其内容包括这段时间内公司运营产生的营收、支出、利润等。营收表示公司业务产生了多少收入,支出表示公司花出去多少钱,两者之差就是利润。

损益表让我们直截了当地看到,一个公司是否在赚钱。我们查看的季报和年报的第一个报表(第一个关注的报表),往往就是损益表。

一个公司如果有相对于营收较低的支出,或者相对于营收较高的利润,则表示对于投资者来讲,这样的公司是值得投资的。

一个公司要创造利润,首先要增加销售收入(营收)。我们希望看到一个公司每一年有不断增长的营收。短期的增长(比如通过某次短期的促销活动)是不可持续的,没有太多的价值。

损益表有很多的支出项目,最重要的两项是销货成本(cost of goods sold, COGS)以及销售、一般和管理费用(selling, general and administrative expenses, SG&A)。COGS 主要指的是进货价。SG&A 则包括市场营销费用、水电费用、技术性支出以及其他为了业务运营开支的一般性费用。SG&A 还包括折旧(depreciation)和摊销(amortization)。

对于高科技公司,研发费用(research and development, R&D)是非常重要的,决定一个公司能否在未来保持持续增长。

最后,在支出方面,还有一些财务成本(financial costs),包括交税和利息支付,需要考虑周全。

在营收和支出的基础上,我们可以计算毛利(gross profit),用营收减去 COGS 即可。

一个公司如果获得较高的毛利率,就有很多钱用于研发和市场营销。如果毛利率下降,则需要注意。

运营利润(operating profit)等于营收减去 COGS 以及 SG&A。净收入(net income)则表示一家公司在减去所有支出包括财务性支出以后剩下的利润。

如果一个公司有很高的净利润率,它就能够在经济困难时期握有现金,有很好的缓冲,能够支撑很久,以迎来转机。

简而言之,销售的增长表示一家公司具有很强的基本面。而利润率的增长表示运营效率提高和挣钱能力的提高。

对于一家公司,我们要历史地看其业务表现,通过近几年来它的营收、COGS、SG&A 以及利润率的变化,来了解其盈利能力的变化。

京东公司在发展早期一直没有实现盈利,但是营收增长很快,亏损在总营收中的占比可控。最后,京东迎来了盈利,在某些业务上彻底甩开对手。

2. 资产负债表

资产负债表记录了一个公司某个时刻的资产、负债和股本。

资产负债表的数据符合一个核算公式:资产=负债+股本。

资产表示某个时刻一个公司拥有和控制的资源,包括现金、库存、机器以及厂房(建筑)等。负债是需要以后偿还的债务。股本表示股东投入公司的资金总额,包括上年度的留存利润。

资产负债表是财务报表的重要组成部分,它能够给出一个公司的财务状况的简况,是公司健康状况的一个快照。

在资产方面,有流动资产(current assets)和非流动资产(non-current assets)。流动资产是可以在一个商业周期(一般为 12 个月)里转换为现金的或者耗尽的资产,包括现金、库存和应收账款(accounts receivable)等。

投资者一般被拥有很多现金的公司吸引,因为它可以熬过经济困难时期,迎来新的增长。当然,如果在资产负债表上有大量现金趴在那里没有用掉,也是值得注意的。这意味着管理层有可能没有找到新的投资机会,不知道怎么用好这些现金。

库存是库房里还没有销售的产品。投资者应该了解,一个公司有多少钱被锁定在库存上。为了获得现金,以便支付账单、从中获取利润,一个公司需要把库存产品尽快销售掉。

库存周转率(cost of goods sold/average inventory)指标用来度量一个公司从库房里把产品卖给客户时有多快。如果库存的增长比销售收入增长要快得多,表示公司的基本面在恶化。

在应收账款方面,一个公司的收款速度体现了它的财务效率。如果收款期变长,则预示着问题可能临近。应该尽快把应收账款收回,而不是等待,有可能有些应收账款永远都收不回来,变成呆账。应收账款收回得快,公司就能够更快地支付工资、进货、购买设备、支付贷款利息、支付分红(dividends)等,迎来更好的运营和增长机会。

非流动资产包括一切没有纳入流动资产的资产,主要包括固定资产(fixed assets),比如房地产(property)、厂房(plant)、设备(equipment)等。除非一个公司遇到困难,需要变卖资产,投资者一般不太关心固定资产。

债务分为流动债务(current liabilities)和非流动债务(non-current liabilities)。流动债务是一个公司在一年之内需要支付的债务,包括欠供应商款项。非流动债务指的是一年以上的债务,包括欠银行和债券持有人的债务。

投资者需要确认,债务规模是可控的。如果债务水平在降低,说明这是一个好兆头。一般来讲,如果一家公司的资产大于债务,则表示它的财务状况良好。

相对于现金,如果债务过多,意味着公司需要很多钱支付利息和偿还债务,公司有可能走向破产。我们可以计算速动比率(quick ratio),速动比率=(流动资产-库存)/(流动债务)。如果比率为 1 或者大于 1,则表示一个公司有足够的现金和速动资产(liquid assets)来偿付短期债务。

股权即股东所有权,也称为股东股权(shareholder's equity)。股权包括实收资本(paid-in capital)和留存收益(retained earnings)。实收资本是首次公开募股(first offered to the public)时从股东那里收到的钱。留存收益表示公司决定留下来进行再投资的收益(本来应该支付给股东)。投资者应该注意,公司是如何运用留存收益的以及是否能够从中获得回报。

需要注意的是,有些公司拥有难以度量的无形资产,包括知识产权(比如专利、商标、版权和一些业务方法)、商誉和品牌知名度等,这些在现代商业中尤显重要,但一般不会列在资产负债表里。

有这么一种说法,即便可口可乐公司的所有现存资产一夜之间化为乌有,仅仅凭着"可口可乐"四个字和独有配方,就可以东山再起。这就是品牌价值和专有技术的强大力量。

3. 现金流量表

现金流量表记录了一个企业一段时间内的现金流入(inflows)和流出(outflows)。它包括:(1) 经营现金流(operating cash flow, OCF),即从日常经营活动中产生的现金流;(2) 投资现金流(cash from investing, CFI),即用于投资的现金以及出售某些业务、设备、长期资产(long-term assets)获得的收益;(3) 筹资所得现金(cash from financing, CFF),即通过借款获得的现金。

现金流量表显示一个财政季度内或者一个财政年度内,现金是怎样流入和流出一个公司的。看起来和损益表挺像的,但是两者有很大的区别。

权责发生制会计准则(accrual accounting basis)把两者完全区分开。权责发生制会计准则要求在交易发生的时候记录营收和支出,而不是在发生现金流动的时候。损益表一般还包括非现金的营收或者支出,现金流量表只显示现金流动。

现金流量表显示了一个公司如何产生现金流,通过分析现金流量表,我们能够了解一个公司的基本面,知道一个公司是否能够正常支付当前运营和未来增长所需。

现金流量表包含三个部分:运营活动产生的现金流、财务活动产生的现金流、投资活动产生的现金流。前两个部分显示一个公司如何获得现金,最后一个部分显示一个公司如何花掉现金。

(1) 运营活动产生的现金流(cash flows from operating activities)。这部分显示一个公司销售产品和服务获得的收入减去制造和销售这些产品和服务所需的现金。投资者希望看到运营产生的现金流是正的。一些高成长的公司(如电商、高科技公司)在成长期,报表上可能显示负的现金流。这时候,我们需要考察其近年来的变化(运营活动产生的现金流的变化),如果这个数字近年来由负转正,就是个好兆头。

(2) 投资活动产生的现金流(cash flows from investing activities)。这部分反映了公司的资本性支出(capital expenditures)的现金数量,包括购买新设备以及其他物资。这部分也包括收购业务、其他货币投资(monetary investments),比如货币市场基金(money market funds)。货币市场基金是投资于货币市场上短期(一年以内,平均期限 120 天)有价证券的一种投资基金。

投资者期望看到一个公司把资本重新进行投资,至少和每年的折旧开支(depreciation expenses)持平。如果一个公司不进行再投资,有可能显示出比较高的净现金流入,但这是不可持续的。

(3) 财务活动产生的现金流(cash flow from financing activities)。这部分描述和外部财务活动关联的现金流,包括卖出股票和债券获得的现金以及银行借款。

投资者一般被拥有充足的自由现金流(free cash flow, FCF)的公司吸引。自由现金流表示一个公司有能力去偿还债务、支付分红、回购股票等,以促进公司业务的增长。自由现金流的计算公式为:

自由现金流=净收入+推销/折旧-营运资金变动额+资本性支出

营运资金=流动资产-流动负债,可以用来衡量一个公司的短期偿债能力;其数值越大,代表公司对于支付义务的准备越充分,短期偿债能力越好。

如果一个公司拥有足够现金来支付当前运营和未来增长,表示它的基本面很强。

4. 估值

(1) 贴现现金流(discounted cash flow,DCF)。贴现现金流基于这样一个假设,当前的公司估值是未来归属于股东(attributable to shareholders)的现金流的当前价值(present value)。

简单起见,如果我们知道公司将在未来的每年为股东产生 MYM1/每股的现金流,就能计算这样的现金流在今天值多少。这个值和当前公司的估值进行比较,就可以确定它是被低估了(undervalued),还是被高估(overvalued)了,是不是一个好的投资选择。

贴现现金流的计算公式为:

$$DCF=CF_1/(1+r)^1+CF_2/(1+r)^2+\cdots+CF_n/(1+r)^n$$

式中,CF 为现金流; r 为贴现率。

上述方法本质上是把企业未来特定期间内的预期现金流还原为当前现值。只有企业未来具备盈利能力,它的价值才会被市场认同。理论界通常将现金流量贴现法作为企业价值评估的首选方法,这种方法在实践中得到了广泛应用,为大量投资者提供了一个可以使用的估值工具。虽然为未来 10 年预测营收和支出是非常困难的,但是值得一试。

(2) 比率式估值。比率式估值主要包括市盈率(price-to-earnings)和市净率(price-to-book)。

市盈率是最常用来评估股价水平是否合理的指标之一,由股价除以年度每股盈余(EPS)得出(以公司市值除以年度股东应占溢利,也可以得出相同结果)。合理的市盈率没有一定的准则,但就个股来说,同业的市盈率有参照的价值;就类股或大盘来说,历史平均市盈率也有参照的价值。

市净率指的是每股股价与每股净资产的比率。市净率小于1,一般表示低估,值得投资。

在研究市盈率和市净率时,我们要参照公司的历史比率和同业竞争者以及整个大盘,进行全面的对比,以加深认识。

3.3 技术分析

3.3.1 技术分析的假设

技术分析派有几个假设,具体如下。

1. 市场反映了所有因素的影响

有些人(基本分析派)批评技术分析派忽略了影响价格变化的一些因素,比如基本分析派所使用的基本面因素(fundamental factors)。

但是技术分析派认为,价格反映了各种因素的影响,价格的变化就是这些因素所驱动的,包括基本分析派已经使用的各种基本面因素,所以他们只需要观察价格和交易量的变化即可。

2. 价格变化具有趋势性

技术分析派认为,价格变化并不是杂乱无章的,而是具有趋势性。某种趋势建立起来以后,价格就沿着这个趋势性方向运行,有时有小的回调和震荡。

3. 历史在不断重演

技术分析派相信,价格变化的历史在不断重演,这是由市场心理(market psychology)决定的。参与市场的大量个体往往对相似的市场状况做出类似的反应。

技术分析派使用的一些价格运动模式(price pattern),已经在100多年以前被人们观察到,在现代股票市场里,人们仍然不断地观察这些运动模式。

需要注意的是,技术分析方法并不仅仅应用于股票市场,也可以应用于商品期货、外汇等领域。

3.3.2 价格趋势

技术分析的一个重要概念是趋势,但需要注意的是,这个趋势不是简单的上涨或者下跌,而是表达了股票价格运动的总体方向。

在技术分析中,确定趋势是一件重要的工作。我们要顺着趋势去交易,而不是反其道而行之。

比如,从图3-1中,我们看到了一个向上的总体趋势。我们再看看图3-2,很难说它是上涨或者下跌的运动趋势。

价格的变化不是一条直线,往往有高点有低点。

所谓上涨的趋势,表现为更高的高点和更高的低点。所谓下跌的趋势,表现为更低的低

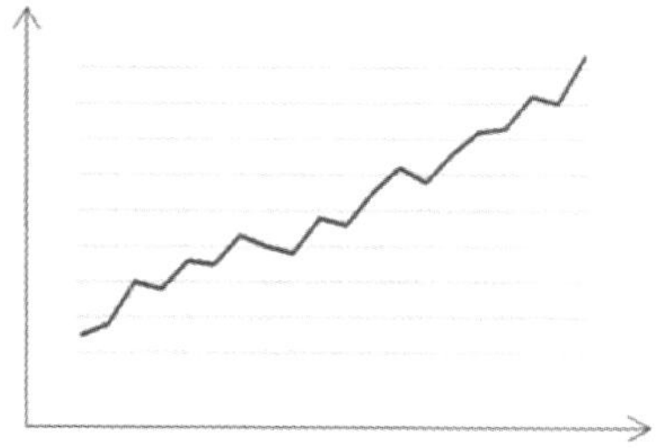

图 3-1　上涨趋势

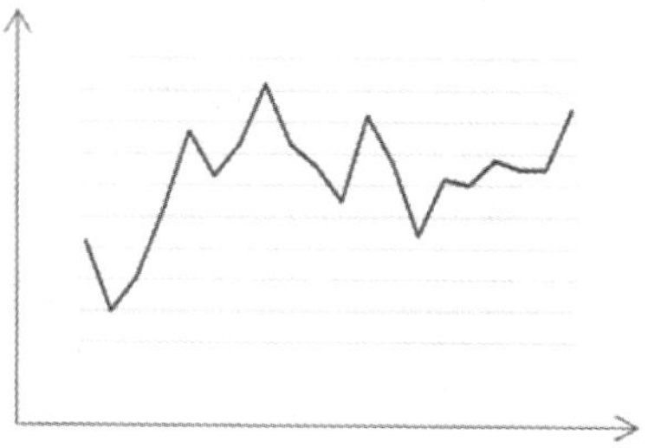

图 3-2　无明显趋势

点和更低的高点。

图 3-3 给出了一个上涨趋势的实例。我们看到②是第一个高点,③是一个低点。后续的低点都没有低于前面的低点,总体趋势是上涨的。

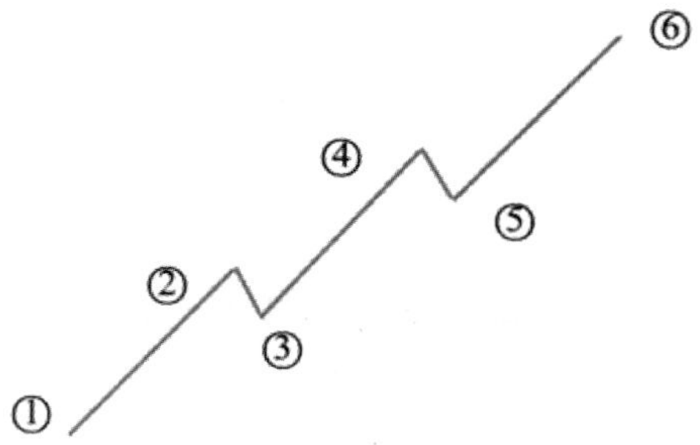

图 3-3　上涨趋势

除了上涨趋势(up trends)、下跌趋势(down trends)外,还有一种趋势类型,那就是横盘整理(sideways/horizontal trends)。

简而言之,如果在一系列价格的运动中,后续的高点和低点都在走高,那就是上涨趋势;如果后续的高点和低点都在走低,那就是下跌趋势。除此之外的第三种情况就是横盘整理,由一系列细碎的上涨和下跌构成,但是没有明显的上涨和下跌。

按照周期,趋势可分为长期、中期、短期。长期趋势一般持续超过一年,中期趋势一般持续 1~3 个月,而短期趋势的持续时间小于 1 个月。

一般地,一个长期趋势包含若干中期、短期趋势,这些中期、短期趋势的运动方向和长期趋势是相反的。短期趋势一般包含于中期和长期趋势中。

为了查看和分析不同时间周期的趋势,需要使用不同的图表。比如,为了确定长期的趋势,一般使用周、日 K 线,涵盖 5 年的时间范围。而要确定中短期的趋势,一般使用日 K 线。

趋势线是在图表上人为绘制出来的一根直线,表示股票价格的总体运动趋势。在图 3-4 中,绘制了一根上涨的趋势线,它把上涨趋势中的低点连接起来。这条线称为支撑线,表达了价格每次从高点回调到的低点。由于总体的趋势是上涨的,价格触及低点(支撑线)后,将继续向上运动。

类似地,我们可以为下跌趋势绘制一根趋势线,称为阻力线,它把下跌趋势中的高点连接起来。图 3-5 中的这条线表明,每当价格触及阻力线,突破不了的时候,便继续向下运动,

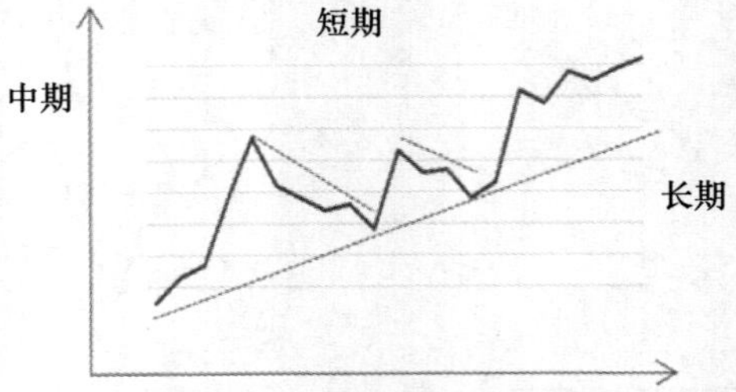

图 3-4　趋势线(上涨趋势)

保持下跌趋势。

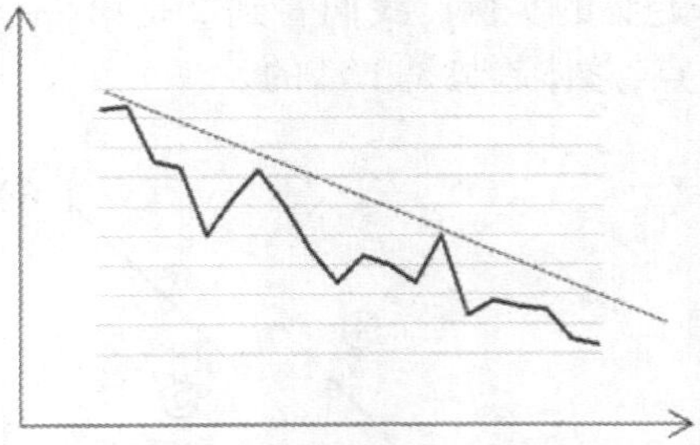

图 3-5　趋势线(下跌趋势)

3.3.3　通道

在价格序列上同时绘制出阻力线和支撑线,中间的区域称为通道,如图 3-6 所示。针对上涨趋势、下跌趋势和横盘整理,有三种通道类型,虽然形态不一样,但解释是一样的。

近期内价格一般在通道内运动,也就是在支撑线和阻力线之间运动,一直到发生突破状况为止。一旦发生突破,价格将在突破的方向上迅速移动。

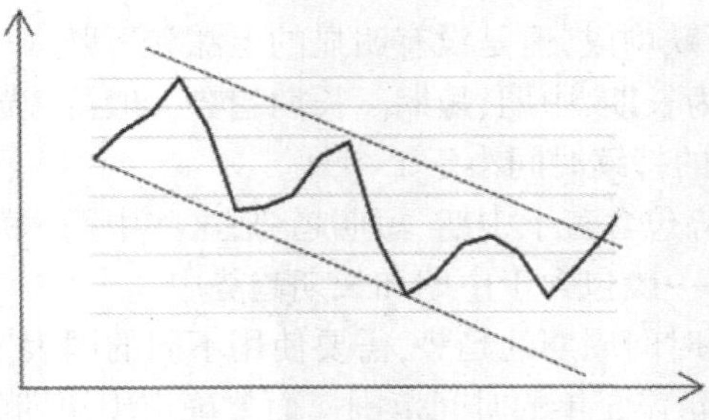

图 3-6　通道

3.3.4　支撑线和阻力线

支撑线和阻力线表示价格运动的范围,一般很少突破它们,比如向上突破阻力线,向下突破支撑线。图 3-7 中,支撑线表示股票价格很少掉落到这个水平之下,而阻力线表示股票价格很少超过这个水平。

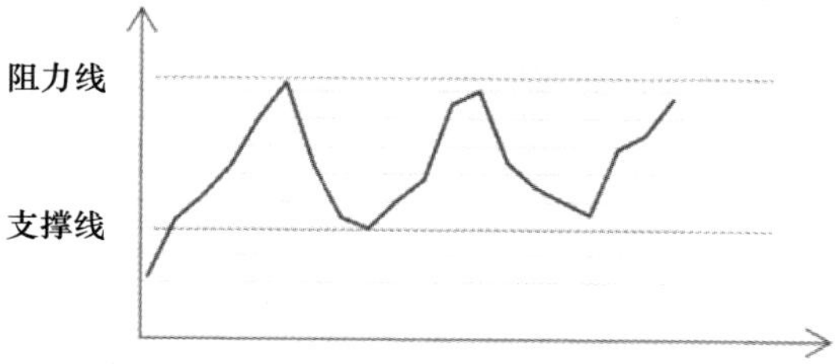

图 3-7 支撑线和阻力线

为什么有这样的价格运动模式呢？支撑线和阻力线代表了市场心理和供求关系。支撑线和阻力线价格水平一般落在 10、20、35、50、100 以及 1 000 等整数(round number)上，这些价格代表了主流的市场心理价格转折点，人们愿意在这些价格上买入和卖出。

买入者一般在价格降到某个水平，比如 50 元时，选择大量买入，于是价格就很难再继续下跌。卖出者一般在价格上升到某个水平，比如 1 000 元时，选择大量卖出，于是价格就很难再继续上涨。

现有的支撑线和阻力线有可能被突破，然后新的支撑线和阻力线逐步建立起来，这代表了价格运动背后的市场心理的重大迁移。

1. 支撑线和阻力线的角色互换

当价格突破阻力线或者支撑线，表示市场供求关系和市场心理发生了重大迁移。在下跌中，原来的支撑线变成了新的阻力线。在上涨中，原来的阻力线变成了新的支撑线。如图 3-8 所示。

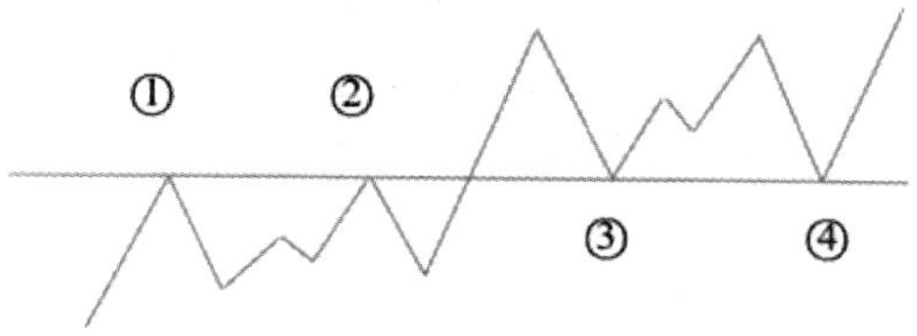

图 3-8 支撑线和阻力线的互换

图 3-9 展示了现实中支撑线和阻力线互换的案例，在 2003—2006 年的沃尔玛的股票价

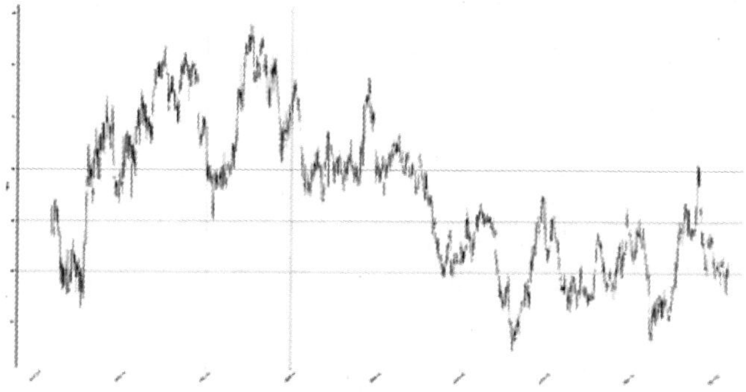

图 3-9 支撑线和阻力线互换的真实案例

格变化中,MYM37 的价格水平刚开始扮演了支撑线的角色,后来扮演了阻力线的角色。

2. 支撑线和阻力线的用途

如果投资者确定了一根阻力线,价格多次触及,但是并不能向上突破,那么他就可以止盈,落袋为安。因为价格短期内不大可能越过这个阻力线。

3.3.5　交易量

除了关注价格变化,技术分析者还关注交易量的变化。一只股票的交易量大,表示市场活跃。交易量一般作为独立子图和价格绘制在一张图上,如图 3-10 所示。

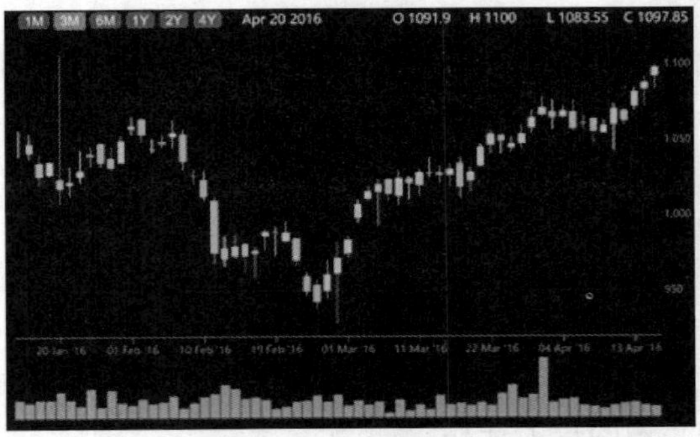

图 3-10　价格与交易量

资料来源:https://bl. ocks. org/anilnairxyz/a51393d7c51342abe8d4e3f4cbab7ae1.

当一个趋势或者价格运动模式伴随着较大的交易量,这个交易量成为这个趋势或者价格运动模式的一个增强或者确认信号。

比如,在一个长期的下跌趋势中,价格有 5%的跳涨,这是一个趋势的反转吗? 这时候,交易量可以提供帮助。如果交易量比近期的日平均交易量大,那么这个趋势反转有可能是真的;相反,如果交易量在近期的日平均交易量之下,那么没有足够的证据支持这个趋势的反转。

一般来讲,交易量和价格趋势的变化方向是一致的。如果价格处于上涨趋势,交易量也在上升;反之亦然。

如果股票价格在上涨趋势中,交易量却连续走低,这是一个信号,很有可能上涨趋势减弱,将要结束。

价格的变化趋势和交易量的变化趋势不一致,是一种特殊的背离(divergence)情况。背离表示两个指标之间或者两个指标的变化趋势之间的矛盾性。价格的上涨趋势和交易量的下滑就是一个典型的背离。

1. 交易量可以用于确认一些图表模式

比如头肩形态、三角形、旗帜等,都可以用交易量来确认。这些图表模式在后文介绍。

这里要强调的是,典型的图表模式由一系列转折点(pivotal points)构成,在这些时间点,如果没有相应的交易量的确认,这些模式后续能够发展成型,投资者据此产生交易信号的可能性就减弱了。

2. 交易量一般领先于价格的运动

投资者非常注意交易量的变化,因为它有可能预示着将要到来的价格反转。比如在价格上涨趋势中,如果交易量开始持续走低,上涨趋势就有可能要终结了。

3.3.6 图表

技术分析中大量使用图表。主要的图表类型包括线图(line chart)、柱状图(bar chart)和K线图(candlestick chart,蜡烛图)等。在一个图表上,一般既显示价格变化,也显示交易量变化。交易量用柱状图表示,每个时间周期(比如每天)的交易量用一个小柱状表示。

观察图表的时候,需要注意图表的横坐标和纵坐标所使用的单位。图表的横坐标一般显示日期时间。主要的时间分辨率(频率)包括日内的每5分钟、每1小时等,以及每天、每周、每月、每季度、每年等。以日(天)、周、月份、季度、年作为横坐标单位的图表,一般用来辅助确定长期的价格趋势。日内价格图表则涵盖交易日内的价格变化,时间分辨率可以到分钟级。

图表的纵坐标使用价格的单位或者交易量的单位。有两种尺度形式,分别是线性尺度和对数尺度,如图3-11所示。图3-11左边的子图使用的是线性尺度(linear scale),右边的子图使用的是对数尺度(log scale)。线性尺度体现了数值的绝对值的变化,而对数尺度体现了数值的相对变化。比如图3-11右边的子图,从10到20的距离和从20到40的距离是一样的,因为它们都代表了100%的价格上涨。

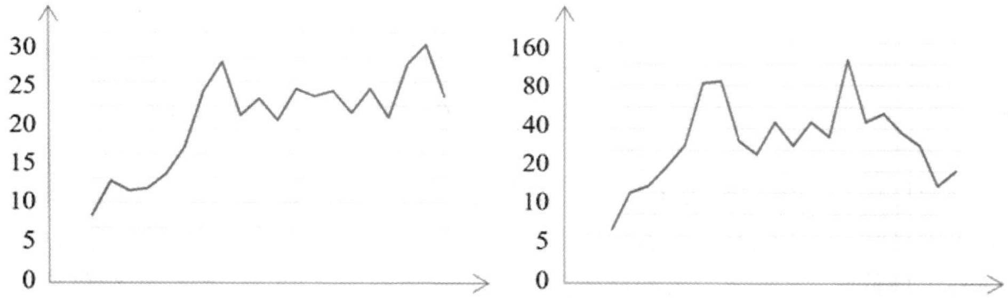

图3-11 线性尺度与对数尺度

3.3.7 线图

线图用一系列折线表现了一段时间内价格的变化。这里使用的价格一般是每个单位时间周期(比如每天)内的收盘价,如图3-12所示。

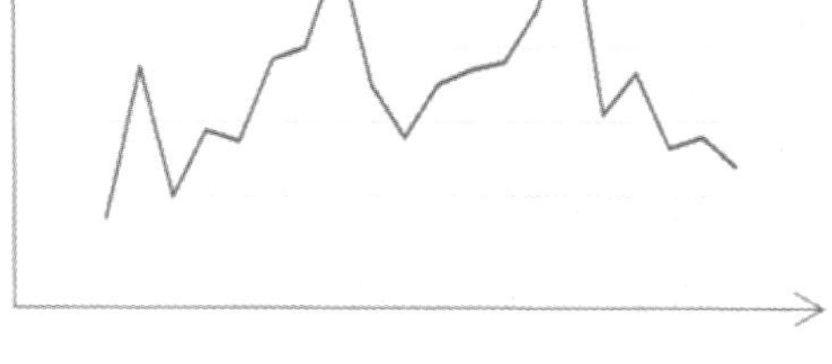

图3-12 线图

3.3.8　K 线图

K 线图也称为蜡烛图,由一系列蜡烛依次排列构成,如图 3-13 所示。每个蜡烛表现了单位时间周期内的开盘价、收盘价、最高价和最低价。

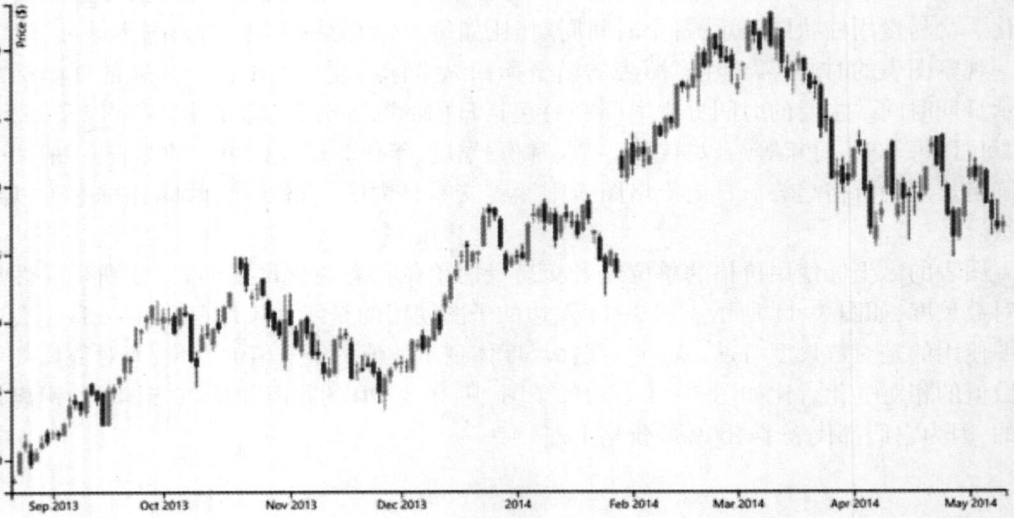

图 3-13　K 线图

资料来源:http://bl.ocks.org/andredumas/27c4a333b0e0813e093d.

这四个价格用一个蜡烛来表示。当收盘价高于开盘价,当天(该时间周期)内价格上涨,蜡烛的下边缘表示开盘价,上边缘表示收盘价。从蜡烛的两端引出两根线,下边缘引出的线的最低点表示最低价,上边缘引出的线的最高点表示最高价。蜡烛的边缘用红色着色。

当收盘价低于开盘价,当天(该时间周期)内价格下跌,蜡烛的上边缘表示开盘价,下边缘表示收盘价。最高价和最低价的表示和上文所述是一样的。蜡烛的边缘用绿色着色。

在蜡烛的着色方面,国内外的做法有些区别。我国认为上涨是好事,红红火火,而价格下跌是坏事,脸都被吓绿了。

国外则认为红色代表警报、问题,所以下跌(收盘价<开盘价)用红色着色;黑色或者蓝色代表正常(正常就是好事);上涨(收盘价>开盘价)用黑色或者蓝色着色。

着色原则体现了不同的文化背景。

3.3.9　图表模式

图表模式(chart pattern)是价格变化的一种形状,它预示着未来的价格变化,可以用来生成交易信号,也就是买入和卖出。

投资者观察各种图表模式,用于确认当前的价格趋势(current trends)或者趋势反转(trend reversals),由此寻找交易机会,生成买卖信号。

这里讲的图表模式,人们已经观察到很多次了,体现了技术分析派坚信的“历史总会重演”的假设。有些图表模式在不同的时间分辨率(any timeframe)上都被观察到过。

图表模式主要分为两类，分别是反转模式（reversal pattern）和持续模式（continuation pattern）。反转模式表示当前的模式结束后，价格趋势将出现反转，由上涨转为下跌，或者由下跌转为上涨。持续模式则预示着当前的模式结束后，价格变化趋势会持续，继续上涨或者继续下跌。

1. 头肩形态模式

图 3-14 给出了两个头肩形态模式（Head and Shoulders）实例，头肩形态是一个反转类型的价格图表模式，它由头、肩、颈线（neckline）组成。

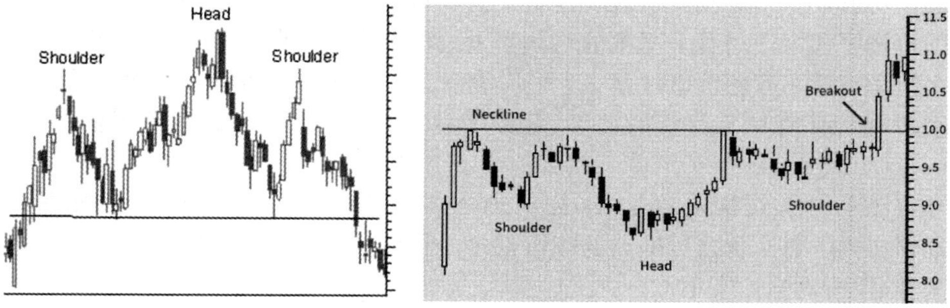

(a) Normal (b) Reverse

图 3-14 头肩形态模式

资料来源：https://www.investopedia.com/terms/h/head-shoulders.asp.

在左边的子图中，展示了一个典型的头肩形态，横线表示颈线，是一个支撑线，头肩形态结束后，价格突破支撑线，价格不再上涨，掉头向下。

在右边的子图中，展示了一个倒过来的头肩形态，横线表示颈线，是一个阻力线，头肩形态结束后，价格突破支撑线，价格不再下跌，而是掉头向上。

2. 杯子和杯柄模式

杯子和杯柄模式（Cup and Handle）是一种持续模式，如图 3-15 所示。价格的上涨暂停了一段时间，图表模式形成并结束后，价格继续上扬。这种形态跨越的时间从几个月到几年不等。

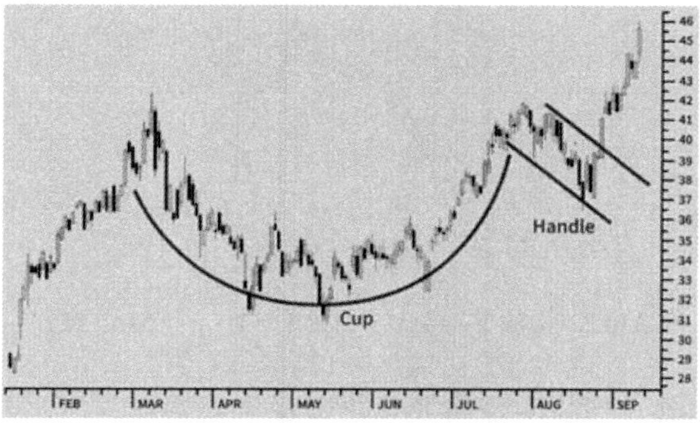

图 3-15 杯子和杯柄模式

资料来源：https://www.investopedia.com/terms/c/cupandhandle.asp.

杯子形状后边跟着的杯柄，是一个下跌或者横盘整理的趋势，当价格突破杯柄的阻力线时，价格的上涨趋势继续下去。

除了上述图表模式，还有很多的模式值得仔细研究，包括双顶和双底（Double Tops and Bottoms）、三角形（Triangles）、旗帜和三角旗（Flag and Pennant）、楔子（Wedge）、跳空（Gaps）、三顶和三底（Triple Tops and Bottoms）、圆底（Rounding Bottom）等，请读者参考相关资料。

3.3.10　移动平均

移动平均（moving average）是用一个固定大小的滑动窗口（比如 10 天，对于不同时间周期单位的价格序列则使用若干基本的时间单元，如 10 周、10 小时等），滑过价格序列，然后针对每个滑动窗口对齐的价格计算一个平均价格，这些平均价格构成一个新的序列。

移动平均曲线消除了价格的波动，起到平滑的作用，有利于凸显出当前的价格运动趋势。

简单移动平均（simple moving average，SMA）是最简单的一种移动平均，如图 3-16 所示。滑动窗口内的每个价格数据点的权重都是一样的，其计算方法为把滑动窗口内的价格累加起来，除以滑动窗口大小。

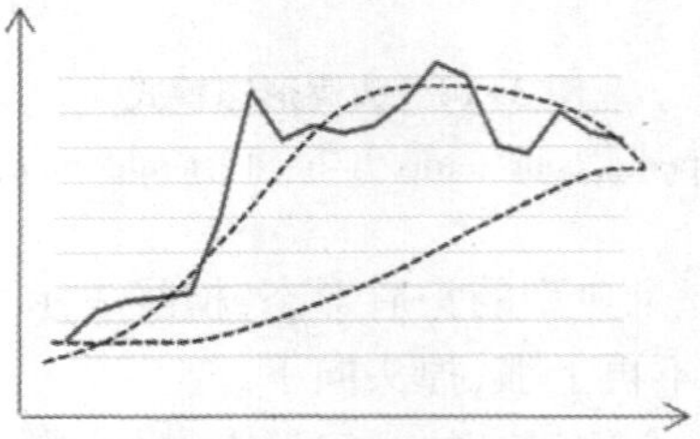

图 3-16　简单移动平均（SMA（15） vs. SMA（50））

另外一种移动平均是指数移动平均（exponential moving average，EMA），它给予最近的价格数据点更高的权重。从图 3-17 可以看到，15 天的 EMA 比 15 天的 SMA 更快地上升或者下降。

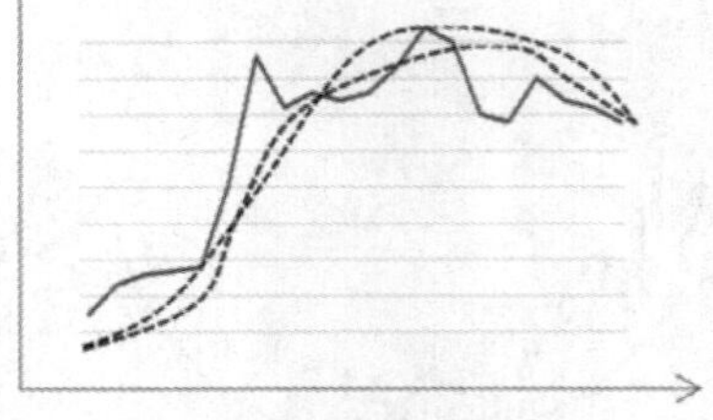

图 3-17　指数移动平均（SMA（15） vs. EMA（15））

移动平均可以用来确定当前的价格变化趋势或者趋势反转，以及设置阻力线和支撑线水平。

（1）判断价格变化趋势。通过移动平均价格可以比较容易地确定价格处于上涨趋势还是下降趋势。比如在图 3-18 中，我们可以通过移动平均线的走势，判断出价格的上涨和下跌趋势。

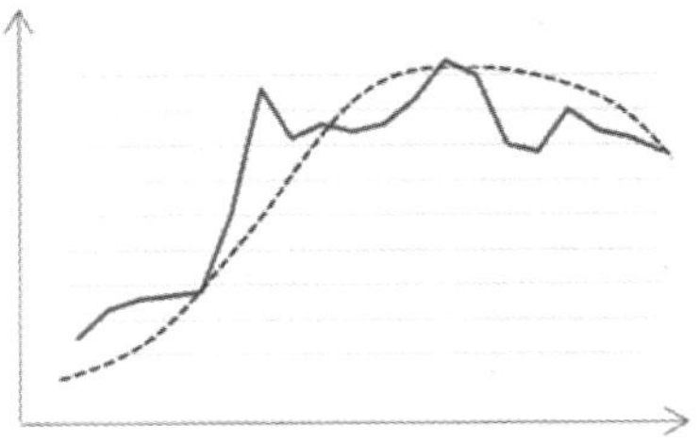

图 3-18 上涨与下跌趋势

判断价格趋势有两种方法。

一种方法是,如果价格在移动平均水平之上,价格处于上涨趋势;如果价格在移动平均水平之下,价格处于下跌趋势。

另一种方法是,用一个短周期移动平均(比如 5 天)和一个长周期移动平均(比如 20 天)做判断。如果短周期移动平均在长周期移动平均之上,价格处于上涨趋势;如果短周期移动平均在长周期移动平均之下,价格处于下跌趋势。

(2) 判断趋势反转。通过交叉来判断趋势反转,也有两种方法。一种是用价格和一个移动平均,一种是用一个短周期移动平均(比如 5 天)和一个长周期移动平均(比如 20 天)。

如果前者从上往下穿越(交叉)后者,价格(由上涨反转为)下跌;如果前者从下往上穿越(交叉)后者,价格(由下跌反转为)上涨。读者可以从图 3-19 和图 3-20 观察到这两种状况。

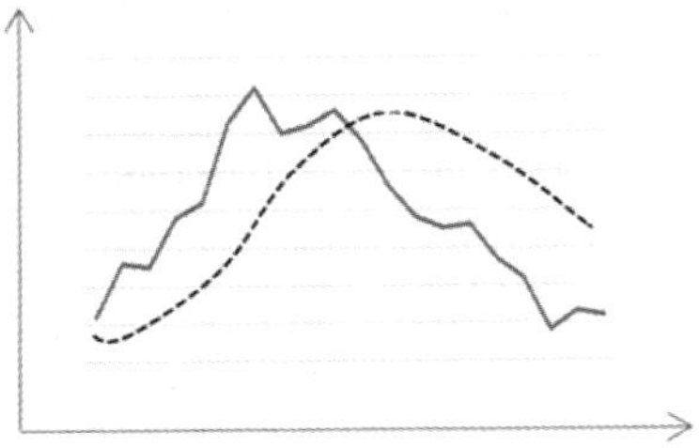

图 3-19 价格占 SMA 交叉

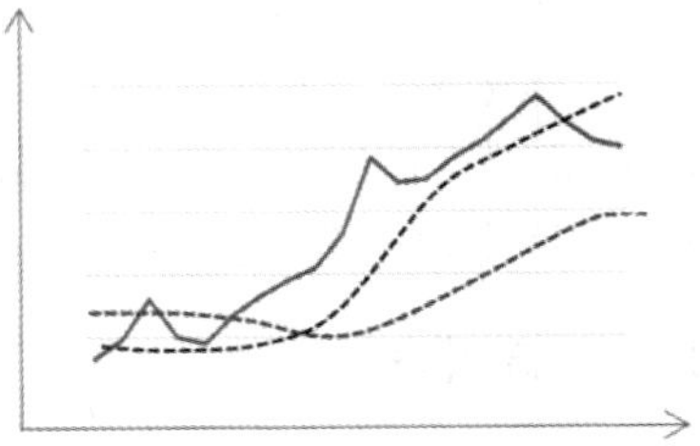

图 3-20 短期与长期 SMA 交叉

需要注意的是,使用比较短的移动平均周期,比如 15 天(SMA1)和 35 天(SMA2)等,我们可以捕捉到短周期的趋势反转(short-term trend reversal)。而为了捕捉长周期的趋势反转(long-term trend reversal),需要使用更长的移动平均周期,比如 50 天(SMA1)和 200 天(SMA2)等。

(3) 判断重要的支撑线和阻力线。我们经常观察到,价格下跌触及支撑线(就是某个周期的移动平均线),然后停止下跌,反转向上,如图 3-21 所示。

在绘制移动平均线的时候,我们一般使用 200 天、100 天、50 天、20 天、10 天等周期。200 天的移动平均提供了对各个年份(每年)的很好的观察,100 天的移动平均针对每半年,50 天的移动平均针对每季度,20 天的移动平均针对每月,10 天的移动平均针对每半月(每两周)。

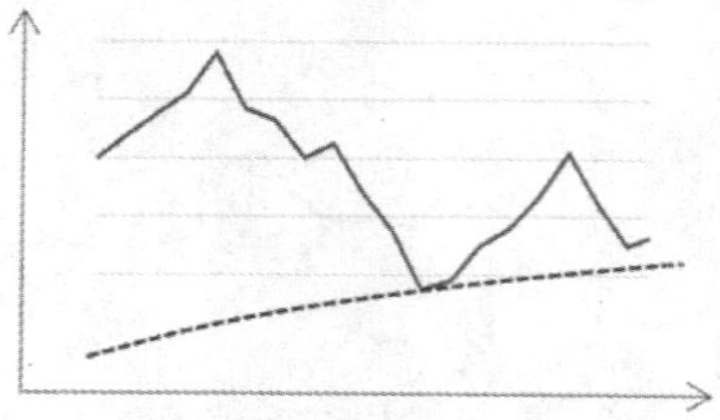

图 3-21　支撑线

3.3.11　技术指标

自从有股票交易以来,人们设计了大量的指标。这些指标是在价格和交易量的基础上进行一定的运算得出的,用于度量现金流、趋势、波动性和动量。

指标一般用于确认价格的运动趋势(confirm price movement)以及确定图表模式的形成质量(quality of chart patterns)。

有两类指标,分别是先导指标(leading)和落后指标(lagging)。先导指标先于价格运动发生变化,具有一定的预测能力。落后指标可以用于确认价格趋势是否已经形成或者图表模式是否已经成型,是一个确认工具。

为了使用指标生成买卖信号,我们用到交叉(crossover)和背离(divergence)。

如前文所述,价格和移动平均的相互穿越、短周期移动平均和长周期移动平均的相互穿越就是交叉的例子。

背离指的是价格变化趋势的方向和某个指标变化趋势的方向相反。背离制造了一种紧张感,两个量不会在不同方向上继续狂奔。这时候一般代表价格的当前趋势减弱,下跌减弱,预示着上涨的来临;上涨减弱,预示着下跌的来临。

一般来讲,人们很少使用单一指标的变化来生成买卖信号(buy & sell signal),而是结合其他指标、价格变化趋势和图表模式来综合判断。

3.3.12　收集派发线

收集派发线(accumulation/distribution line)是用于度量流入和流出一只股票的现金流的一个流行的指标。这个指标试图通过一段时间内的价格变化和交易量,来测定买入和卖出的比例,也就是多空双方的力量对比。

投资者可以查看 AD 线的走势,了解买方和卖方的力量对比。如果某只股票的 AD 线有一个向上的趋势,那么代表买方力量大于卖方,价格有可能上涨。

3.3.13　异同移动平均线

在股票价格的技术分析中,异同移动平均线(moving average convergence and divergence, MACD)指标经常被用到。MACD 线通过 12 天的 EMA 减去 26 天的 EMA 绘制出来。然后,MACD 9 天的 EMA 线作为一个信号线,用来确定价格是否发生反转。

投资者一般寻找如下投资机会,即信号线交叉(signal line crossovers)。当 MACD 指标从下往上和信号线交叉,这是一个牛市信号线交叉,适宜买入;当 MACD 指标从上往下和信号线交叉,这是一个熊市信号线交叉,适宜卖出。

从图 3-22 可以看出,当 MACD 线从下往上穿越信号线时,产生一个买入信号;当 MACD 线从上往下穿越信号线时,产生一个卖出信号。

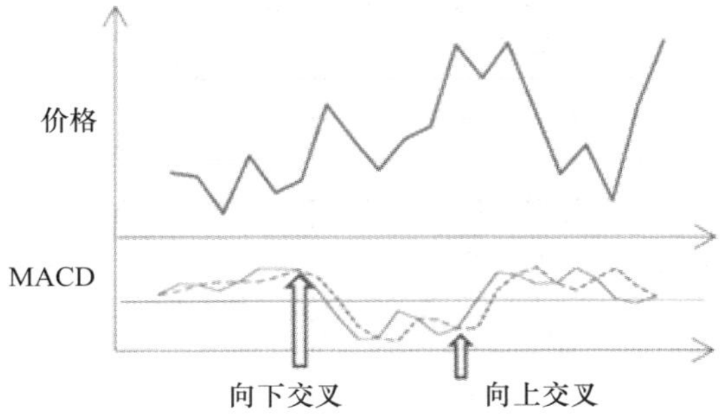

图 3-22 MACD

需要注意的是,有时候有些投资者也把中位线(0 线)作为信号线,判断买入点和卖出点。

3.3.14 相对强弱指标

我们通过一个实例来解释相对强弱指标(relative strength index,RSI)指标的计算方法。RSI 指标如图 3-23 所示。

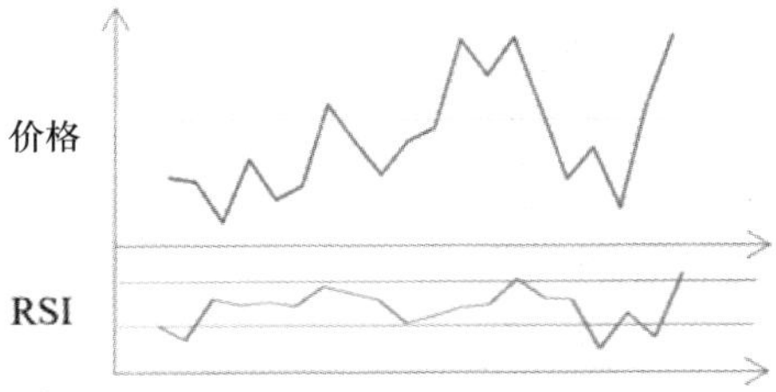

图 3-23 RSI

假设最近 14 天涨跌情形如下:第一天涨 2 元(+2),第二天跌 2 元(-2),第三、第四、第五天各涨 3 元(+3,+3,+3),第六天跌 4 元(-4),第七天涨 2 元(+2),第八天跌 5 元(-5),第九天跌 6 元(-6),第十、第十一、第十二天各涨 1 元(+1,+1,+1),第十三、第十四天各跌 3 元(-3,-3)。

将 14 天上涨的余额相加得到 16,除以 14,得到 1.143。

将 14 天下跌的余额相加得到 23,除以 14,得到 1.643。

计算相对强弱:RS=1.143/1.643=0.696。

那么 14 天的相对强弱指标为:RSI=100-[100/(1+RS)]=41.038。

RSI 指标一般以 5 天、10 天、14 天为计算周期,也有以 6 天、12 天、24 天为计算周期的。

RSI 指标和超买、超卖紧密关联。对股票的过度买入称为超买,反之,对股票的过度卖出称为超卖。一般来讲,RSI 的数值在 80(这个阈值可以指定为另外的数值,比如 90)以上为超买状态,数值在 20(这个阈值可以指定为另外的数值,比如 10)以下为超卖状态。

当 RSI 值超过 80 时,表示多方力量强于空方力量,双方力量对比悬殊。市场处于超买状态,后续行情有可能出现回调,投资者可卖出股票。

当 RSI 值低于 20 时,表示空方力量强于多方力量,市场下跌幅度过大,已处于超卖状态,股价可能出现反弹,投资者可适量建仓,即买入股票。

当 RSI 值处于 20~80 时,市场处于整理状态,投资者可以观望,不做交易。

参考文献

[1] 覃雄派, 陈跃国, 杜小勇. 数据科学概论. 北京: 中国人民大学出版社, 2018.
[2] 王秋月, 覃雄派, 赵素云, 张静. 人工智能与机器学习. 北京: 中国人民大学出版社, 2020.

4

Python 入门

4.1 Python 语言简介

Python 是一种面向对象的解释型计算机程序设计语言,由荷兰人吉多 · 范罗苏姆(Guido van Rossum)于 1989 年发明。Python 的第一个公开发行版于 1991 年发行。Python 经过 30 年的发展,成熟且稳定。Python 的主要实现是 CPython,它是一个由社区驱动的自由软件,目前由 Python 软件基金会管理。

Python 是一种功能强大的通用型语言,它包含一组完善、容易使用的标准库,能够完成许多常见任务。它的语法简洁清晰,与其他语言不同的一个重要特点是 Python 采用缩进来定义语句块(若干语句构成一个语句块),也就是 Python 的缩进是强制要求的。至于缩进多少空格,不做硬性规定,一般是 4 个空格。

在本章中对 Python 的介绍不会聚焦概念(比如语句、语句块以及语法结构等),而是通过一些实例让读者掌握 Python 语言。

Python 支持命令式编程、面向对象程序设计、函数式编程、面向切面编程、泛型编程等多种编程范式。与 Ruby、Perl、TCL 等动态语言一样,Python 具备垃圾回收功能,能够自动管理内存使用。

Python 语言的学习难度不大,很容易入门,但是用好 Python 需要长期的实践,熟悉一些重要的第三方库。大量的第三方库构成了 Python 的生态,这是 Python 强大的动力来源。

尽管 Julia 等语言吸收了 Python 的优点,摒弃了 Python 的缺点,在执行效率上比 Python 要高,但还是没有被用户认可和迅速流行起来,生态是一个重要的原因。

4.2 环境创建、安装、配置和版本

本书使用 Python 3。

Python 3 有好几个版本,包括 3.5 版、3.6 版、3.7 版、3.8 版等。建议读者使用 Anaconda 发布包安装 Python(https://www.anaconda.com/distribution/),平时编程需要的软件包都包括在内,用户无须操心各个独立软件包的安装。软件包之间可能存在不同版本的兼容问题,Anaconda 可以一并解决。如果缺少某个软件包,单独安装即可。由于 Anaconda 最新发布的下载包可能是 3.7 或 3.8 等版本,为了保证读者能够顺利执行本书附带的代码,

应该为 Anaconda 建立一个 Python3. 5 的环境。

具体的做法是，在“Anaconda Prompt”命令行窗口中，执行如下命令。

```
conda create-n Python35 python=3.5
conda install-n Python35 anaconda
```

第一个命令建立了一个 Python3. 5 的环境，名字为“Python35”。

第二个命令是为“Python35”环境安装 Anaconda 发布包，把常用的软件都装上。

需要注意的是，为了正确执行上述命令，需要对 conda 的安装渠道进行设定，确保“C:\Users\Administrator\. condarc”文件的内容如下，Administrator 为 Windows10 的用户名。

```
default_channels:
  -https://repo.continuum.io/pkgs/free
  -https://repo.continuum.io/pkgs/r
  -https://repo.continuum.io/pkgs/pro
show_channel_urls: true
ssl_verify: true
channels:
  -defaults
```

新建这个文件的方法是：打开资源管理器，打开“C:\Users\Administrator”目录，在资源管理器右侧窗口按右键，选择“新建→文本文件”建立新文件，需要把“新建文件 . txt”改名为“. condarc”。该文件内容使得 Annaconda 在运行 conda 命令安装软件包时使用官方安装渠道。

这时候，在 Windows 已经安装的 Anaconda 版本之外，多了一个 Python3. 5 的环境，在“Anaconda3 (64 - bit)”程序组中，除了 Anaconda 版本对应的快捷键外，还多了几个 Python3. 5 的快捷键，如图 4-1 所示。

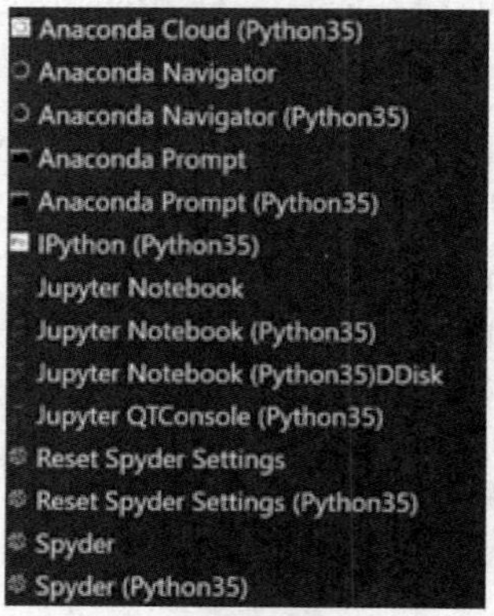

图 4-1　已有 Anaconda 以及新安装的 Python35

Python 环境以及我们将要用到的各个软件包的版本见表 4-1。

表 4-1 软件版本

软件	版本
Python	Python 3.5.3：Anaconda custom（64-bit）
pandas	pandas 0.25.3
numpy	numpy 1.17.4
scikit-learn	scikit-learn 0.18.1(请升级为 0.22.0)
Keras	Keras 2.1.5
tensorflow	tensorflow 1.6.0
talib	TA-Lib 0.4.17
PyAlgoTrade	PyAlgoTrade 0.20

需要注意的是，把 scikit-learn 升级为 0.22.0 后，matplotlib 绘制的线图中线条太粗。可以通过如下代码，恢复传统线宽。

```
import matplotlib as mpl
mpl.style.use('classic')
```

为了保证各个软件包的版本是正确的，以便执行本书附带的代码，请读者在“Anaconda Prompt（Python35）”命令行窗口中，用如下命令安装上述软件包的特定版本。命令中的“-i https://pypi.douban.com/simple”表示使用国内的豆瓣网站作为安装渠道。使用豆瓣网站提供的服务器，安装速度很快。

```
pip install pandas==0.25.3-i https://pypi.douban.com/simple
pip install numpy==1.17.4-i https://pypi.douban.com/simple
pip install scikit-learn==0.18.1-i https://pypi.douban.com/simple
pip install keras==2.1.5-i https://pypi.douban.com/simple
pip install tensorflow==1.6.0-i https://pypi.douban.com/simple
pip install pyalgotrade==0.20  -i https://pypi.douban.com/simple
```

scikit-learn 请升级为 0.22.0 版本。talib 的安装有些特别，本章末尾介绍安装方法。

tensorflow 是一个深度学习 Python 库，其接口比较复杂，我们使用 Keras 进行编程，Keras 是在 tensorflow 之上进行包装的一个更为简单的 API。

为了配置 Keras 使用 tensorflow，需要在“C:\Users\Administrator\.keras”目录下创建 keras.json 文件，文件内容如下。

```
{
    "image_data_format": "channels_last",
    "epsilon": 1e-07,
    "floatx": "float32",
    "backend": "tensorflow"
}
```

如果该目录不存在，用户可以打开 Jupyter，运行“import keras”，系统就会自动生成该目录。

Python 安装完成后,用户就会拥有一个 Python 解释器(负责 Python 程序的解释执行)、一个命令行交互环境(Python Shell)、一个通过网页进行交互式编程的环境(Jupyter Notebook),以及一个简单的集成开发环境(Spyder)。

在编程过程中,如果用户的目的是尝试执行一些代码片段,可以选用 Jupyter Notebook 工具;如果用户的目的是编写执行复杂功能的程序,则建议使用集成开发环境 Spyder。它们的界面如图 4-2 和图 4-3 所示。

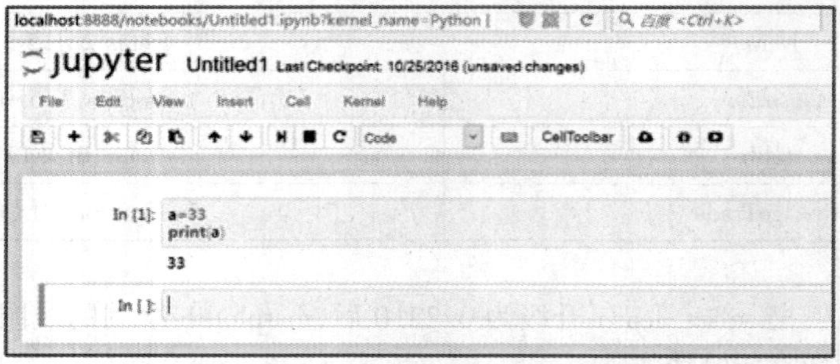

图 4-2　Jupyter Notebook 交互式开发环境

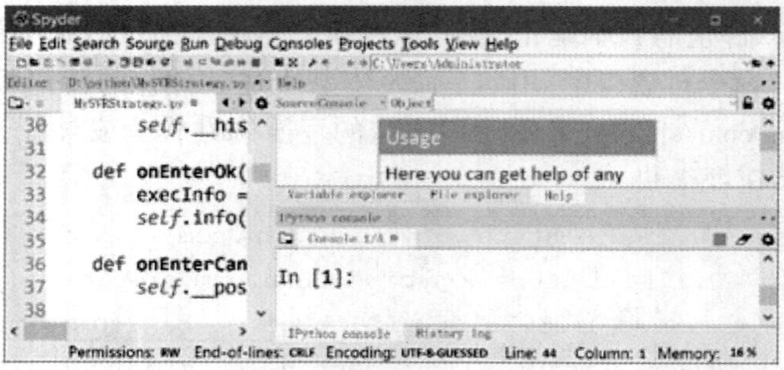

图 4-3　Spyder 开发环境

启动 Jupyter Notebook 的过程是,点击 Windows 开始菜单,找到 Anaconda3 程序组,点击"运行 Jupyter Notebook(Python35)"快捷方式,等待一会,浏览器自动启动,展示 Jupyter Notebook 界面。选择"New"菜单,选择"Python3[Root]"菜单项,新建 Notebook。在输入框,按照 Python 的语法要求输入 Python 代码,点击运行按钮 ⏭,解释执行代码,即可立即观察到执行的结果。如果有语法错误,系统会立即给出出错提示,以方便我们判断和纠错。

启动 Spyder 开发环境的办法是,点击 Windows 开始菜单,找到 Anaconda3 程序组,点击"运行 Spyder(Python35)"快捷方式。Spyder 启动以后,用户可以新建项目、新建文件、编写代码和调试代码。

4.3　Python 语言入门

我们将通过一系列小实例来学习 Python 语言。

1. 变量、常量、变量名、赋值、运算

```
myvar=3
myvar=myvar+2
print( myvar)

myvar=3.3
myvar-=1
print(myvar)

mystring="Hello"
mystring+=" world."
print(mystring)
"""This is a multiline comment.
The following lines concatenate the two strings."""

# the following statement swap the values of two variables
myvar, mystring=mystring, myvar
print(myvar, mystring)
```

myvar 是一个变量。第一个语句把 3 赋给变量 myvar,接着把 myvar 的值加上 2 赋给 myvar,这时候 myvar 的值为 5。

在程序运行过程中,取值不断变化的量称为变量。变量必须有一个有效的名称,不能使用系统已经使用的关键字,比如 if。有效的变量名称以底划线、字母开头,后面跟着若干底划线、数字或者字母。比如 myvar 2020 是一个有效的变量名,myvar. 2020 则不是。

Python 语言中无须事先定义 myvar 是什么类型,在赋值的时候,给它什么数据,它就具有什么类型。我们把 3 赋给了 myvar,所以 myvar 具有整数类型。myvar=3 是一个语句,其中的 3 是一个常量。常量是程序运行过程中不变化的量,上述程序中的 3. 3、"Hello" 等都是常量。

上述代码中,第二段程序,我们把 3. 3 赋给 myvar,这时候 myvar 具有小数类型,myvar-=1 表示把 myvar 的值减去 1,它和"myvar=myvar-1"的效果是一样的。

+、-、*、/等符号表示加、减、乘、除运算,=表示赋值运算,==表示判断相等与否的运算。这些符号称为运算符。

Python 还支持其他大量的运算符,我们不在这里一一介绍。在后续的实例学习中会不断遇到,慢慢熟悉。

可以把变量和常量通过运算符按照运算规则连接起来,构成表达式,比如 $a+b$。还可以进一步编写完整的语句,比如 $c=a+b$。

给 Python 程序加注释,方法如下:单行注释用#开头,一行内#之后的内容都是注释。多行注释用"""和"""括起来。

注释的目的是对代码进行解释,让阅读代码的人明白,注释本身不会被解释器执行。

2. 列表、元组、集合、字典等数据类型

除了整数、小数、字符等基本的数据类型,Python 还提供列表、元组、集合、字典等复杂的衍生数据类型,以方便我们对数据进行管理。

下述实例中的字符串,实际上是一个在字符数据类型上的衍生类型,字符串是字符的列表。

```
sample=[1, ["another", "list"], ("a", "tuple")]

mylist=["List item 1", 2, 3.14]
mylist[0]="List item 1 again" # change item
mylist[-1]=3.21 # last item
print(len(mylist))

mytuple=(1, 2, 3)

mydict={"Key 1": "Value 1", 2: 3, "pi": 3.14}
mydict["pi"]=3.15 # change value
```

在上述实例中:

(1) 创建一个名称为 sample 的列表,这个列表包含三个元素,分别是一个整数、一个列表和一个元组。一个列表由[ ]括起来,里面包含各个元素。

(2) 创建一个名称为 mylist 的列表,这个列表包含三个元素,分别是一个字符串、一个整数和一个小数。

一个列表的元素可以通过下标来访问,下标从 0 开始。比如一个列表有 3 个元素,那么对其进行顺序访问的下标为 0、1、2。一个列表也可以进行逆序访问,下标从-1 开始,-1 表示倒数第一个元素,-2 表示倒数第二个元素,等等。

mylist[0]="List item 1 again"表示把 0 号元素通过赋值运算改变成"List item 1 again"。mylist[-1]=3.21 表示把最后一个元素改变成 3.21。

len 是一个内置函数,可以计算列表(或者元组、数组)的长度。

(3) 创建一个名称为 mytuple 的元组,包含三个元素,分别是 1、2、3,元素用( )括起来。可以对元组通过下标访问,可以读取,但是不能写入(修改),元组和列表的区别在于此。

如果想改变元组的元素,只能从原有元组提取数据,构造一个新的元组。

(4) 创建一个名称为 mydict 的字典,字典是包含 Key/Value 对的数据结构。比如 mydict 就包含"Key 1":"Value 1",2:3,"pi":3.14 等 Key/Value 对。

字典的每个 Key/Value 对用逗号隔开,所有 Key/Value 对用{ }括起来。Key 和 Value 之间用冒号隔开。

Key 和 Value 可以取整数、小数、字符串等类型,Value 还可以取各种衍生的数据类型,形成嵌套的数据结构。

mydict["pi"]=3.15 表示把 Key 为 pi 字符串所对应的 Value 改变为 3.15。

3. 下标范围访问

```
mylist=["List item 1", 2, 3.14]
print(mylist[:])

print(mylist[0:2])
```

```
print(mylist[-3:-1])
print(mylist[1:])

print(mylist[::2])
```

我们可以根据一个下标范围提取一个列表(元组)的若干元素,这个操作对于构造机器学习的样本是非常有用的。

下标范围的基本模式是[a:b],a 表示开始下标,b 表示结束下标。

[:]下标范围,表示不限定开始下标,不限定结束下标,访问所有下标对应的所有元素。

[0:2]下标范围,表示从下标 0 开始,到下标 2 结束(不包括下标 2),访问相应下标对应的那些元素。即表示访问 0、1 等下标对应的元素。

[-3:-1] 下标范围,表示从下标-3 开始,到下标-1 结束(不包括下标-1),访问相应下标对应的那些元素。即表示访问-3、-2 等下标对应的元素。

[1:]下标范围,表示从下标 1 开始,到整个列表的下标结束(包括下标 2),访问相应下标对应的那些元素。

[::2]下标范围,表示从最开始即下标 0 到最末尾(包括下标 2),以 2 为步长,依次访问各下标对应的元素,即访问 0、2 等下标对应的元素。

4. 流程控制:分支、循环

```
rangelist=range(10)

if rangelist[1]==2:
    print("The second item (lists are 0-based) is 2")
elif rangelist[1]==3:
    print("The second item (lists are 0-based) is 3")
else:
    print("Bang")

while rangelist[1]==1:
print("We are trapped in an infinite loop!")

total=0
for number in range(10):
    total+=number
    if total < 20:
        print("total", total)
        continue
    elif total <30:
        pass
    else:
        print("total", total)
        break
```

(1) range 函数根据参数返回一个列表,列表里的元素是有序的、在参数范围内的数值。

比如 range(10)返回[0, 1, 2, 3, 4, 5, 6, 7, 8, 9]列表。

(2) if-elif-else 语句对多种情况进行排除式判断。在上述实例中,首先判断“rangelist[1]==2”,即 rangelist 的 1 号下标元素是不是 2,如果是,就执行相关语句。否则,判断 rangelist 的 1 号下标元素是不是 3,如果是,就执行相关语句。在上述实例中,这两种情况都不符合,所以最后执行 else 下边的语句,打印 Bang。

(3) while 循环语句根据条件是否成立执行循环体。由于条件“rangelist[1]==1”总是成立,所以陷入了死循环,需要用户点击 Jupyter 的停止按钮,停止程序执行。

(4) for number in range(10)循环表示针对[0, 1, 2, 3, 4, 5, 6, 7, 8, 9](range(10)返回此列表)的每个值,把它加到 total 里面去,然后判断总和是否小于 20,如果是,那么打印总和,继续循环程序;否则,如果总和小于 30(隐含>=20 且<30 的意思),什么都不做(pass),如果总和不小于 30(隐含>=30 的意思),打印总和,并且退出循环。

continue 表示循环体的剩下部分不再执行,继续执行下一个循环。pass 表示什么都不做。break 表示跳出整个循环,也就是不再执行下一个循环了,终止循环。

5. 字符串的若干处理

```
print("Name: %s\
Number: %s\
String: %s" % ("python", 3, 3 * "-"))

print("This %(verb)s a %(noun)s." % {"noun": "test", "verb": "is"})

name="Stavros"
print("Hello, {}!".format(name))
```

(1) 第一个语句很长,使用字符“\”可以把很长的语句切割在多行上。“Name: %s Number: %s String: %s”是一个格式串,%s 表示需要用实际参数代替,参数的形式是字符串,也就是用字符串"python"、整数 3(先转换成字符串)和 3 个"-"构成的字符串,分别代替格式串中的%s。实际参数表现为一个元组。

(2) 第二个语句的“This %(verb)s a %(noun)s.”是一个格式串,%(verb)s 表示用后续字典表中的 verb 对应的 value 来替代(如有必要转换成字符串),%(noun)s 表示用后续字典表中的 noun 对应的 value 来替代。实际参数表现为一个字典表。

(3) 把字符串 Stavros 赋给 name,然后打印格式串"Hello, {}!",在打印它之前,首先调用字符串的 format 函数,用 name 去替代“{}”占位符(placeholder)。

6. 函数

```
import math
Lfunc=lambda x: math.pow(x,2.)
print(Lfunc(6.))

def add_item_ntimes( alist, aint, times):
    for idx in range(times):
        alist.append( aint)
```

```
mylist=[1,2,3]
add_item_ntimes(mylist, 4, 4)
print(mylist)
```

有一些功能可能经常要用到。为了避免书写大量的重复代码,可以把这些功能包装成一个个的函数。

lambda 函数是一种匿名函数,Lfunc = lambda x: math.pow(x,2.)表示对参数 x,调用 math 模块的 pow 函数,计算 x 的 2 次方返回,这个函数赋给 Lfunc。Lfunc(6.)表示计算 6.0 的 2 次方。

add_item_ntimes 是一个自定义函数,有三个参数,分别是列表 alist、整数 aint 和整数 times,它的功能是根据 times 参数把 aint 插入 alist 的末尾 times 次。

Python 的函数可以调用其他函数完成其功能,甚至可以调用自己,那就是递归函数。

7. 面向对象编程

```
class Person(object):
    def __init__(self, __name):
        self.name=__name
    def printMe(self):
        print("name", self.name)

class Employee(Person):
    def __init__(self, __name,__job):
        super(Employee, self).__init__(__name)
        self.job=__job
    def printMe(self):
        print("name", self.name)
        print("job", self.name)

class Student(Person):
    def __init__(self, __name,__classNo):
        super(Student, self).__init__(__name)
        self.classNo=__classNo
    def printMe(self):
        print("name", self.name)
        print("classNo", self.classNo)

person=Person("Li Gang")
person.printMe()
print("")

employee=Employee("Wang Yong", "Auto Dealer")
employee.printMe()
print("")
```

```
student=Student("Wang Gang", 33)
student.printMe()
print("")
```

上面的代码给出了一个面向对象编程的实例。

(1) 首先定义一个类 Person,其初始化函数__init__带两个参数,第一个参数是将要创建的对象自身的引用;第二个参数是一个字符串,表示人名。

Person 类还有一个函数 printMe,把人名打印出来。

(2) 定义一个类 Employee,其初始化函数__init__带 3 个参数,第一个参数是将要创建的对象自身的引用;第二个参数是一个字符串,表示人名;第三个参数是一个字符串,表示工作头衔。

Employee 类继承于 Person。super(Employee, self). __init__(__name)语句表示调用父类的__init__方法,完成必要的初始化,同时在子类中保留 job 信息。

Person 类的 printMe 方法只能打印 name,我们给 Employee 类定义了一个同名函数,它可以打印 name 和 job。

Employee 的 printMe 覆盖了 Person 的 printMe,称为重载。如果没有重载,上述代码中"employee. printMe()"将只能显示 name 信息,因为它实际调用的是 Person 的 printMe。

(3) 类似于 Employee 类,我们定义了一个 Student 类,Student 要保留 name 和 classNo(班级编号)信息。

接下来的代码利用三个类 Person、Employee、Student,构造了三个对象 person、employee、student,调用其 printMe 方法,显示其特有信息。

8. 异常处理

```
def some_function():
    try:
        10/0 # divide 10 by 0 raises an exception
    except ZeroDivisionError:
        print("Invalid.")
    else:
        pass
    finally:
        print("Finally we are here.")

some_function()
```

我们不能保证程序一定能够正确运行,可能有些异常状况发生。如果不加处理,程序就异常终止。可以通过要求用户提供新的有效数据(数据有错)、清理磁盘(空间不够)、重新连接网络(网络连接错误),来修正异常。

一般把会发生异常的代码放在 try-except 代码结构中,对异常进行处理。

上述代码定义一个函数 some_function 并调用它,它用 10 除以 0,将引发一个 ZeroDivisionError 异常,被"except ZeroDivisionError:"捕捉到,显示出错信息。

"else:"表示程序段没有发生异常,正常执行"else:"下面的代码。

“finally:”表示不管程序段有没有发生异常，都将执行“finally:”下面的代码。一般把关闭网络连接、回收资源等代码放在这里。

9. 模块

```
import random

randomint=random.randint(1, 100)
print(randomint)
```

为了使用第三方开发的 Python 库，需要把相关模块导入进来。

比如上述代码中，需要导入 random 模块，以便利用 randint 函数，生成 1~100 之间的一个随机数。

一般地，人们把相关的类定义、函数定义放在一个文件中，这就是一个模块，模块名就是文件名。模块可以包含模块，形成层次性命名空间，比如 from sklearn. tree import DecisionTreeRegressor 表示把 sklearn. tree 模块里的 DecisionTreeRegressor 类导入进来，sklearn 和 tree 形成层次命名空间。

我们也可以把自己常用的一些功能放在一个文件里，创建自定义模块。将模块导入其他文件，就能使用其中的功能。

4.4 pandas 入门

1. 简介

pandas 是一个开源的(BSD-licensed)Python 库，提供易于使用的数据结构和数据分析函数。开发者对 pandas 进行了优化，pandas 的执行速度得到保证。pandas 基于 numpy 库开发，和其他第三方库可以无缝集成。pandas 对时间序列分析提供了很好的支持，在金融数据分析领域得到广泛应用。

为了表示和分析现实世界中各类真实数据集，pandas 提供了一系列数据结构。pandas 支持的数据结构主要有：(1) Series：一维数组，与 numpy 库中的一维数组 array 类似，二者与 Python 的数据结构 list 也很相近。区别在于，list 中的元素可以是不同的数据类型，而 array 和 Series 中只允许存储相同数据类型的元素，这样可以更有效地使用内存，提高运算效率。(2) Time Series：以时间为索引的 Series。pandas 支持有序和无序的时间序列数据。(3) DataFrame：二维的表格型数据结构。表格的各个列可以有不同的类型，类似于 SQL 数据库的表格或者 Excel 电子表格。DataFrame 支持不同数据类型的矩阵，可以设定行和列的标签(即行、列的名称)。可以将 DataFrame 理解为 Series 的容器。(4) Panel：三维数组，可以理解为 DataFrame 的容器。这些数据结构可以表示和处理金融、统计、社会科学以及众多工程领域的实际数据。

pandas 的功能包括：(1) 处理数据的缺失值(missing data)，包括浮点数和非浮点数的缺失值。(2) 动态扩展性，用户可以插入或者删除 DataFrame 数据结构的列。(3) 数据对齐(data alignment)。用户可以把数据对象对齐到标签，或者由 Series、DataFrame 等数据结构自行对齐。(4) 分组聚集功能(group by and aggregation)。(5) 把其他 numpy 等第三方库的数据结构转换成 DataFrame 的功能。(6) 数据转换(transformation)。(7) 数据集的合并(merging）和连接（joining）。（8）从 CSV 文件、Excel 文件、数据库进行数据装载，把数据保存为 HDF5 格式的文件，以及从 HDF5 格式的文件装载数据等。（9）坐标轴的层次标签（hierarchical labeling）。（10）数据透视表的旋转（pivoting）、改变形状（reshaping）。（11）对大数据集进行基于标签的数据切片（slicing）、提取子集（sub setting）、建立和使用索引（indexing）。（12）pandas 还提供面向时间序列数据处理的一些特殊功能，比如时间频率转换、移动窗口上的统计值计算、移动窗口上的线性回归、序列的前移和后移（shifting and lagging）、生成时间范围（date range generation）等。

下面通过实例来学习 pandas 的功能。①

2. 创建 Series

下面的实例基于列表创建了一个 Series，把它打印出来，np. nan 表示 Not a Number，即它不是一个有效的数值。Series 的各个元素的标签为 0，1，2，3，4，5 等。

```
import pandas as pd
import numpy as np
import matplotlib.pyplot as plt

s=pd.Series([1,3,5,np.nan,6,8])
print (s)
```

除了缺省的标签，我们也可以指定 Series 各个元素的标签为'a'，'b'，'c'，'d'等，具体如下：

```
import pandas as pd
import numpy as np

series1=pd.Series([4,7,-5,3], index=['a','b','c','d'])
print (series1)
```

可以在字典表的数据上建立 Series，如下代码创建了 35 000、16 000、71 000、5 000 等元素构成的序列，序列各个元素的标签分别为'Ohio'，'Oregon'，'Texas'，'Utah'，可以发现它们符合字典序。

```
sdata={'Ohio': 35000,'Texas': 71000,'Oregon': 16000,'Utah': 5000}
series1=pd. Series(sdata)
print (series1)
```

pandas 提供 isnull 和 notnull 函数来判断序列里各个元素是否为空值以及是否为非空值。

```
print(pd.isnull(series1))
print(pd.notnull(series1))
```

3. 创建 DataFrame

对于 DataFrame 来说，每一列的数据类型都是相同的，而不同的列可以是不同的数据类型。以 SQL 数据库表格进行类比，DataFrame 中的每一行是一个记录，每一列则为一个字段，即记录的一个属性。

---

① http://pandas. pydata. org/pandas-docs/stable/10min. html.

下面的实例首先创建了一个时间范围,然后基于这个时间范围创建了一个 DataFrame, DataFrame 的行标签就是刚刚创建的时间范围,从'20130101'到'20130106',而列标签为'A', 'B','C','D'。

```
import pandas as pd
import numpy as np
import matplotlib.pyplot as plt

dates=pd.date_range('20130101', periods=6)
df=pd.DataFrame(np.random.randn(6,4), index=dates, columns=['A','B','C','D'])
print (df)
df['E']=['one','one','two','three','four','three'] #增加一列,列名为 E
print (df)
```

代码的执行结果如下,DataFrame 的行标签为'2013-01-01','2013-01-02','2013-01-03', '2013-01-04','2013-01-05','2013-01-06',列标签为'A','B','C','D','E'。

	A	B	C	D	E
2013-01-01	-0.183193	-0.469540	-0.706292	-0.141064	one
2013-01-02	-0.342707	-1.115046	0.700808	0.835371	one
2013-01-03	-0.254324	0.117131	-0.578447	-0.796574	two
2013-01-04	0.149151	-0.929543	-0.316956	-0.401892	three
2013-01-05	-0.252526	-0.015580	-1.227762	2.267935	four
2013-01-06	0.804843	-0.397574	-1.746412	0.791969	three

还可以另外一种方式创建 DataFrame。输入的参数是一个字典,字典的每个键值对(< Key, Value>)的 Value 可以转换成一个 Series。示例代码如下:

```
df2=pd.DataFrame({'A':1.,
    'B':pd.Timestamp('20130102'),
    'C':pd.Series(1,index=range(4),dtype='float32'),
    'D':np.array([3] * 4,dtype='int32'),
    'E':pd.Categorical(["test","train","test","train"]),
    'F':'foo'})
print (df2)
```

创建出来的 DataFrame 的内容如下:

	A	B	C	D	E	F
0	1.0	2013-01-02	1.0	3	test	foo
1	1.0	2013-01-02	1.0	3	train	foo
2	1.0	2013-01-02	1.0	3	test	foo
3	1.0	2013-01-02	1.0	3	train	foo

4. 查看数据和元信息

head 和 tail 方法可以显示 DataFrame 前 N 条和后 N 条记录,N 为对应的参数,默认值为 5。通过 index(行)和 columns(列)属性,可以获得 DataFrame 的行和列的标签。这也是了解数据内容和含义的重要步骤。describe 方法可以计算各个列的一些统计值,包含计数、平均值、标准差、最大值、最小值以及 4 分位差等。通过 dtypes 属性,可以获得各列的数据类型。具体代码如下,需要和上个实例配合才能正确运行。

```
print (df.head()) # 前 5 行
print (df.tail()) # 后 5 行
```

```
print (df.describe()) # 描述信息

print (df.index) # 行标签
print (df.columns) # 列标签
print (df.dtypes) # 各列的数据类型
print (df.values) # DataFrame 的值
```

df. values 属性则以列表的方式(每个元素是一个列表)保存 DataFrame 的具体数据。

5. 提取部分数据

可以通过列名提取一个数据列,示例代码如下:

```
print (df['A'])
```

可以通过行号范围、行标签范围提取若干数据行,示例代码如下:

```
print (df[0:3])
print (df['20130102':'20130104'])
```

要注意,0:3 为下标范围,表示提取下标为 0,1,2 的行,而'20130102':'20130104'为行标签范围,表示提取行标签为'20130102','20130103','20130104'的三行。

下面举一个提取数据块的实例。该实例提取行标签范围和列标签列表对应的行列子集。也可以通过行下标、列下标来提取行列子集。既然可以取得一个行列子集,便可以取得一个单元格的值。示例代码如下。df. iloc[3,:]或者 df. loc['20130102',:]可以访问一行。

```
print (df.loc['20130102':'20130104',['A','B']]) # 行标签范围('20130102','20130103',
'20130104')和列标签列表('A','B')
print (df.iloc[3:5,0:2]) # row=3,4,col=0,1
print (df.iloc[[1,2,4],[0,2]]) # row=1,2,4,col=0,2


print (df.iloc[1:3, :])  # row=1,2, col=all
print (df.iloc[:, 1:3])  # row=all, col=1,2


print (df.iloc[1,1]) # 提取一个单元(cell)的值
print (df.iat[1,1]) # 提取一个单元(cell)的值
```

可以使用条件过滤,获取部分行数据。下面示例的代码中,第一行语句只把 df 中 A 列"大于"0 的行提取出来;第二行语句把 df 2 中 E 列的值为'train'的行提取出来。

```
print (df[df.A > 0])
print (df2[df2['E'].isin(['train'])])
```

6. 设置单元格的值

可以通过行标签和列标签或者通过行下标和列下标,对单元格的值进行设置。也可以对整列进行设置。示例代码如下:

```
df.at[dates[0],'A'] = -99 # 通过行标签和列标签,设定单元格的值,注意 dates[0]为'20130101'
print (df.head())


df.iat[0,1] = 3 # 通过行下标和列下标,设定单元格的值
```

```
print (df.head())

df.loc[:,'D']=np.array([5] * len(df)) # 对整列进行设置, len(df)表示 df 的长度,即有多少行
print (df)
```

7. 对缺失值的处理

可以把包含缺失值的整行数据从 DataFrame 里剔除,或者把缺失值替换成某个有意义的值。示例代码如下:

```
df.iat[0,2]=np.nan
df=df.dropna(how='any') # 把包含缺失值的行删除,有一行数据被删掉
print (df)

print (pd.isnull(df))
df.fillna(value=5) # 用 5 代替缺失值
```

8. 计算每列的均值

通过 DataFrame 的 mean、min、max、count 方法,可以计算每个数据列的均值、最小值、最大值、计数(也就是记录的数量)。示例代码如下:

```
print (df.mean())
print (df.min())
print (df.max())
print (df.count())
```

9. 添加数据行

DataFrame 是一个可变的数据集,我们可以添加新的数据行。该实例把一个 DataFrame 的第三行切下来,然后添加到原来的 DataFrame 的末尾,构成新的 DataFrame。示例代码如下:

```
df=pd.DataFrame(np.random.randn(8, 4), columns=['A','B','C','D'])
print (df)

s=df.iloc[3]
print (s)

df=df.append(s, ignore_index=True)
print (df)
```

如下代码展示了如何增加数据列以及如何删除数据列。

```
df=pd.DataFrame(np.random.randn(8, 4), columns=['A','B','C','D'])
print (df)

df['big']=df.A>0 # 增加一列,这列的值根据 A 是否大于 0 来确定 true 或者 false
df['small']=df.B<0 # 增加一列,这列的值根据 A 是否小于 0 来确定 true 或者 false
print (df)
```

```
del df['small'] # 删除一列
print (df)
```

10. 绘图

我们可以使用 matplotlib 对 pandas 数据进行可视化。下面展示了两个实例,第一个实例显示了一个 Series,该序列是从 2000 年 1 月 1 日开始 1 000 天对应的随机数序列;第二个实例显示了一个 DataFrame,它使用的行标签和第一个实例的行标签是一样的。

```
# 可视化 Series
import matplotlib.pyplot as plt
ts=pd.Series(np.random.randn(1000), index=pd.date_range('1/1/2000', periods=
1000))
plt.figure();
ts=ts.cumsum() # cumulative sum 即累计值
ts.plot()
plt.legend(loc='best')
plt.show()

# 可视化 DataFrame
df=pd.DataFrame(np.random.randn(1000, 4), index=ts.index,columns=['A','B','C',
'D'])
df=df.cumsum() # cumulative sum 即累计值
plt.figure();
df.plot();
plt.legend(loc='best')
plt.show()
```

上述两个实例的可视化结果如图 4-4 所示。

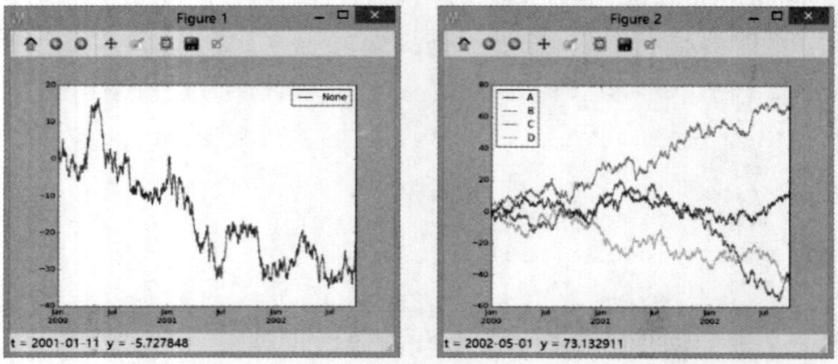

(a) Series 的可视化结果　　(b) DataFrame 的可视化结果

图 4-4　Series 数据和 DataFrame 数据的可视化结果

11. 文件读/写

利用 pandas 提供的函数,可以把数据保存到文件中,也可以从文件中读取数据。pandas 支持的数据文件格式包括 CSV、HDF5、Excel 等。示例代码如下:

```
# 读写文件

# Writing to & read from a csv file
df.to_csv('foo.csv')
df=pd.read_csv('foo.csv')
print (df.head())

'''
# Writing to & read from a HDF5 Store
df.to_hdf('foo.h5','df')
df=pd.read_hdf('foo.h5','df')
print (df.head())
'''

'''
# Writing to & read from an excel file
df.to_excel('foo.xlsx', sheet_name='Sheet1')
df=pd.read_excel('foo.xlsx', 'Sheet1', index_col=None, na_values=['NA'])
print (df.head())
'''
```

4.5 numpy 入门

1. 简介

numpy 是一个提供科学计算功能的 Python 库,提供了数组的处理能力,包括一维数组、二维数组(即矩阵)和多维数组。

2. 创建一维数组

我们可以以 list 或 tuple 变量为参数,产生一维数组和二维数组。生成数组的时候,可以指定数据类型,例如 numpy. int16、numpy. int32、numpy. float64 等。常用的 numpy 数据类型包括 int8、int16、int32、int64(这四个为有符号整数,标识符附带的数字表示 bit 数)、uint8、uint16、uint32、uint64(这四个为无符号整数,标识符附带的数字表示 bit 数)、float16(半精度浮点数)、float32(单精度浮点数)、float64(双精度浮点数)等。

示例代码如下:

```
import numpy
import numpy as np

print (np.array([1,2,3,4]) ) # 创建 1 维数组
print (np.array([1,2,3,4], dtype=numpy.float64) ) # 创建 1 维数组,指定数据类型
print (np.array((1.2,2,3,4)) ) # 创建 1 维数组

print (np.array([[1,2],[3,4]]) ) # 创建 2 维数组
```

使用 numpy. arange 方法，可以生成等差数列的数组。示例代码如下：

```
print (np.arange(15)) # 创建 1 维数组，内容为[ 0  1  2  3  4  5  6  7  8  9 10 11 12 13
14]
```

使用 numpy. linspace 方法，可以生成一定取值范围内的若干数值构成的数组。示例代码如下：

```
print (np.linspace(1,3,9)) # 创建 1 维数组，9 个元素，每个元素的数值范围为[1,3]，生成[1.
1.25 1.5  1.75 2.   2.25 2.5  2.75 3.  ]
```

3. 创建矩阵(二维)和高维数组

使用 numpy. zeros、numpy. ones、numpy. eye 等方法，可以构造特定的矩阵，分别是元素都是 0 的矩阵、元素都是 1 的矩阵、单位矩阵等。示例代码如下：

```
print (np.zeros((3,4)) ) # 3 行 4 列的矩阵，元素都是 0
print (np.ones((3,4)) ) # 3 行 4 列的矩阵，元素都是 1
print (np.eye(3)) # 3 行 3 列的单位矩阵

print (np.zeros((2,2,2)) ) # 2 层 2 行 2 列的张量，即 3 维数组，元素都是 0
```

4. 显示数组的属性

通过 ndim、shape、size、dtype 等属性，了解一个数组的维数、每个维的大小、数组的元素个数，以及元素的数据类型等。示例代码如下：

```
ar=np.zeros((2,2,2)) # 2 层 2 行 2 列的张量，即 3 维数组，元素都是 0
print (ar.ndim)  # 数组的维数，3
print (ar.shape)  # 数组每一维的大小，(2, 2, 2)
print (ar.size)  # 数组的元素个数，8
print (ar.dtype)  # 元素类型 float64
print (ar.itemsize ) # 每个元素所占的字节数，8
```

5. 数组的索引和切片

数组的索引与切片和 list 以及 tuple 的元素的下标访问是类似的。各个维的下标从 0 开始，我们可以访问数组的一个元素、矩阵的一行、矩阵的一列或者三个数组的一个切块等。示例代码如下：

```
ar=(np.array( [[2,3,4],[5,6,7]] ) ) # 2 行 3 列数组，也就是一个矩阵
print (ar) # 输出整个数组
print (ar[1,2]) # 输出一个元素，7
print (ar[1,:]) # 输出一行，下标为 1 的行，即[5 6 7]
print (ar[:,1]) # 输出一列，下标为 1 的列
print (ar[0:2,0:2]) # 输出一个行列子集，行下标为 0、1，列下标为 0、1
ar[1,:]=[8,9,10] # 改变一行，即改变下标为 1 的行
print (ar)
```

6. 矩阵(二维数组)的运算

我们可以对矩阵 A 和矩阵 B 的对应元素进行相加、相减、相乘、相除，得到一个新的矩阵。示例代码如下：

```
a=np.ones((2,2))
b=np.eye(2)

print (a > 2) # 判断各个元素是否大于 2
print (a+b) # 对应元素相加
print (a-b) # 对应元素相减
print (a * b) # 对应元素相乘
print (b/a) # 对应元素相除
print ((a * 2) * (b * 2)) # a 的各个元素先乘以 2,b 的各个元素先乘以 2,两个矩阵的各个元素再相乘
```

还可以计算整个矩阵的数值的总和、最大值、最小值等,甚至计算各行、各列的统计量。示例代码如下:

```
print(a.sum()) # 整个矩阵的元素之和
print(a.sum(axis=0)) # 沿着行方向,计算每一列的和
print(a.min ()) # 整个矩阵的最小值
print(a.max ()) # 整个矩阵的最大值
```

7. 合并数组

使用 numpy 下的 vstack 和 hstack 函数,可以纵向和横向合并两个数组。示例代码如下:

```
a=np.ones((2,2)) # 2 行 2 列矩阵,元素都是 1
b=np.eye(2)  # 2 行 2 列单位矩阵
print (np.vstack((a,b))) # 向下纵向合并两个矩阵
print (np.hstack((a,b))) # 向右横向合并两个矩阵
```

8. 数组变形 Reshape

我们可以对数组进行变形,包括高维变成低维,低维变成高维,改变各个维度的大小等。示例代码如下:

```
ar=np.arange(15) # 生成 1 维数组
print(ar.shape) # 输出(15L,)

print (ar.reshape(3,5)) # 1 维变成 2 维
print(ar.reshape(3,5).shape) # 输出(3L,5L)
print (ar.reshape(5,3)) # 改变各维大小
print(ar.reshape(5,3).shape) # 输出(5L,3L)

print(ar.flatten()) # 2 维变成 1 维,即压扁
print(ar.flatten().shape) # 输出(15L,)
```

9. 写入/读取文件

我们可以把数组写入文件以及从文件里读取数组,主要的文件格式包括 numpy 二进制文件、TXT 文本文件和 CSV 文件等,示例代码如下:

```
import numpy as np
data=np.random.random((4,3))
print(data)
```

```
np.save('bin_data', data) # 存入二进制文件 bin_data.npy
loaded_data=np.load('bin_data.npy')
print(data)

import numpy as np
ar=np.random.rand(5,5)
print(ar)

np.savetxt('txt_data.txt', ar, fmt='% 0.8f') # 存入文本文件
br=np.loadtxt('txt_data.txt', dtype=np.float32)
print(br)

import numpy as np
data=np.genfromtxt( 'cdv_data.csv', delimiter=',') #(names=False)
print(data)
```

在该示例代码中,还展示了如何调用 numpy 的随机数生成函数。np. random. random 函数生成一个数组(一维、二维、三维等),数组的元素为[0,1]的随机数。

CSV 文件的第一行一般是标题行。如果设定 genfromtxt 函数的参数 names=False,表示把标题行忽略掉。注意 cdv_data. csv 文件中没有标题行,不用忽略。delimiter=','的属性设置表示,genfromtxt 文件中的各个字段是用逗号隔开的。

4.6 几个重要的软件包

4.6.1 scikit-learn

scikit-learn 是一个机器学习软件包。scikit-learn 软件包支持主流的有监督机器学习方法和无监督机器学习方法,这是 scikit-learn 得到广泛应用的原因。

有监督机器学习方法包括通用的线性模型(generalized linear model, 比如线性回归)、支持向量机、决策树、贝叶斯(Bayesian)方法等。无监督机器学习方法包括聚类、因子分析(factor analysis)、主成分分析(principal component analysis)、无监督(unsupervised)神经网络等。

网址 https://blog. csdn. net/xiongpai1971/article/details/89364071 中的“数据科学概论 Learning Road Map”给出了 scikit-learn 的入门教程和实例以及附加实例,读者可以参考。

本书后续章节还会介绍 scikit-learn 软件包的使用。

4.6.2 Keras 和 tensorflow

Keras 是基于 Theano 的一个深度学习软件框架(目前也支持 tensorflow 作为后端)。它用 Python 语言编写,在设计上参考了 Torch 深度学习库,这是一个高度模块化的深度学习库,支持 GPU 和 CPU。用户可以选择安装 Theano 或者 tensorflow 作为后端,然后装上 Keras,

修改其配置文件,指定所使用的后端。

Keras 文档齐全,接口简单直观,很容易学习。它本质上是在 Theano 和 tensorflow 上增加了一个接口层,用户可以采用搭积木的方式建立深度学习模型。Keras 的社区和论坛很活跃,版本更新非常快。Keras 的主要缺点是,它不如原生的 Theano 和 tensorflow 执行得那么快。

Keras 的主要模块包括:(1) Optimizers 优化模块,提供了通用的优化方法,包括随机梯度下降法(stochastic gradient descent, SGD);(2) Objectives 目标函数模块;(3) Activations 激活函数模块;(4) Initializations 参数初始化模块;(5) Layers 模块,包含构造深度神经网络的基本构件(层);(6) Preprocessing 预处理模块;(7) Models 模块,把各种基本组件组合起来,组成一个深度神经网络。

网址 https://blog. csdn. net/xiongpai1971/article/details/89364071 中的"数据科学概论 Learning Road Map"给出了 CNN MNIST 和 MLP MNIST 两个实例,展示了利用 Keras 进行深度学习模型构建的方便性。

本书后续章节还会介绍 Keras 软件包的使用。

4.6.3 talib

talib 是 technical analysis library 的简称,是提供技术指标计算功能的函数库,常用的 200 个技术指标都可以使用 talib 库函数进行计算。

安装 talib 的第一种方式是,在"Anaconda Prompt (Python35)"命令行窗口中运行如下命令。

```
pip install talib
```

talib 在网络连接的稳定性欠佳时可能安装不成功。读者可以考虑另外一种方式,下载 wheel 文件,在本地安装。

可访问 https://www. lfd. uci. edu/~gohlke/pythonlibs/#ta-lib,下载针对相应 Python 版本的 wheel 文件,本书的实例采用 Python3. 5 环境开发,故下载"TA_Lib0. 4. 17cp35cp35mwin_amd64. whl"。用如下命令安装 talib。

```
pip install d:\TA_Lib0.4.17cp35cp35mwin_amd64.whl
```

读者在"数据准备"一章以及介绍各个交易策略的各章,将学习如何使用 talib 库函数来计算技术指标。

4.6.4 Zipline 与 PyAlgoTrade 及其选择

Zipline 是 Quantopian 公司提供的开源 Python 软件包,用于开发量化交易程序。Quantopian 自身的交易云平台也是使用 Zipline 开发的。Zipline 是一个事件驱动的软件系统,它支持交易策略的历史回测(back testing)和实盘交易(live-trading)。Zipline 库提供了常用的技术指标的计算函数,包括移动平均指标等,在用户编写的交易策略中可以很方便地调用这些函数计算价格指标。Zipline 的历史价格数据输入和性能指标输出采用的是 pandas 的 DataFrame 数据结构。

Zipline 的接口简单,易于理解,容易使用,同时给予用户尽可能灵活的定制能力。用户可以使用 scipy、statsmodels、scikit-learn、matplotlib 等统计与机器学习库、数据可视化库，实现交易系统的数据分析功能，并且对交易结果进行可视化。

PyAlgoTrade 是另外一个事件驱动的量化交易软件包，它支持：（1）从 CVS 装载价格数据，进行策略回测；（2）使用 Bitstamp 的实时价格数据进行实盘模拟交易（paper trading）；（3）进行实际的交易（real trading）。PyAlgoTrade 支持在多台机器上对策略进行历史回测和优化。用户可以在 Anaconda Prompt 下使用“pip install pyalgotrade”命令安装 PyAlgoTrade。

文献①从多个维度对 Zipline、PyAlgoTrade、Trading with Python 以及 pybacktest 进行了比较，如表 4-2 所示。

表 4-2　4 个 Algorithm Trading 库的比较

Python 库	Zipline	PyAlgoTrade	Trading with Python	pybacktest
类型	事件趋动	事件趋动	向量化执行模式	向量化执行模式
社区	好	一般	无	无
云平台支持	Quantopian	无	无	无
是否支持 Interactive Broker	是	否	否	否
数据输入	Yahoo，Google，NinjaTrader	Yahoo，Google，NinjaTrader，Xignite，Bitstamp realtime feed		
文档	好	好	MYM395	差
Event Profile	是	是		
速度	慢	快		
是否支持 pandas	是	否	是	是
Trading Calendar（交易所一览表）	是	否	否	否
是否支持 TA-Lib	是	是	是	
适合于	仅支持美股	实盘模拟/实盘交易	实盘模拟	实盘模拟

该文献还单独对 Zipline 和 PyAlgoTrade 进行了比较，如表 4-3 所示。

① https://robusttechhouse.com/python-backtesting-libraries-for-quant-trading-strategies/.

表 4-3 Zipline vs. PyAlgoTrade

	Zipline	PyAlgoTrade	描述
实盘模拟	☆	☆☆☆	Zipline 不支持非美国(non-US)数据和本地(local)数据,PyAlgoTrade 支持任何数据
实盘交易	☆☆	☆☆	Zipline 支持在 Quantpian 云计算平台上编写策略和回测策略
灵活性	☆☆	☆☆☆	PyAlgoTrade 支持不同的订单类型(order types),支持交易的更多回调事件;Zipline 提供简单的滑点模型
速度	☆	☆☆☆	Zipline 较慢,PyAlgoTrade 更快
易用性	☆☆☆	☆☆	PyAlgoTrade 不支持 pandas

为了在已经下载到本地的价格数据上进行实验,选用 PyAlgoTrade①。

PyAlgoTrade 有 6 大组件,分别是策略(strategies)、数据源(feed)、经纪商(brokers)、数据序列(data series)、指标计算(technicals)以及优化器(optimizer)。其中:(1)策略是交易模型的核心类,它决定何时买、何时卖、买卖多少等关键信息。(2)在数据源方面,可以从 CSV 文件中加载数据推送给策略,对策略进行回测。也可以利用 Twitter 数据源,读取 Twitter 的事件信息进行分析,继而辅助做出交易决策。(3)经纪商模块负责执行订单。(4)DataSeries 是用于管理时间序列的抽象类,价格数据就是时间序列信息。(5)Technicals 模块用于计算技术指标,比如简单移动平均线(SMA)、相对强弱指标(RSI)等。(6)Optimizer 可以利用多线程、多节点加快策略回测。

PyAlgoTrade 的具体使用在有关各个交易策略的章节进行介绍。

参考文献

[1] 覃雄派, 陈跃国, 杜小勇. 数据科学概论. 北京: 中国人民大学出版社, 2018.
[2] 王秋月, 覃雄派, 赵素云, 张静. 人工智能与机器学习. 北京: 中国人民大学出版社, 2020.
[3] Python 3 Tutorial. https://www.programiz.com/python-programming/tutorial.
[4] Tutorial - Learn Python in 10 Minutes. https://www.stavros.io/tutorials/python/.
[5] Pyalgotrade examples. https://github.com/gbeced/pyalgotrade/tree/master/samples.
[6] Python Algorithmic Trading Library. https://gbeced.github.io/pyalgotrade/.

① Zipline 策略在本地运行的时候,需要访问 Google Finance,提取标准普尔指数,以便对本地运行的策略进行对比分析。

5 传统机器学习初步

5.1 人工智能与机器学习

人工智能(artificial intelligence),指的是能和人一样进行感知、认知、决策、执行的人工程序或系统。人工智能自1956年提出至今,经历了三次大的浪潮。其中,第三次浪潮缘起于21世纪初深度学习技术在图像、音频、视频、文本等数据处理领域的突破。在某些感知领域甚至带有决策的游戏领域,人工智能的能力已经超越了人类。

机器学习是人工智能的子领域,它研究如何教给计算机自我学习的能力,而不是让机器按照固定的程序运行。

简而言之,机器学习就是使计算机对一部分数据进行学习,得出某一模型,然后利用这个模型对其他数据进行预测和判断的方法(见图5-1)。在某种意义上,这个过程和人的学习过程还是挺类似的。比如,人通过学习获得一定的经验,就可以对新问题进行预测。当然人的学习能力目前还不能被机器完全复制。

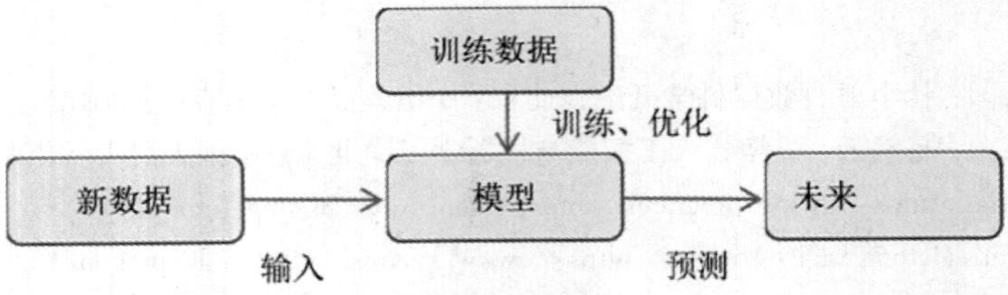

图5-1 机器学习

我们可以采用不同的策略实现人工智能。上述策略可以看作让机器自动从数据中归纳出规律性的一种策略。人工智能还有其他的实现策略,比如把人类的知识硬性编码,教给计算机,让计算机能够利用知识进行推理和决策,包括专家系统、知识图谱等都是采用这样的策略。当然,这两种策略也是可以相互结合的。

5.2 机器学习的流程

机器学习的基本流程描述如下。

1. 业务场景分析

我们需要对业务场景进行分析，了解业务痛点问题，看看机器学习技术是否可以以及如何解决这些问题，进而把业务需求抽象成机器学习问题。业务抽象就是把我们遇到的业务需求抽象成机器学习的分类、聚类、回归、降维等应用场景。

2. 数据处理

我们需要收集足够的数据，这些数据可能需要经过清洗，以便剔除错误、重复、缺失、不一致等状况，保证数据是高质量的。接着，这些数据需要经过一定的转换，变成易于机器学习模型处理的形式（向量）。这些转换包括对数据进行离散化、规范化（归一化）、标准化等处理。

有时候，还需要把数据中的特例情况单独拎出来（处理），剩下的数据用于机器学习，避免特例数据的干扰。对于有监督的机器学习来讲，还需要对数据集进行人工标注。

3. 训练机器学习模型和评价

用这些数据训练一个机器学习模型，并且对模型进行评价。一般把数据切分成两部分，分别是训练集和测试集。根据选择好的算法进行训练，得到算法模型。利用测试数据完成模型的质量评估。

4. 使用机器学习模型

当我们遇到新的数据（样本）的时候，就可以利用机器学习模型进行预测。

在第 2 步和第 3 步之间，为了建立更好的模型，有可能需要对特征进行选择，称为特征工程。特征工程的目的是挑选相关的、具有解释作用的自变量，把无关的、污染的自变量剔除掉。

也就是说，要从数据中挑选出对预测结果有用的特征。比如我们要对贷款客户进行信用评分，就要了解他们的学历、工作、收入、婚否等情况，他们的血型、身高等情况则没有必要了解。从大量特征中抽取少部分特征，可以加快机器学习算法的训练过程，因为数据少了；同时也会令模型变得简单，简单的模型可以避免过拟合，提高泛化能力。

5.3 表示模型——为机器学习准备数据

为了运用机器学习模型给我们的业务赋能，需要对业务对象进行数字化（向量化）。本节介绍如何对实体、文本、图（graph）、图像（image）等进行向量化，以便构造样本，来训练机器学习模型。针对时间序列数据的样本构造方法，在“深度学习初步”一章给予说明。

5.3.1 实体的数字化

实体的数字化通过如下实例进行解释。一个实体的数字化形式就是一个样本。

假设有一家银行希望根据贷款客户的若干调查情况，决定是否发放贷款。银行调查了客户的年龄、婚否、学历、是否有工作、工作收入、是否有房产、房产价值等信息，当然银行还可以调查更多的信息。现在，银行调查到一个客户的基本情况，如表 5-1 的第 3 行所示。

在实体的各个属性中，包含两种数据类型，分别是类别型数据和数值型数据。类别型数据也称为离散型数据，数值型数据也称为连续型数据。

比如上述实例中，年龄、收入、房产价值是数值型数据。婚否、是否有工作、学历、是否有房产等是类别型数据。接下来描述如何对这些属性进行数字化，以适应机器学习模型的要求。

表 5-1　贷款客户信息

	年龄	婚否	学历	是否有工作	工作收入	是否有房产	房产价值	决定是否给予贷款
属性的可能取值	[0~150]	是、否	高中、大专、本科、硕士、博士	是、否	每月的具体收入，单位元	是、否	房产的价值，单位万元	是
某个客户数据	35	是	博士	无	0	是	300	是
向量化	1	1	4	0	0	1	3	1

(1) 年龄是数值型数据，可以直接使用，也可以进行离散化处理。比如把年龄分成老、中、青三个年龄段（具体分界线可以调整），然后用 2, 1, 0 分别代表老、中、青。于是，35 岁属于中年，转换为 1。(2) 婚否的取值有是、否两种可能，所以它是类别型数据，我们用 1, 0 表示是和否。(3) 学历有高中、大专、本科、硕士、博士 5 个可能取值，是类别型数据，我们分别用 0、1、2、3、4 来表示高中、大专、本科、硕士和博士。某个客户的学历为博士，所以转换为 4。(4) 是否有工作和是否有房产都是类别型数据，处理方式和婚否是一样的。(5) 工作收入和房产价值都是数值型数据，我们在这里描述工作收入的处理，房产价值的处理是类似的。我们对工作收入进行离散化处理，比如工资字段的范围在 0~8 000 之间，我们把 0~8 000 按照 1 000 为一个档位，分为 8 档，用 0、1、2、3、4、5、6、7 这样的数值来表示。银行不关心客户的工资的具体数额，而是关心客户的工资属于什么收入水平，对构建放贷评分模型有什么解释作用。

我们也可以保留工作收入和房产价值的原始数值不做改变，但是工作收入的单位是元，而房产价值的单位是万元。在某些机器学习算法的处理过程中，单位不同会引起一系列问题。

这时候就需要对数值型数据进行规范化处理，把数值缩放到 [0,1] 的范围内，也就是把工作收入和房产价值都缩放到 [0,1] 之间。只需要取得最低、最高工作收入，对工作收入进行变换即可，$X_i^{new}=(X_i-X_{min})/(X_{max}-X_{min})$，房产价值也同样处理。

上述客户的属性数据经过数字化后，形成一个样本，包含 X 部分（自变量）和 Y 部分（标注或者输出）。上述实例中的 Y 就是决定是否给予贷款的字段，其他属性则一起构成 X。该客户是个中年人，虽然暂时没有工作，但是他有房产，已婚，学历也挺高，银行决定给予其贷款。

我们根据历史放贷情况，收集大量客户的类似信息形成样本集，就可以训练一个模型。用这个模型对新的客户进行评判，给出是否给予放贷的评定。

5.3.2 文本的数字化

为了说明文本的表示模型,我们选择了 3 个很短的文档,分别是以下三句话(每个文档一句话)。

Doc1: I am a boy a boy.

Doc2: You are a girl a girl.

Doc3: We are different, different, different.

首先,我们从这些文档中提取词项(单词)建立一个字典,就是表 5-2 中的第一行。在字典里,每个词项(单词)对应一个序号,序号从 0 开始。

然后,针对每个文档进行编码,把文档转换成一个向量。编码的规则是,如果这个文档中有某个词项,那么向量的相应分量为 1,否则为 0。这种表示法也称为独热(one-hot)编码。

三个文档的向量表示,即向量的各个分量,如表 5-2 的第 2~4 行所示。

表 5-2 文本表示

	I	am	a	boy	you	are	girl	we	different
Doc1	1	1	1	1	0	0	0	0	0
Doc2	0	0	1	0	1	1	1	0	0
Doc3	0	0	0	0	0	1	0	1	1
⋮									

文档的每个词项都表示为 0 或 1 的分量,这样会丢失一些关键信息。比如"We are different, different, different"这句话里,different 出现了 3 次,显得很重要,在上述 0/1 表示法里却无法表达出来。

对其加以改进的办法是使用词项出现的次数(计数或频率)填充上述分量。比如 doc3 对应的 different 词项的分量应该为 3。这种表示法称为计数法(counter)。

计数法也有一些固有的缺陷,更为合理的是 TF-IDF 表示法。但是 0/1 表示法、计数法、TF-IDF 表示法等仍然无法区分"我爱你"和"你爱我"这样两个文档所表达的不同语义,因为它们都用了"我""爱""你"三个汉字,这些表示法忽略了词序。

为了解决这个问题,需要用到 N-Gram 技术。此外,文本的嵌入(embedding)表示以及基于深度学习技术的文本表示,是近几年发展起来的表示法,读者可以参考相关资料。

5.3.3 图的数字化

社交网络可以绘制成一张图,图论是社交网络分析的基础。根据论述的需要,"节点"、"顶点"和"行动者"可以交换使用,"边"、"连接"和"链路"可以交换使用,"图"和"社交网络"也可以交换使用。

社交网络可以使用三种方式来表示,分别是邻接矩阵(adjacency matrix)、边列表(edge list)、邻接关系列表(adjacency list)等。

图 5-2 为一个有向图,它的邻接矩阵表示为:

$$\mathrm{ADJ}=\begin{bmatrix}0&0&0&0&0\\0&0&1&1&0\\0&1&0&1&0\\0&0&0&0&1\\1&1&0&0&0\end{bmatrix}$$

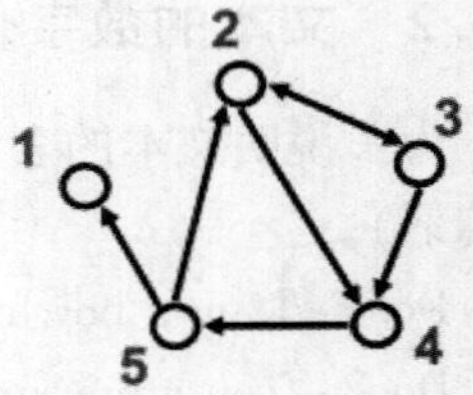

图 5-2 一个简单的有向图

在这个矩阵里,第二行(对应节点 2)的第三列(对应节点 3)和第四列(对应节点 4)为 1,表示从节点 2 到节点 3、从节点 2 到节点 4 有连接关系。因为是有向图,所以从节点 2 到节点 3 的连接和从节点 3 到节点 2 的连接是不同的两个连接。当然,矩阵也可以表示无向图。

矩阵的第二行表达的就是节点 2 到其他节点的连接关系,可以作为一个向量(vector),用来表示节点 2。

5.3.4 图像的数字化

对图像进行数字化,可以结合数码相机和手机照相功能进行了解。这些设备内部都有一个感光部件,称为光电耦合部件(CCD),由于入射光线的强弱而产生不同强度的电流。

图像要进行数字化,需要从横向和纵向两个方向进行离散化,离散化以后的每个点称为一个像素。对每个像素位置对应的 CCD 元件的电流强度进行模拟,数字转换之后保存起来,就完成了一个像素的数字化(包括红、绿、蓝 3 个分量)。所有像素都照此办理,就完成了图像的数字化(见图 5-3)。

图 5-3 图像数字化

从逻辑上看,图像可以看作一个 $m \times n$ 矩阵,每个元素是一个向量,包含 R、G、B 三个分量。或者,我们可以把图像切分成红色、绿色、蓝色 3 个平面,每个平面都是一个 $m \times n$ 的矩阵。

单纯的一个数量称为标量(scalar),比如今天的平均气温用一个数量表示即可。而向量往往包含若干分量,比如为了描述贷款客户,需要用若干属性表示。

为了表示一张灰度图片,我们需要用到矩阵,矩阵的每个元素表示一个像素。要表示一张彩色图片,一个矩阵已经不够了。我们可以把图片看作由三个平面构成,分别对应图片的各个像素的红色、绿色、蓝色分量,那么图片就表达为三个矩阵,一起形成一个张量(tensor)。

一般地,张量即高维数组,不限于三维。

我们可以把矩阵和张量转化为一个向量。对于矩阵,把每一行连接起来,就是一个大的行向量。既然一个矩阵可以转化为一个向量,张量也就很容易转化为一个向量,因为张量可以看作是若干矩阵叠加在一起构成的。

但是对于图像,基于各个像素在平面上固有的空间关系进行后续处理比较好。深度学习的 CNN 模型,就是为图像处理专门设计的模型,它的输入是一张张图片。经过改造的 CNN 也可以处理时间序列数据,这些内容将在“深度学习初步”一章进行介绍。

5.4 机器学习模型的输出

对于二分类模型来讲,输出有两个类别,比如是否给予贷款,取值为是或者否,用 1 和 0 表示输出即可。但有些分类模型是多类别分类,也就是输出多个类别,比如对手写数字图片的识别,预期的输出有 10 个类别,分别对应数字 0、1、2、3、4、5、6、7、8、9。一般来讲可以对输出进行编码,把 0 表示为向量[1,0,0,0,0,0,0,0,0,0],1 表示为[0,1,0,0,0,0,0,0,0,0]等,也就是把一个 10 维的 bit 向量,相应的下标置为 1,其他位置则置为 0,表示对应某个数字的输出。

对于回归问题,我们往往要预测一个值。一般直接使用数值型的输出值作为样本的 Y 部分。

5.5 机器学习分类

有很多机器学习算法,大致可以分为如下几类。

1. *有监督学习*

在有监督学习中,训练样本数据有对应的目标值,也就是样本有 X 部分和 Y 部分。X 是自变量,Y 是因变量,或者说 X 是输入,Y 是预期输出。有监督学习通过对数据样本中 X 和 Y 关系的学习,知晓它们之间的映射关系。有监督学习包括分类和回归。

比如,识别邮箱里的垃圾邮件就是一个分类问题。首先需要收集一些历史邮件,包括垃圾邮件和正常邮件,并且进行标注,这个标注就是 Y。然后利用这些有标注的数据进行模型训练。当我们接收到新的邮件时,利用这个模型就可以识别是不是垃圾邮件。

接下来了解一个回归的例子。比如,要预测某个公司的净利润。我们可以收集该公司历史上各个年份和净利润相关的一些指标,比如营业收入、资产负债情况、管理费用等,这些变量作为自变量;我们还可以收集各个年份的净利润,将净利润作为因变量。在此基础上,建立一个回归方程,描述自变量和因变量的关系。把收集到的新的自变量输入模型,就可以预测公司的净利润。

在股票价格预测中,利用股票价格数据的自相关性,也就是股价和自己的历史的某种相关性,我们可以把今天以及今天以前的 K 天的价格作为自变量,明天的价格作为因变量。在历史数据上,用 $K+1$ 大小的滑动窗口,不断滑动对准历史数据,就可以构造大量的样本。用这些样本训练一个回归模型,来对股价进行预测。

回归是一种预测性的技术。按照涉及的变量的多少,分为一元回归和多元回归。按照自变量和因变量之间关系的类型,可分为线性回归和非线性回归。

在有监督学习中,获取有目标值的样本数据,成本是很高的。主要原因是,数据需要依赖大量的人工进行标注,他们就是人工智能产业的蓝领工人。

2. 无监督学习

在无监督学习中,样本数据无须人工标注,也就是没有目标值。我们的目的在于分析数据的内在结构。举个例子,每天早晨各大通讯社、新闻网站发布大量新闻,一条一条全部看完是很费时间的。如果我们能够利用一个机器学习模型,自动根据新闻内容把新闻分成几类,然后为每一类新闻生成一个摘要,人们阅读起来就会方便很多。这就是数据聚类,聚类是一种无监督学习的方法。

聚类方法也可以对客户进行分群,以便商家提供有针对性的服务。我们可以根据客户的消费行为,比如消费次数、最近消费时间、消费金额等,对客户进行聚类,划分成不同的类簇。(1) 高价值客户:最近消费时间近,消费频次和消费金额都很高的客户。(2) 重要客户(需要保持):最近消费时间较远,但消费频次和金额都很高的客户。这些客户有一段时间没来光顾,但他们是忠诚客户,需要商家主动和他们保持联系,联络感情。(3) 需要挽留的客户:最近消费时间较远,消费频次不高,但消费金额高的用户。可能是将要流失或者正在流失的用户,应当及时挽留。(4) 发展客户:最近消费时间较近,消费金额高,但频次不高的客户。其忠诚度不高,但是很有潜力,这样的客户值得下大力气去发展。

在聚类中,对于目标数据中存在哪些类簇,事先是不知道的,可以设定一个合理的取值。我们要做的就是把每一条新闻归入不同的类簇,把每个客户划分到不同的类簇,并且标记出来。

无监督学习还包括数据降维。降维就是降低特征参数的维度,去除冗余的特征,用更少的维度来表示样本。

无监督学习与有监督学习的区别是,数据不需要人工进行标注,数据获取成本低。

3. 半监督学习

半监督学习是有监督学习和无监督学习相互结合的一种机器学习方法。半监督学习面向有一小部分标注数据,但是大部分数据无标注的应用场景。

这种情况很常见,因为在大数据时代,最不缺的就是数据,但经过标注的高质量的数据只是一小部分。半监督学习包括半监督分类、半监督回归、半监督聚类、半监督降维等。

4. 强化学习

强化学习需要对系统和环境进行建模,通过系统与外界环境的不断交互获得反馈,来修正机器学习模型。

强化学习针对的是流程中需要不断推理的场景,比如自动驾驶、下棋等。战胜李世石和柯洁的 Alpha GO 采用了最新的深度学习技术,并且结合了强化学习,表现出强大的学习能力。

5.6 深度学习

深度学习是采用更深层次的人工神经网络进行学习的一类技术的总称。深度学习是机器学习的一个子类,人工智能、机器学习和深度学习的关系如图 5-4 所示。

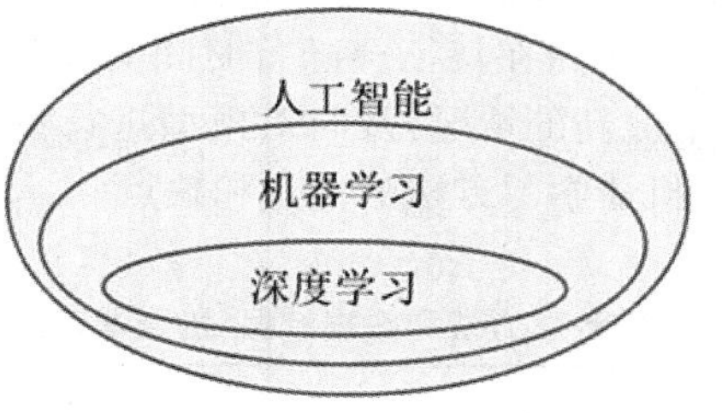

图 5-4 人工智能、机器学习与深度学习

人工智能是计算机科学的一个分支,它研究模拟人类智能的理论、技术、方法和应用。

机器学习则研究如何使机器(即程序)从数据中学习一个模型,这个模型后续可以用于新数据的预测(包括分类和回归等)。机器学习本质上是从数据中自动分析获得规律,利用这些规律来对未知数据进行预测。人工神经网络是一种机器学习技术。

深度学习是机器学习的一个子领域,它基于更深层次的神经网络来实现,天然具有自动学习数据特征的能力。

深度学习技术已经在语音、图像、视频、文本等领域取得重大突破。在量化交易领域,国内外已有很多公司在进行尝试,这是一个大有可为的发展方向。具体的深度学习技术和模型将在“深度学习初步”一章进行介绍。

需要注意的是,深度学习不是与分类、回归、聚类、降维并列的概念,深度学习技术完全可以用于分类、回归、聚类、降维等不同任务。

5.7 统计分析和机器学习的关系

在数学理论和假设的基础上,通过演绎推理的方法建立模型。假设观察到的数据是由这个模型产生的。基于坚实的数学基础,对模型的参数求解。一般来讲,只要假设合理,得出的结论也是合理的。

基于统计学方法建立的模型,具有逻辑上的美感,表现为一个或者一组数学方程。它具有简洁的形式,容易解释和理解,为进一步推导和应用提供了很大的方便。但是,统计学模型也有一些劣势。比如,一些金融计量模型做了很多重要的假设,包括平稳假设、正态假设、线性假设等,并不符合实际。实际的金融时间序列数据具有信噪比低、非平稳、非正态、非线性等特点,模型构建非常困难。统计学方法的另外一个缺点是模型一般反映时间序列的总体特征,对序列的局部、细节的特征很难进行刻画。

机器学习(包括数据挖掘)基于数据推动和归纳推理等方法,它可以寻找数据里蕴含的模式。如果从数据中发现一些规则或者规律,那是因为有足够多的数据支持这些规则和规律,但是往往缺乏足够的理论基础。有时候,由于一些因素的干扰,数据中可能会存在假规则或者假的相关性。当然,有时候数据挖掘和机器学习方法能够从数据中发现新的知识,给我们以惊喜,这一点非常重要。数据挖掘和机器学习方法无须事先给定一些假设,包括正态假设、平稳假设、线性假设等。

“垃圾进,垃圾出”是数据分析领域最经典的警告。数据挖掘和机器学习对数据的质量要求非常高。而且,为了发现数据中的模式,需要数据达到一定的规模(数量)。机器学习模型应该经常更新,因为时间序列的内在特征会随着时间的变化发生变化。基于历史数据学习形成的模型有可能已经不适应新的情况,及时对模型进行更新是很有必要的。表 5-3 列出了统计学方法和数据挖掘/机器学习方法的优点和缺点。

表 5-3 统计学方法和数据挖掘/机器学习方法对比

方法	主要优点	主要缺点
统计学方法	1. 模型具有坚实的数学理论基础 2. 模型建立在演绎推理基础上,具有严密的逻辑性 3. 分析结果一般以数学方程形式给出,可解释,能获得精确结果	1. 模型只能刻画系统的整体特征和规律,对细节的刻画不够 2. 模型构建需要很强的技巧 3. 模型对假设条件依赖性强,实际情况有时很难满足
数据挖掘/机器学习方法	1. 能发现系统局部特征和规律 2. 能发现"新"的知识 3. 无须苛刻的假设条件 4. 比较容易获得很多规则,反映系统多方面的特征,并且能够及时更新	1. 对挖掘出来的规则进行筛选比较困难,需要具体业务领域的经验 2. 建立在归纳推理基础上,逻辑性不强,得出的规则还需验证 3. 模型难以用数学方程表达,有的甚至是黑盒子,可解释性差 4. 模型具有时效性,需要不断更新

资料来源:胡桔州, 兰秋军. 金融时间序列的数据挖掘技术与经典统计模型的比较. 系统工程, 2005, 23(6): 95-98.

5.8 典型的传统机器学习算法和 Python 实例

人们研发了众多的机器学习算法(见表 5-4),本章按照分类、聚类、回归、关联规则分析的类别,各选取 1~2 个典型算法加以介绍。由于篇幅有限,不能涵盖所有的方法。后续章节用到其他方法时,再介绍其原理。本书不打算从数学公式的推导入手来讲解各个算法,而是给出实例,解释实例,让读者对算法的原理有一个直观认识。

表 5-4 主要的机器学习方法

应用场景类别	算法和模型
分类	K 近邻、决策树、随机森林、朴素贝叶斯、GBDT、支持向量机、逻辑回归,等等
聚类	K-Means、DBSCAN,等等
回归	线性回归、支持向量回归,等等
降维	主成分分析(PCA)、局部线性嵌入(LLE),等等

5.8.1 分类算法

决策树可以做分类,也可以做回归。在这里我们给出一个用决策树做分类的实例。

假设我们有如表 5-5 所示的训练数据。第 2、第 3、第 4 列分别表示身高、头发长度、声音的语调高度,可以看作 X;第 5 列是类别,有两种取值,分别是男性和女性,可以看作 Y。

表 5-5　训练数据

样本序号#	身高 height(cm)	头发长度 hair length(cm)	声音的语调高度 voice pitch	类别 class
1	180	15	low	man
2	177	42	low	woman
3	136	35	high	woman
4	174	65	low	man
5	141	28	high	woman

利用这些训练数据,可以建立如图 5-5 所示的决策树。

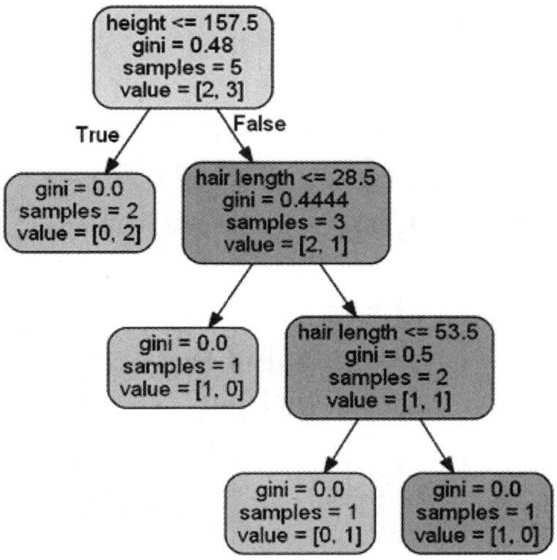

图 5-5　决策树实例

现在对这棵决策树进行解读,树根节点有一个判断条件“height <= 157.5”,表示如果身高<= 157.5cm,那么往树的左子树走,符合路径上条件的样本点有 2 个,都是女性。否则,往树的右子树走,碰到有“hair length <= 28.5”判断条件的内部节点。这时,如果头发长度<= 28cm,则往树的左子树走,符合路径上条件的样本点有 1 个,是男性。否则,往树的右子树走,碰到带有判断条件的内部节点……往下的处理模式相同。

利用这棵树,可以对新的样本进行分类。根据树的内部节点的判断条件,这个样本能够到达哪个叶子节点,就可以判断出这个人是男性还是女性。

决策树是根据什么原理构造的呢?在这里需要用到熵的概念。当我们还处在树根节点的时候,所有的样本点还没有分开,混在一起,非常乱。乱意味着信息量高,也就是熵比较高。利用决策树进行分类的目的,是通过一定的条件判断,把不同类别的样本点分开。现在选择一个属性，根据一定的取值范围决定往哪棵子树走，希望落在每棵子树里的样本，不是两个类别混在一起，而是分得清清楚楚。

有时候还需要对子树的树根节点再次选择一个属性进行同样的操作(划分)，希望通过不多的树的内部节点的划分来到达叶子节点时，仅仅剩下某个类别的样本。

当某棵树的分支中样本类别变得越来越纯的时候，意味着信息量减少，也就是熵减少。我们针对每个树的内部节点选择属性去划分子树时，应选择最大限度减少熵的属性。

下面介绍上述实例的代码。为了正确运行代码，需要安装软件包。

首先安装 pydotplus、graphviz 等软件包。通过“开始→程序→Anaconda 3→ Anaconda Prompt”命令和菜单序列，打开命令行界面，执行如下命令。

```
pip install pydotplus
pip install graphviz
```

安装 graphviz 软件，可到官网(http://www.graphviz.org/download/)下载 graphviz-2.38.msi。然后在“我的电脑”上按右键，按照“属性→高级系统设置→高级→环境变量”操作序列，打开环境变量编辑界面，找到 PATH 环境变量，编辑它，新增一个条目“C:\Program Files (x86)\Graphviz2.38\bin\”。这是作者安装 graphviz-2.38.msi 的目录，请读者按照自己的环境进行修改。

决策树实例的代码分析如下。

首先，导入必要的 Python 库，pydotplus 用于可视化的 Python 库。

我们根据表 5-2 构造了 X 和 Y，X 的各个列表标签为'height','hair length','voice pitch'等，Y 是每个样本的标注。比如[180, 15,0]样本的标注是'man'。([180, 15,0]中的 0 表示 low。)

接着，创建一个决策树分类器，用 X 和 Y 进行训练。

然后用 tree.export_graphviz 函数生成 dot data，传入的参数是刚刚训练好的决策树模型。

用 pydotplus.graph_from_dot_data 函数把 dot data 转换为一个 graph 对象。后续的几行代码可把生成的决策树的左子树和右子树的根节点染为不同颜色，以便区分。从父节点往子树走的时候，根据条件判断的结果是 True 还是 False 来确定方向，True 走左边，False 走右边。

最后把 graph 对象写入 tree.png 文件。

```
import pydotplus
from sklearn.datasets import load_iris
from sklearn import tree
import collections

# Data Collection
X=[ [180, 15,0], [177, 42,0], [136, 35,1], [174, 65,0], [141, 28,1]]

Y=['man', 'woman', 'woman', 'man', 'woman']
data_feature_names=['height', 'hair length', 'voice pitch']
```

```
# Training
clf=tree.DecisionTreeClassifier()
clf=clf.fit(X,Y)

# Visualize data
dot_data=tree.export_graphviz(clf, feature_names=data_feature_names,
                              out_file=None, filled=True, rounded=True)
graph=pydotplus.graph_from_dot_data(dot_data)

colors=('turquoise','orange')
edges=collections.defaultdict(list)

for edge in graph.get_edge_list():
    edges[edge.get_source()].append(int(edge.get_destination()))

for edge in edges:
    edges[edge].sort()
    for i in range(2):
        dest=graph.get_node(str(edges[edge][i]))[0]
        dest.set_fillcolor(colors[i])

graph.write_png('tree.png')
```

需要注意的是,我们并不需要把决策树构造到很深的程度,以保证每个叶子节点都是纯纯的某个类别,也就是没有各个类别互相混合的状况。

如果决策树过于复杂,对已有数据拟合得过好,对新数据的泛化处理能力就存疑了。图5-6是在iris数据集上建立的决策树。iris数据集包含setosa、versicolor、virginica等三种鸢尾花的特征和标注,主要特征包括花瓣宽度(petal width)、花瓣长度(petal length)等。在树的根节点,三种鸢尾花样本混合在一起。通过petal width属性<0.8或者>=0.8,样本集被划分为两个子集,第一个子集都是setosa鸢尾花,第二个子集有两种鸢尾花混在一块,需要用新的条件进行划分……到达这棵树的最底层的叶子节点,我们发现划分出的子集也不完全是纯正的某个分类,但是这些子集中绝大多数样本属于某一个类别。

这时候树停止生长,保证了决策树的简单性,从而保证了决策树的泛化能力。

决策树是一个通用的分类模型,具有可解释性,有利于我们在应用时坚定信心。

决策树可以应用于贷款客户的信用评分,比如根据客户是否有房产、有工作、年龄、学历和婚否等信息,来判断客户信用是高、中还是低,以决定是否发放贷款。

我们用这些数据建立决策树的时候,假设采用年龄属性进行数据集划分,年龄已经过离散化处理,并且用0、1、2表示青年、中年、老年,这时候进行划分的内部节点将引出3个子节点,分别对应不同的年龄段。所以,读者不要以为决策树都是二叉树。

在交易决策中,可以基于决策树,根据前几天的价格涨跌情况预测明天价格的变化。

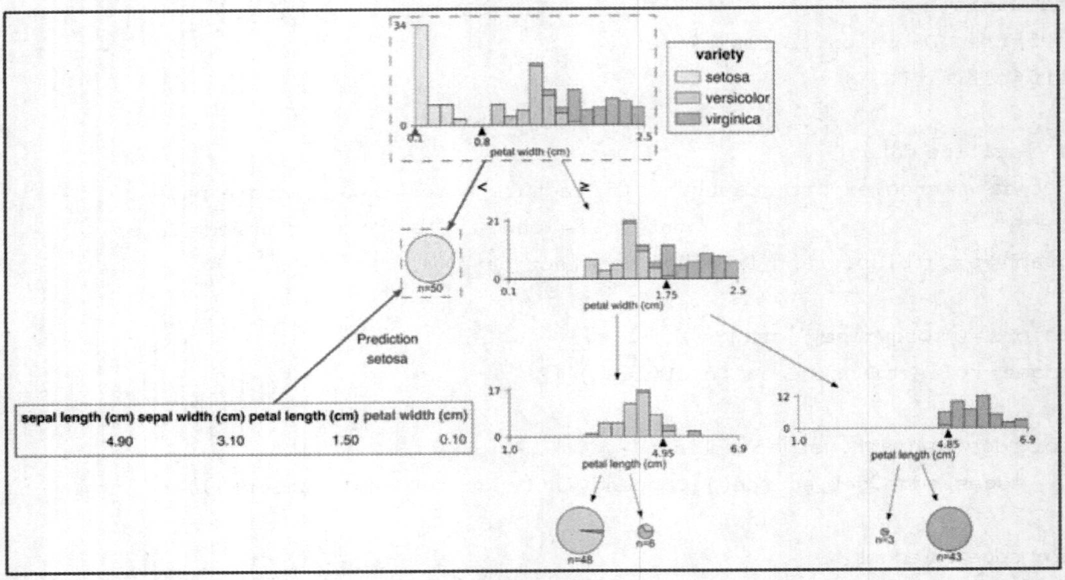

图 5-6　iris 数据集的划分

资料来源:https://explained.ai/decision-tree-viz/.

5.8.2　聚类算法

K-Means 是一种聚类算法,属于无监督学习。

假设我们的样本是$\{x^{(1)},x^{(2)},\cdots,x^{(m)}\}$,每个$x^{(i)}\in R^n$,即它是一个 n 维向量。现在用户给定一个 K 值,要求将样本聚类(clustering)成 K 个类簇(cluster)。

K-Means 是一个迭代型的算法,它的算法流程是:

1. 随机选取 K 个聚类质心(cluster centroid),为$\mu_1,\mu_2,\cdots,\mu_k\in R^n$。
2. 重复下面的过程,直到收敛:
   2.1　对于每个样本 i,计算它应该属于的类

   $$c^{(i)}=\arg\min_j \| x^{(i)}-\mu_j \|^2$$

   2.2　对于每一个类别 j,重新计算它的质心

   $$\mu_j=\frac{\sum_{i=1}^{m}1\{c^{(i)}=j\}x^{(i)}}{\sum_{i=1}^{m}1\{c^{(i)}=j\}}$$

收敛是指在上一次迭代到本次迭代中,每个样本隶属于同样的类簇,每个类簇的质心不再发生改变。

简而言之,K-Means 算法根据到质心的距离对样本进行分配,然后根据分配给各个类簇的样本计算各个类簇新的质心。如果质心发生改变,则继续迭代,否则终止算法。

下面以一个实例展示 K-Means 标准算法的执行过程。假设我们对样本进行 $K=3$ 的聚类,图 5-7 中的正方形是样本点,而圆形(不同灰度)分别是三个类的质心。

图 5-7(a)表示,由于 $K=3$,算法在有效的数据域里生成 3 个初始的质心。图 5-7(b)表示,所有的样本分配到最近的质心,形成三个类簇。图中的三个区域是基于三个质心对平面

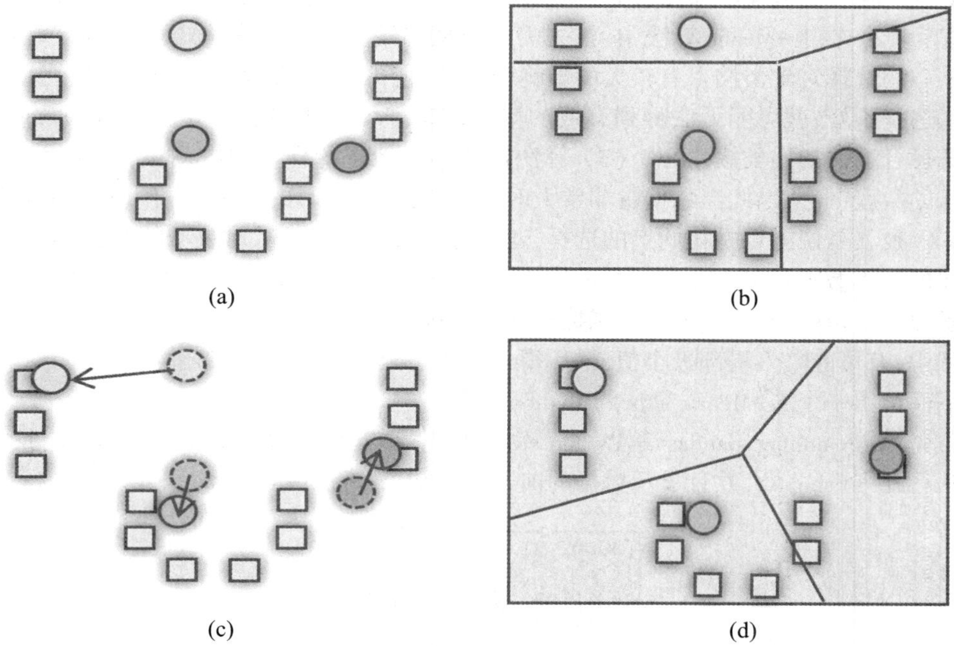

图 5-7　K-Means 算法实例

注：图中不同灰度的圆圈不是真实存在的数据点，而是某个类簇的虚拟质心。

构成的维诺图（Voronoi Diagram），它把平面上的点根据到三个质心的远近分配给各个区域。图 5-7（c）表示，经过迭代计算，K 个类簇的质心改变了。图 5-7（d）表示经过多次迭代（把样本分配到各个质心，重新计算各个类簇的质心）各个类簇最终的质心，即聚类算法收敛的结果。

在 K-Means 算法中，涉及距离的计算，其中最常用的距离是欧式距离。欧式距离（Euclidean distance）的公式为 $d_{ij}=\sqrt{\sum_{k=1}^{n}(x_{ik}-x_{jk})^2}$。此外，还有闵可夫斯基距离（Minkowski distance）、曼哈顿距离（也称为城市街区距离，city block distance）可以使用，它们的计算公式分别是 $d_{ij}=\sqrt[\lambda]{\sum_{k=1}^{n}(x_{ik}-x_{jk})^{\lambda}}$，$d_{ij}=\sum_{k=1}^{n}|x_{ik}-x_{jk}|$。

在 K-Means 算法中，K 值的选择是一个重要的问题。我们希望选择的 K 正好是数据里隐含的真实的类簇的数目。我们可以选择一个合适的类簇指标来评价 K。

比如，使用欧式距离作为数据点之间的距离函数，使用误差平方和（sum of squared error，SSE）作为聚类的目标函数，$SSE=\sum_{i=1}^{K}\sum_{x\in C_i}\mathrm{dist}(c_i,x)^2$，其中 K 表示 K 个类簇，C_i 表示第 i 个类簇的中心，dist 表示欧式距离。使用不同的 K 运行多次 K-Means 算法，产生不同的聚类结果，我们可以采纳 SSE 较小的那个 K。

K-Means 算法是可伸缩和高效的，方便处理大数据集，计算的复杂度为 $O(NKt)$，其中 N 是数据对象的数目；t 是迭代的次数。一般来说，$K<<N$，$t<<N$。当各个类簇是密集的，且类簇与类簇之间区别明显时，K-Means 算法可以取得较好的效果。

K-Means 算法有 4 个缺点:(1) K-Means 算法中的 K 是事先给定的,难以估计一个合适的 K 值。(2) 在 K-Means 算法中,首先需要根据初始类簇中心来确定一个初始划分,初始类簇中心的选择对聚类结果有较大的影响,有可能使聚类结果(各个类簇)发生变化。一旦初始值选择不好,就可能无法得到有效的聚类结果。可以使用遗传算法(genetic algorithm)帮助选择合适的初始类簇中心。(3) 算法需要不断地进行样本类簇调整,不断地计算调整后的新的类簇中心,因此当数据量非常大时,算法是非常耗时的。可以利用采样策略改进算法效率。也就是说不管是初始点的选择,还是每一次迭代完成时对数据的调整,都建立在随机采样的样本数据的基础上,这样可以提高算法的收敛速度。(4) K-Means 算法一般选择某个函数作为目标函数,这个目标函数存在若干极小值,其中有一个是全局极小值。算法运行过程中,有可能陷入局部极小值,最后得到的不是全局最优解。

下面给出一个 K-Means 算法的 Python 实例。

首先,导入 numpy、pandas 等 Python 库。接着读取当前目录下的 xclara. csv 文件,显示数据有几行几列(shape),并且显示数据的前 5 行。结果如图 5-8 所示。

```
(3000, 2)
          V1         V2
0   2.072345  -3.241693
1  17.936710  15.784810
2   1.083576   7.319176
3  11.120670  14.406780
4  23.711550   2.557729
```

图 5-8　数据的 shape 以及前 5 行

接着提取 DataFrame 的“V1”列的数值,赋给 f1,提取 DataFrame 的“V2”列的数值,赋给 f2,然后把 f1 和 f2 并列(zip 操作),构造一个 list,并且把 list 转换为一个 array,赋给 X。

导入 KMeans 对象类,设定类簇数量为 3,创建 KMeans 类的对象 kmeans,用 X 进行训练,根据 X 预测(predict)得到类簇标签(labels),并且打印标签。

通过 kmeans. cluster_centers_属性,得到各个类簇的中心,把类簇中心打印出来。

```
import numpy as np
import pandas as pd
from matplotlib import pyplot as plt

# Importing the dataset
data=pd.read_csv('./xclara.csv')
print(data.shape)
print(data.head())

# Getting the values and plotting it
f1=data['V1'].values
f2=data['V2'].values
X=np.array(list(zip(f1, f2)))
plt.scatter(f1, f2, c='black', s=7)
```

```
plt.show()

from sklearn.cluster import KMeans
# Number of clusters
n_clusters_param=3
kmeans=KMeans(n_clusters=n_clusters_param)
# Fitting the input data
kmeans=kmeans.fit(X)
# Getting the cluster labels
labels=kmeans.predict(X)
print(labels)
# Centroid values
centroids=kmeans.cluster_centers_
print(centroids)

colors=['r','g','b','y','c','m']
fig, ax=plt.subplots()
ax.scatter(centroids[:, 0], centroids[:, 1], s=100, c='c')
for i in range(n_clusters_param):
    points=np.array( [X[j] for j in range(len(X)) if labels[j]==i])
    ax.scatter(points[:, 0], points[:, 1], s=7, c=colors[i])
plt.show()
```

用不同的颜色（“r”“g”“b”）显示各个类簇的数据点，用青色（“c”）显示类簇中心。首先，设定颜色列表，颜色用字符串表示。接着创立一个绘图坐标系 ax 和子图 fig，在绘图坐标系上绘制类簇中心的散点图，散点的大小是 100，颜色是“c”。注意 scatter 函数是通过不同参数接受 x 坐标和 y 坐标的，所以要通过 centroids[:, 0] 切割下 X 坐标，通过 centroids[:, 1] 切割下 Y 坐标。

接着从 0 到 1、到 2（range(n_clusters_param)的结果是[0,1,2]列表），进行循环。取得每个类簇的点集，“[X[j] for j in range(len(X)) if labels[j]==i]”，表示根据 labels[j]==i 的条件，提取 X 数据集里的每个 X[j]，构成一个列表。然后转换成 array，赋给 points。接着绘制散点图，读者可以参考绘制类簇中心散点图的说明来理解。最后显示绘图结果，如图 5-9 所示。

K-Means 算法不仅可以处理数值，也可以处理文本数据，当然首先需要对文本数据进行向量化处理，变成数值。网址 https://blog.csdn.net/xiongpai1971/article/details/89364071 中的“数据科学概论 Learning Road Map”给出了对文本进行聚类以及可视化的实例，即“kmeans_text_clustering”和“kmeans_text_clustering_viz”。

K-Means 算法是一个通用的聚类算法，应用于很多领域，包括客户细分、根据外观属性进行物种分类、对电影进行聚类分析（以便为看过同类电影的人推荐同类簇的电影）等。

5.8.3 回归算法

回归分析是应用广泛的统计分析方法，用于分析事物之间的相关关系。回归模型是描

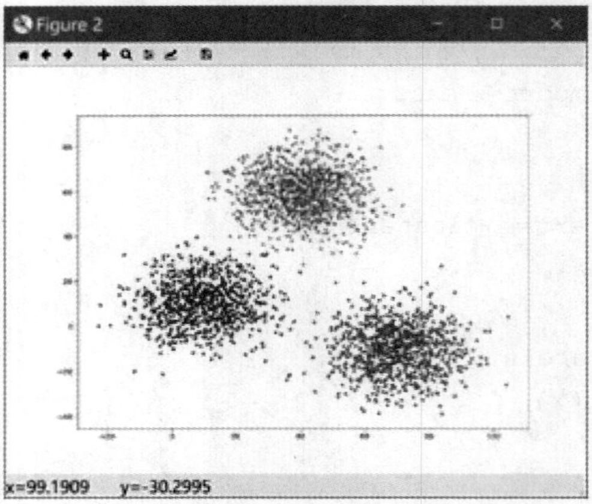

图 5-9　类簇的可视化效果

注：三个类簇分别用蓝色（左下）、绿色（上）、红色（右下）标出。

述因变量和自变量之间依存的数量关系的模型。其中一元线性回归（linear regression）模型指的是只有一个解释变量的线性回归模型；多元线性回归模型则是包含多个解释变量的线性回归模型。解释变量就是自变量，被解释变量则是因变量。

一元线性回归模型具有 $y=ax+b$ 的简单形式，a 为自变量 x 的系数，b 为截距，$y=ax+b$ 对应到图形，是二维平面上的一条直线。扩展到多元线性回归模型，其形式为 $y=\sum_{i=1}^{n} a_i x_i + b$，方程中包含 n 个自变量 $x_1, x_2, \cdots, x_n$，其系数分别是 $a_1, a_2, \cdots, a_n$。

在训练数据上建立线性回归模型，目标是使回归模型的误差最小化。比如，在如下数据上建立的回归模型，具有如图 5-10 所示的直线形式。

x	0	1	2	3	4	5	6	7	8	9
y	1	3	2	5	7	8	8	9	10	12

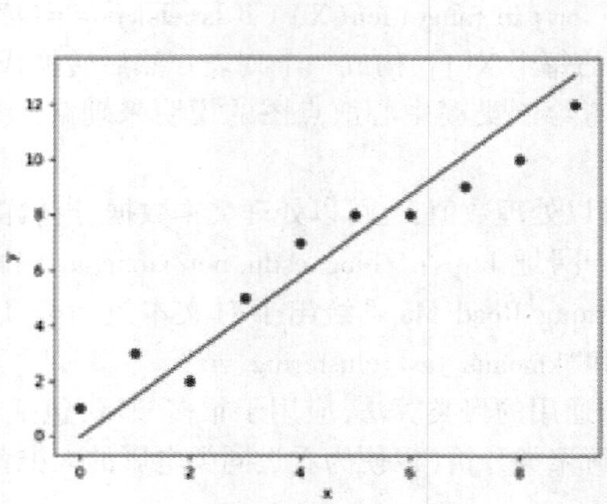

图 5-10　一元线性回归

下面通过一个多元线性回归实例①,具体了解多元线性回归模型的建立和应用。现有12名大学一年级女生的体重、身高和肺活量数据,如表5-6所示。

表5-6　12名大学一年级女生的身高、体重以及肺活量

编号	身高(cm)	体重(kg)	肺活量(L)
1	161	42	2.55
2	162	42	2.2
3	165	46	2.75
4	162	46	2.4
5	166	46	2.8
6	167	50	2.81
7	165	50	3.41
8	166	50	3.1
9	168	52	3.46
10	165	52	2.85
11	170	58	3.5
12	168	58	3

现在,我们希望在这些数据上建立一个回归模型。这个模型有两个目的,一个目的是解释这些数据,也就是说明肺活量和身高、体重有什么关系;另外一个目的是进行预测,假设现在新来一个女生,我们得到该女生的身高、体重数据,希望用这个模型,预测出她的肺活量应该是多少。

把身高作为第一个自变量 x_1,体重作为第二个自变量 x_2,肺活量则作为因变量 y。要建立的方程为 $y=a_1x_1+a_2x_2+b$。经过计算(使用最小二乘法估计②),得出 $b=-0.5657$,$a_1=0.005017$,$a_2=0.05406$。于是,多元线性回归方程为 $y=0.005017x_1+0.05406x_2-0.5657$。$a_1=0.005017$ 表示在 X_2(即体重)不变的情况下,身高每增加1cm,肺活量增加0.005017L。

建立多元线性回归模型的目的是解释数据以及进行预测。比如,现在遇到一个新的大学一年级女生,身高166cm,体重46kg,把这两个数据代入上述方程,得到 $y=2.75$,表示对于这样身高和体重的女生,估计的肺活量为2.75L。

因变量和自变量之间不一定是线性关系,更多场合下可能是非线性关系(见图5-11)。线性回归模型对这样的关系进行刻画,是力不从心的。支持向量回归是描述非线性关系的利器(注意支持向量分类是强大的分类器,它和支持向量回归都基于支持向量机技术)。

支持向量机(support vector machine, SVM)的训练数据为 $\{(x_1,y_1),(x_2,y_2),\cdots,(x_n,y_n)\}$, $x_i\in R^n$, $y_i\in\{-1,+1\}$。如果训练数据中的 y_i 为一个实数,即 $y_i\in R$,则引出了支持向

① http://www.sohu.com/a/30186905_216927.

② 网址 https://blog.csdn.net/xiongpai1971/article/details/89364018 中给出了最小二乘法的简要说明.

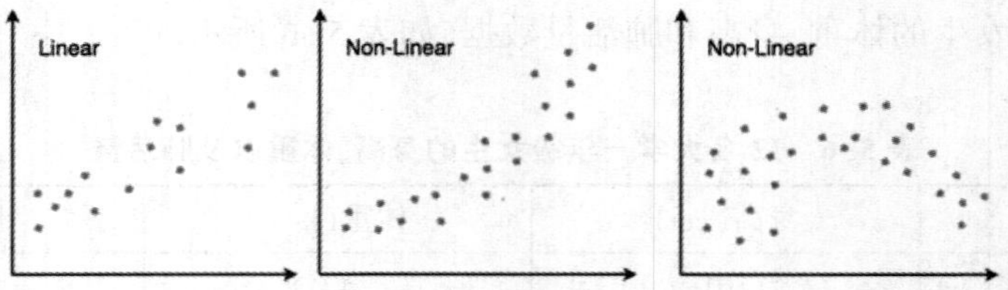

图 5-11　线性关系和非线性关系

量回归(support vector regression, SVR)问题。

给定训练数据集 S 以及任意给定 $\varepsilon>0$。如果在原始空间 R^n 存在一个超平面 $f(x)=<w,x>+b$, $w\in R^n, b\in R$, 使得 $|y_i - f(x_i)| <= \varepsilon$, $\forall(xi,yi)\in S$, 则称 $f(x)=<w,x>+b$ 是样本集合 S 的 ε-线性回归。问题可以转化为 S 中任何点 (x_i,y_i) 到超平面 $f(x)=<w,x>+b$ 的距离不超过 $\frac{\varepsilon}{\sqrt{1+\|w\|^2}}$, 也就是最大化 $\frac{\varepsilon}{\sqrt{1+\|w\|^2}}$, 等价于 $\min\{||w||^2\}$。直观理解,就是寻找一个超平面,使得各个样本点到超平面的距离都小于 ε。

ε-线性回归问题转化为优化问题:

$$\min \frac{1}{2}\|w\|^2=\frac{1}{2}(w^T.w)$$

$$\text{s.t. } |(w^T.x_i)+b-y_i|\leqslant\varepsilon, i=1,2,\cdots,n$$

利用 Lagrange 对偶性,得到优化问题的对偶性形式,再进行求解,求解过程请参考相关资料。

$$\max\{-\frac{1}{2}\sum_{i,j=1}^{n}(\alpha_i-\alpha_i^*)(\alpha_j-\alpha_j^*)<x_i,x_j>+\sum_{i=1}^{n}(\alpha_i-\alpha_i^*)y_i-\sum_{i=1}^{n}(\alpha_i+\alpha_i^*)\varepsilon\}$$

$$\text{s.t. } \sum_{i=1}^{n}(\alpha_i-\alpha_i^*)=0$$

$$0\leqslant\alpha_i\leqslant C, i=1,2,\cdots,n$$

$$0\leqslant\alpha_i^*\leqslant C, i=1,2,\cdots,n$$

为了适应训练数据集的非线性特点,传统的拟合方法在线性方程里加上高阶项。这种方法一般是有效的,但是也增加了过拟合的风险。

对于不能在原始空间 R^n 进行线性回归的训练数据集 S,首先用一个核函数将数据 S 映射到一个更高维的空间,使其在高维空间里具有很好的线性回归特性,然后在高维空间进行线性回归。

支持向量回归算法,采用核函数解决非线性问题。引进核函数的目的是升维,在低维空间中的非线性问题转换成高维空间的线性问题,把非线性回归转换成线性回归,然后求解(见图 5-12)。或者说,用核函数代替线性方程中的高阶项,使得线性回归算法"非线性化",也就是能够做非线性回归。SVR 的升维虽然增加了可调参数,但是很好地控制了过拟合问题。

具体到二维平面空间,SVM 的目的是通过一条直线,尽量把两类数据点分开。SVR 的目的则是通过一个管道,尽量把数据点都囊括进来(见图 5-13)。

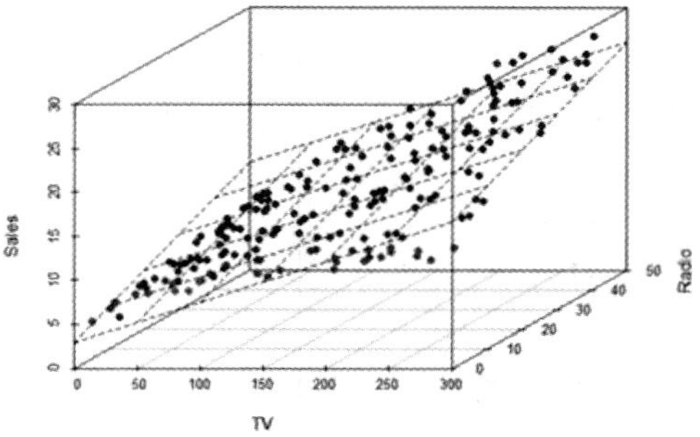

图 5-12 二维到三维的升维与回归分析

资料来源:https://stackoverflow.com/questions/26431800/plot-linear-model-in-3d-with-matplotlib.

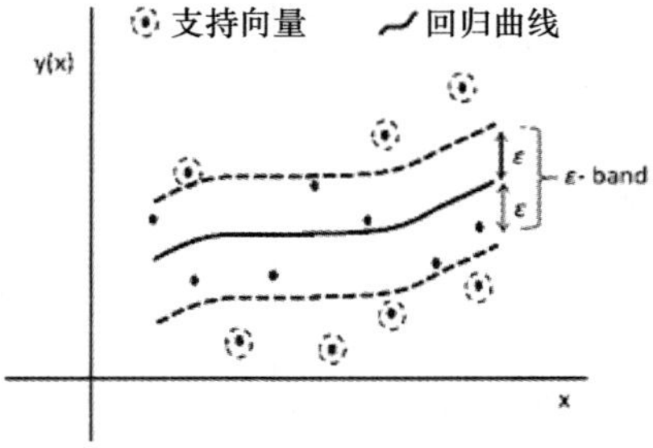

图 5-13 支持向量回归

资料来源:https://www.researchgate.net/publication/272024714_Fuzzy_Integration_of_Support_Vector_Regressor_Models_for_Anticipatory_Control_of_Complex_Energy_Systems.

可以把非线性函数 $f(x)$ 看作二维空间的一条曲线(或者多维空间的一个曲面),训练数据点分布在这个曲线周围,处于一个"管道"内。在所有训练数据点中,只有分布在"管道"壁上的那些训练数据点才决定管道的位置,于是这些训练数据点就称为支持向量。

5.8.4 线性回归的 Python 实例

下面给出一个实例,该实例在 Boston 房价数据集上做线性回归。

```
import numpy as np
import pandas as pd

import matplotlib.pyplot as plt
from sklearn import datasets, linear_model, metrics

# load the boston dataset from scikit learn
boston=datasets.load_boston(return_X_y=False)
X=boston.data
y=boston.target
```

```
# load the boston dataset from csv
data=pd.read_csv('./boston.csv',index_col=['row_no'])
print(data.head())

X=pd.DataFrame( data.iloc[:, :-1])
y=pd.DataFrame( data.iloc[:,-1])

# splitting X and y into training and testing sets
from sklearn.model_selection import train_test_split
X_train, X_test, y_train, y_test=train_test_split(X, y, test_size=0.4, random_
state=1)

# create linear regression object
reg=linear_model.LinearRegression()

# train the model using the training sets
reg.fit(X_train, y_train)

# regression coefficients
print('Coefficients: \n', reg.coef_)
# variance score: 1 means perfect prediction
print('Variance score: {}'.format(reg.score(X_test, y_test)))

# print attribute name and corresponding co-efficient
value_coeff=pd.DataFrame( reg.coef_, index=['co-efficient']).transpose()
name_coeff=pd.DataFrame( X.columns, columns=['attribute'])
df_coeff=pd.concat( [name_coeff, value_coeff], axis=1, join='inner')
print( df_coeff)

# predict and evaluate the regressor
y_predict=reg.predict(X_test)
print( 'mean absolute error:', metrics.mean_absolute_error( y_test, y_predict))
print( 'mean squared error:', metrics.mean_squared_error(y_test, y_predict))
print( 'root mean squared error:', np.sqrt( metrics.mean_squared_error(y_test, y_
predict)))

# plot for residual error
# setting plot style
plt.style.use('fivethirtyeight')
# plotting residual errors in training data
plt.scatter(reg.predict(X_train), reg.predict(X_train)-y_train,
        color="green", s=10, label='Train data')
```

```
# plotting residual errors in test data
plt.scatter(reg.predict(X_test), reg.predict(X_test)-y_test,
            color="blue", s=10, label='Test data')
# plotting line for zero residual error
plt.hlines(y=0, xmin=0, xmax=50, linewidth=2)
plt.legend(loc='upper right')
plt.title("Residual errors")
plt.show()
```

1. 导入必要的 Python 库

导入的 Python 库包括 numpy、pandas、matplotlib 等,并且从 sklearn 库导入 datasets、linear_model、metrics 等模块。datasets 提供访问 Boston 房价数据集的方法,linear_model 提供线性回归模型类,metrics 提供对线性回归进行评价的方法。

2. 装载数据集

装载 Boston 房价数据集,并且把包含房子的各个主要特征的样本赋给 X,把对应的房子价格赋给 y。

在本实例中,我们把 Boston 房价数据集事先下载下来,通过 pandas 的 read_cvs 方法读取进来,并且把所有样本的前 $n-1$ 列赋给 X,最后一列赋给 y。

print(data. head())的显示结果如图 5-14 所示。

```
           crim    zn  indus  chas    nox  ...  tax  ptratio   black  lstat  medv
row_no                                     ...
1       0.00632  18.0   2.31     0  0.538  ...  296     15.3  396.90   4.98  24.0
2       0.02731   0.0   7.07     0  0.469  ...  242     17.8  396.90   9.14  21.6
3       0.02729   0.0   7.07     0  0.469  ...  242     17.8  392.83   4.03  34.7
4       0.03237   0.0   2.18     0  0.458  ...  222     18.7  394.63   2.94  33.4
5       0.06905   0.0   2.18     0  0.458  ...  222     18.7  396.90   5.33  36.2
```

图 5-14　Boston 房价数据集

该数据集的各个字段的含义如表 5-7 所示。

表 5-7　Boston 数据集各个字段(自变量)的含义

序号	名称	含义
1	Crim	城镇人均犯罪率
2	Zn	25 000 平方英尺以上地块的住宅用地比例
3	Indus	城镇非零售商业用地比例
4	Chas	查尔斯河虚拟变量(在河界内为 1,否则为 0)
5	Nox	氮氧化物浓度(百万分之一)
6	Rm	每个住宅的平均房间数
7	Age	1940 年以前建造的自住单位比例
8	Dis	到波士顿五个就业中心的加权平均距离

续表

序号	名称	含义
9	Rad	辐射状公路可达性指数
10	Tax	每万元全额房产税税率
11	Ptratio	城镇师生比
12	Black	1 000(Bk-0.63)^2,式中 Bk 为城镇黑人比例
13	Lstat	低收入人口比例(百分比)
14	Medv	自有住房价值的中值(单位 $1 000)

接下来,用 train_test_split 方法,把 X 和 y 按照一定比例切割为训练数据集和测试数据集。

3. 训练模型

创建线性回归模型,并且用训练数据集进行训练。

打印训练以后的模型的各个特征变量的系数,以及方差得分(variance score)。当方差得分接近 1 时,代表模型拟合效果好。

4. 显示各个属性和对应系数

通过“reg. coef_”取得各个系数的时候,我们不知道各个系数对应哪个特征(自变量)。现在把 X 的各个列的属性名和 reg. coef_合并成一个 DataFrame 显示出来,就可以看到各个自变量对应的系数(见图 5-15)。这些系数体现了自变量和因变量是正相关还是负相关,相关程度是多大。

5. 计算模型的误差

利用 metrics 模块的 mean_absolute_error、mean_squared_error、np. sqrt 等函数,在测试数据集上计算模型的平均绝对误差、平均平方误差、根方平均平方误差等指标。

在训练数据集和测试数据集上计算模型的残差,并且以散点图的方式显示两个数据集上的残差,显示效果如图 5-16 所示。

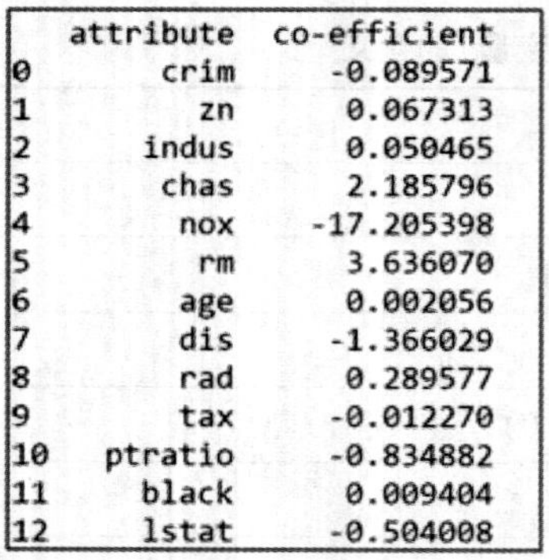

	attribute	co-efficient
0	crim	-0.089571
1	zn	0.067313
2	indus	0.050465
3	chas	2.185796
4	nox	-17.205398
5	rm	3.636070
6	age	0.002056
7	dis	-1.366029
8	rad	0.289577
9	tax	-0.012270
10	ptratio	-0.834882
11	black	0.009404
12	lstat	-0.504008

图 5-15　各个自变量对应的系数

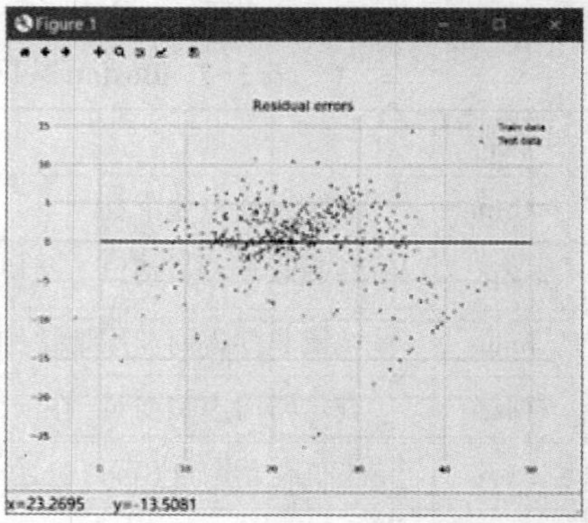

图 5-16　训练数据集和测试数据集上的残差

残差平方和(residual sum of squares, RSS)的计算公式为:$RSS = \sum_{k=1}^{n}(\text{实际值}-\text{估计值})^2$。残差平方和越小,自变量与因变量之间的相关性越好。

5.8.5　支持向量回归的 Python 实例

接下来给出的是一个在人工数据集上做支持向量回归的实例,展现了其非线性建模能力。

首先,导入必要的 Python 库和对象类,其中 SVR 是 scikit learn 库中用于进行支持向量回归的对象类。

接着,生成 40 个[0,1]之间的随机数,把这些随机数乘以 5,数值范围被放大到[0,5]之间,这些数值作为 X,然后利用 X 计算 sin 值,赋给 y。ravel 函数的作用是把数组压平为一个一维数组。

从头到尾以 5 为步长,挑选 0、5、10、15、20、25、30、35 为下标的 y 元素(总共 8 个),加上相应的噪声。噪声的实现方法是 0.5 减去[0,1]之间的随机数,放大 3 倍。

接下来,以径向基核函数、线性核函数、多项式核函数等不同核函数建立 SVR 模型,分别命名为 svr_rbf、svr_lin、svr_poly。

```
import numpy as np
from sklearn.svm import SVR
import matplotlib.pyplot as plt

# Generate sample data
X=np.sort(5 * np.random.rand(40, 1), axis=0)
y=np.sin(X).ravel()

# Add noise to targets
y[::5]+=3 * (0.5-np.random.rand(8))

# Fit regression model
svr_rbf=SVR(kernel='rbf', C=100, gamma=0.1, epsilon=.1)
svr_lin=SVR(kernel='linear', C=100, gamma='auto')
svr_poly=SVR(kernel='poly', C=100, gamma='auto', degree=3, epsilon=.1, coef0=1)

# Look at the results
lw=2

svrs=[svr_rbf, svr_lin, svr_poly]
kernel_label=['RBF','Linear','Polynomial']
model_color=['m','c','g']

fig, axes=plt.subplots(nrows=1, ncols=3, figsize=(15, 10), sharey=True)
for ix, svr in enumerate(svrs):
    axes[ix].plot(X, svr.fit(X, y).predict(X), color=model_color[ix], lw=lw,
                  label='{} model'.format(kernel_label[ix]))
    axes[ix].scatter(X[svr.support_], y[svr.support_], facecolor="none",
```

```
                edgecolor=model_color[ix], s=50,
                label='{} support vectors'.format(kernel_label[ix]))
    axes[ix].scatter(X[np.setdiff1d(np.arange(len(X)), svr.support_)],
                y[np.setdiff1d(np.arange(len(X)), svr.support_)],
                facecolor="none", edgecolor="k", s=50,
                label='other training data')
    axes[ix].legend(loc='upper center', bbox_to_anchor=(0.5, 1.1),
                ncol=1, fancybox=True, shadow=True)

fig.text(0.5, 0.04, 'data', ha='center', va='center')
fig.text(0.06, 0.5, 'target', ha='center', va='center', rotation='vertical')
fig.suptitle("Support Vector Regression", fontsize=14)
plt.show()
```

建立三个列表,svrs 保存了建立的三个模型(没有经过训练),kernel_label 是各个模型的名称,model_color 是对不同模型的效果进行绘图时使用的颜色。

建立一个图形对象,包含三个子图,排成 1 行 3 列。

接着在列表 svrs 上建立 enumerate,并且通过 for 语句顺序访问其下标和各个模型。

把 X 作为横坐标,把模型训练后对 X 的预测值作为纵坐标,用对应的颜色绘制线图,线宽(lw)为 2,显示相关图例标题为"{} model",其中的"{}"用模型的名称替换。

svr. support_表示模型 svr 训练以后,支持向量对应的样本下标列表。根据这个列表,选择样本的 X 和 y 分别作为横坐标和纵坐标,用对应的颜色绘制散点图,并且显示相关图例标题为"{} support vectors",其中的"{}"用模型的名称填充。

np. arange(len(X)),返回[0,1,2,…,$n-1$]的下标序列,n 为样本集的大小,np. setdiff1d(np. arange(len(X)), svr. support_)获得以[0,1,2,…,$n-1$]为全集的 svr. support_的补集,也就是针对非支持向量的下标。利用这个补集下标,选取其他样本的 X 和 y 分别作为横坐标和纵坐标,用黑色显示散点图,相关图例标题为"other training data"。

最后设置文本的显示属性和总标题,显示绘图结果。

这段代码的执行结果如图 5-17 所示。从图中可以看出,线性回归(线性核函数)的描述能力是很有限的,而基于径向基核函数和多项式核函数的支持向量回归,可以很好地拟合数据。

5.8.6　回归分析的应用

回归分析的应用很广泛。我们可以基于房子的面积、房间数、地段、地区的犯罪率等因子建立回归模型,预测房价。也可以根据某个地区经济发展的相关变量预测产品的销量等。在金融领域,可以利用历史价格进行回归分析,预测未来的价格变化。

此外,在居民消费支出、劳动力供给等场景,也经常用到回归分析。

5.8.7　关联规则分析

在关联规则分析(association rule analysis)中,最典型的例子是购物篮分析。通过关联规则分析能够发现顾客每次购物交易的购物篮中不同商品之间的关联,从而了解客户的消费

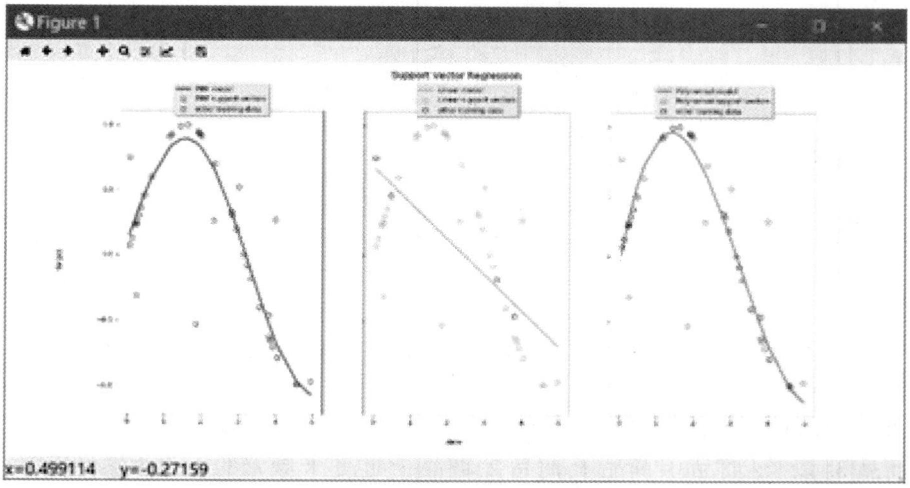

图 5-17 支持向量回归

习惯,让商家了解到哪些商品被客户同时购买,从而帮助他们制定更好的营销方案。

关联规则是形如 $X \to Y$ 的蕴含式,表示通过 X 可以“推导出”Y,X 称为关联规则的左部(left hand side, LHS),Y 称为关联规则的右部(right hand side, RHS)。比如,在购物篮分析结果里,“尿布→啤酒”表示客户在购买尿布的同时有很大的可能性购买啤酒。

关联规则有两个指标,分别是支持度(support)和置信度(confidence)。关联规则 $A\text{->}B$ 的支持度 $=P(AB)$,指的是事件 A 和事件 B 同时发生的概率。置信度 $=P(B|A)=P(AB)/P(A)$,指的是在发生事件 A 的基础上,发生事件 B 的概率。比如,如果“尿布→啤酒”关联规则的支持度为 30%,置信度为 60%,就表示所有的商品交易中,30%同时购买了尿布和啤酒,而在购买尿布的交易中,60%购买了啤酒。

关联规则分析需要从基础数据中挖掘出支持度和置信度都超过一定阈值的关联规则,以便在决策中应用。同时满足最小支持度阈值和最小置信度阈值的规则,称为强规则。

挖掘关联规则的主流算法为 Apriori 算法。它的基本原理是在数据集中找出同时出现概率符合预定义(pre-defined)支持度的频繁项集,而后从频繁项集中找出符合预定义置信度的关联规则。频繁项集和关联规则可以通过以下实例来解释。

假设有一家商店经营 4 种商品(实际生活中,商品数目比这大得多,但是不影响算法原理的阐述),分别是商品 0、商品 1、商品 2、和商品 3。所有商品的组合有:只包含一种商品、包含其中两种商品、包含三种商品以及包含四种商品等不同的组合。

这些组合包括空集,构成如图 5-18 所示的“子集”或者“超集”关系。图中的圆圈表示某个商品组合,连接线则表示“子集”和“超集”的关系。

对于单个项集的支持度,我们可以通过遍历每条记录,并检查该记录是否包含该项集来计算。对于包含 N 种物品的数据集,共有 2^N-1 种项集组合,数目巨大,重复上述计算过程是不现实的。科研人员发现 Apriori 原理可以减少计算量。

Apriori 原理是,如果某个项集是频繁的,那么它的所有子集也是频繁的。它的逆否命题是,如果一个项集是非频繁的,那么它的所有超集也是非频繁的。比如在图 5-19 中,已知阴

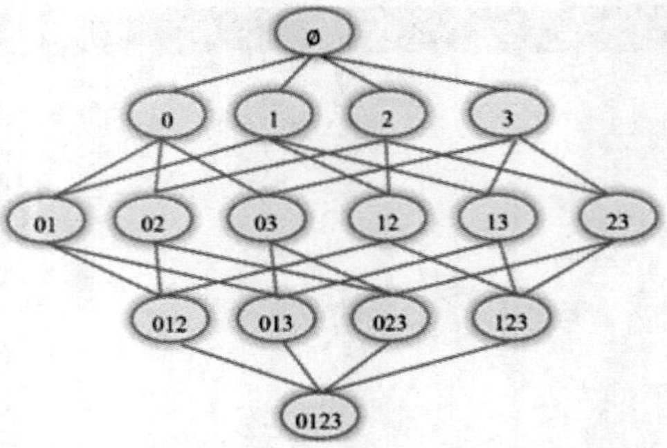

图 5-18　集合{商品 0,商品 1,商品 2,商品 3}中所有可能的项集组合

影项集{商品 2,商品 3}是非频繁的,我们就可以知道项集{商品 0,商品 2,商品 3}、{商品 1,商品 2,商品 3}以及{商品 0,商品 1,商品 2,商品 3}也是非频繁的。因为它们都是{商品 2,商品 3}的超集。

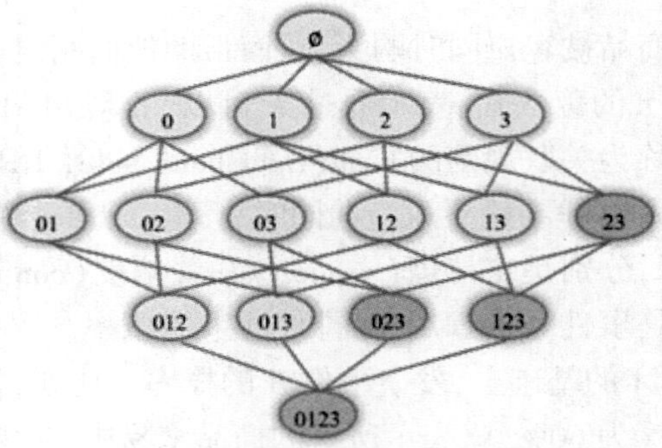

图 5-19　Apriori 原理(非频繁项集用灰色表示)

在计算过程中,一旦计算出{商品 2,商品 3}的支持度,知道它是非频繁的,就可以紧接着排除项集{商品 0,商品 2,商品 3}、{商品 1,商品 2,商品 3}和{商品 0,商品 1,商品 2,商品 3}的判断,节省计算工作量。

下面通过一个实例①来了解 Apriori 算法的执行过程。假设如下数据集表示用户观看电影的情况。

交易号	电影 1	电影 2	电影 3	电影 4	电影 5
1	Sixth Sense	LOTR1	Harry Potter1	Green Mile	LOTR2
2	Gladiator	Patriot	Braveheart		
3	LOTR1	LOTR2			
4	Gladiator	Patriot	Sixth Sense		

① http://it. taocms. org/10/1833. htm.

续表

交易号	电影 1	电影 2	电影 3	电影 4	电影 5
5	Gladiator	Patriot	Sixth Sense		
6	Gladiator	Patriot	Sixth Sense		
7	Harry Potter1	Harry Potter2			
8	Gladiator	Patriot			
9	Gladiator	Patriot	Sixth Sense		
10	Sixth Sense	LOTR	Gladiator	Green Mile	

我们的目标是,从这些数据中挖掘出用户观看电影的关联规则,即购票观看某部(几部)电影的用户中,有多大比例会去购票观看其他哪些电影。支持度阈值设定为 50%,置信度阈值设定为 80%。

根据上述表格,得到 1 项集,列表如下:

电影名称	同时出现在哪些交易中	出现次数	支持度
Sixth Sense	1,4,5,6,9,10	6	6/10=0.6
LOTR1	1,3	2	2/10=0.2
Harry Potter1	1,7	2	2/10=0.2
Green Mile	1,10	2	2/10=0.2
LOTR2	1,3	2	2/10=0.2
Gladiator	2,4,5,6,8,9,10	7	7/10=0.7
Patriot	2,4,5,6,8,9	6	6/10=0.6
Braveheart	2	1	1/10=0.1
Harry Potter2	7	1	1/10=0.1
LOTR	10	1	1/10=0.1

从这张表中可以看出,符合支持度>=50%的只有如下三项,即有三个 1 项集是频繁的。

电影名称	同时出现在哪些交易中	出现次数	支持度
Sixth Sense	1,4,5,6,9,10	6	6/10=0.6
Gladiator	2,4,5,6,8,9,10	7	7/10=0.7
Patriot	2,4,5,6,8,9	6	6/10=0.6

在此基础上通过自连接构造超集,构造出来的 2 项集为:

电影名称	同时出现在哪些交易中	出现次数	支持度
Sixth Sense, Gladiator	4,5,6,9,10	5	5/10=0.5
Sixth Sense, Patriot	4,5,6,9	4	4/10=0.4
Gladiator, Patriot	2,4,5,6,8,9	6	6/10=0.6

可以看出,符合支持度>=50%的只有如下两项,即有两个 2 项集是频繁的。

电影名称	同时出现在哪些交易中	出现次数	支持度
Sixth Sense, Gladiator	4,5,6,9,10	5	5/10=0.5
Gladiator, Patriot	2,4,5,6,8,9	6	6/10=0.6

在此基础上通过自连接构造超集,构造出来的 3 项集如下,支持度为 40%,是不频繁的。

电影名称	同时出现在哪些交易中	出现次数	支持度
Sixth Sense, Gladiator, Patriot	4,5,6,9	4	4/10=0.4

Apriori 算法利用了 Apriori 原理。上述实例中,因为 2 项集{Sixth Sense, Patriot}是不频繁的(基于一定的支持度),包含{Sixth Sense, Patriot}的 3 项集必定是不频繁的,无须继续判断。

到这里,我们提取了如下关联规则。

规则	支持度	置信度
Sixth Sense=>Gladiator	0.5	5/6=0.833
Gladiator=>Sixth Sense	0.5	5/7=0.714
Gladiator=>Patriot	0.6	6/7=0.857
Patriot=>Gladiator	0.6	1.0

由于置信度的阈值为 80%,所以第二个关联规则不符合要求。最终提取的关联规则为:

规则	支持度	置信度
Sixth Sense=>Gladiator	0.5	5/6=0.833
Gladiator=>Patriot	0.6	6/7=0.857
Patriot=>Gladiator	0.6	1.0

对于关联规则,我们很容易解释和理解。比如,对于上述实例,可以给出如下解释:

（1）购票观看“Sixth Sense”(《第六感》)的用户中，有 83%会购票观看“Gladiator”(《角斗士》)，同时购票观看这两部电影的用户占 50%。（2）购票观看“Gladiator”的用户中，有 85.7%会购票观看“Patriot”(《爱国者》)，同时购票观看这两部电影的用户占 60%。（3）购票观看“Patriot”的用户中，100%会购票观看“Gladiator”，同时购票观看这两部电影的用户占 60%。

5.8.8 Apriori 算法及其 Python 实例

这里给出一个利用 apyori 软件包的 Apriori 算法挖掘关联规则的实例。需要安装 apyori 软件包，在“Anaconda Prompt”命令行窗口中运行如下命令：

```
pip install apyori
```

1. 导入必要的 Python 库

```
import numpy as np
import matplotlib.pyplot as plt
import pandas as pd
from apyori import apriori
```

2. 读取事务数据文件 CSV

```
store_data=pd.read_csv('./store_data.csv', header=None)
store_data.head()
```

结果如图 5-20 所示。

	0	1	2	3	4	5	6	7	8	9	10	11	12	13	14	15	16	
0	shrimp	almonds	avocado	vegetables mix	green grapes	whole weat flour	yams	cottage cheese	energy drink	tomato juice	low fat yogurt	green tea	honey	salad	mineral water	salmon	antioxydant juice	sr
1	burgers	meatballs	eggs	NaN	NaN	NaN	NaN	NaN	NaN	NaN	NaN	NaN	NaN	NaN	NaN	NaN	NaN	
2	chutney	NaN	NaN	NaN	NaN	NaN	NaN	NaN	NaN	NaN	NaN	NaN	NaN	NaN	NaN	NaN	NaN	
3	turkey	avocado	NaN	NaN	NaN	NaN	NaN	NaN	NaN	NaN	NaN	NaN	NaN	NaN	NaN	NaN	NaN	
4	mineral water	milk	energy bar	whole wheat rice	green tea	NaN	NaN	NaN	NaN	NaN	NaN	NaN	NaN	NaN	NaN	NaN	NaN	

图 5-20 store_data(共 20 列，这里显示不全)

文件的每行表示一个交易，或者一个购物篮里的物品列表，NaN 表示空值。

3. 构造 records 列表

```
records=[]
for i in range(0, 7501):
    records.append([str(store_data.values[i,j]) for j in range(0, 20)])
print(records)
```

records 列表的每个元素就是每一行表示的一个购物篮，每个购物篮表示成一个字符串列表，每个字符串表示一个物品，比如“['burgers', 'meatballs', 'eggs', 'nan', 'nan', 'nan', 'nan', 'nan', 'nan', 'nan', 'nan', 'nan', 'nan', 'nan', 'nan', 'nan', 'nan', 'nan', 'nan', 'nan']”。

CSV 文件总共有 7 501 行、20 列。

4. 挖掘关联规则

```
association_rules=apriori(records, min_support=0.0045, min_confidence=0.2, min
```

```
_lift=3, min_length=2)
association_results=list(association_rules)
```

挖掘关联规则，最小支持度为 0.004 5，最小置信度为 0.2，lift 为 3，最小长度为 2，即挖掘 $A \to B$ 这样的关联规则。

Lift 的计算公式为 Lift($A \to B$) = (Confidence ($A \to B$)) / (Support (B))。

比如，Lift(Burger→Ketchup) = 33. 3/10 = 3. 33，表示同时购买 Burger 和 Ketchup 的可能性是单独购买 Ketchup 的 3. 33 倍。lift 值为 1，表示 A 和 B 之间没有关联。lift 值大于 1，表示 A 和 B 有更大的可能同时购买。lift 值小于 1，A 和 B 不太可能同时购买。

5. 显示结果

```
print(len(association_results)) # 总共几个关联规则
print(association_results[0]) # 显示第一个关联规则
```

print(association_results[0]) 的结果不太好观察，我们专门定义了一个函数，显示每个关联规则的信息，以便观察。

```
for rule in association_results:
    # first index of the inner list
    # Contains base item and add item
    pair=rule[0]
    items=[x for x in pair]
    print("Rule: "+items[0]+"-> "+items[1])

    # second index of the inner list
    print("Support: "+str(rule[1]))

    # third index of the list located at 0th
    # of the third index of the inner list

    print("Confidence: "+str(rule[2][0][2]))
    print("Lift: "+str(rule[2][0][3]))
    print("=====================================")
```

显示 48 个关联规则，第一个如下。

```
Rule: light cream-> chicken
Support: 0.004532728969470737
Confidence: 0.29059829059829057
Lift: 4.84395061728395
```

5.8.9 时间序列的关联规则分析

有文献[①]对沪深两市的股票回报率序列进行关联规则挖掘。其过程简述如下：(1) 对时间序列进行分割，比如可以采用分段线性近似表示的方法，将沪深股市的时间序列分割成斜

① 李斌. 金融时间序列数据挖掘关键算法研究. 合肥：中国科学技术大学，2001.

率和时间跨度不同的线段。(2) 由于线段的种类很多,抽取每个子序列的特征,根据斜率和时间跨度相似的原则,对各种线段形态进行聚类,得到少数几个线段形态类簇。(3) 给每个形态类簇赋予不同的符号,将时间序列转换为符号序列。(4) 采用序列模式(sequence pattern)发现算法,对符号序列进行关联规则挖掘。可以得到这样的规则,"当深市持续 3 天小幅上涨以后,沪市会出现一个持续约 5 天的上涨","当深市持续 1 天大幅下跌之后,沪市在两天内会出现持续约 2 天的大幅下跌" 等。

如果把类似的技术应用在不同股票的关联规则发现上,可以得到这样的关联规则,"IBM 的股价大幅上涨 3 天以后,甲骨文的股价随之上涨"。可以看出,这是对投资决策非常有意义的规律。

注意,进行时间序列上的关联规则分析,可以发现一个时间序列内部的前后模式间的关联性,也可以发现不同时间序列的模式之间的关联性,如图 5-21 所示。

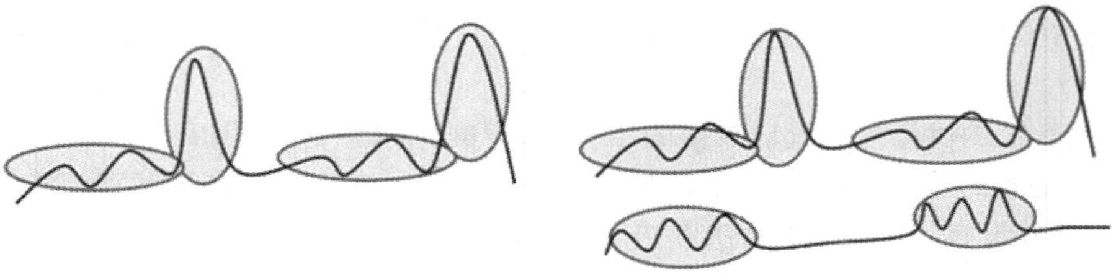

$A_1 \rightarrow A_2$　　　　$A_1 \wedge B_1 \rightarrow A_2$

图 5-21　时间序列的关联规则实例

1. 时间序列的分段

时间序列的分段可以看作时间序列的一种降维方法。时间序列分段和时间按序列表示是密不可分的。图 5-22 展示了如何利用分段线性表示(piecewise linear representation, PLR)方法,近似表示一个时间序列 Q,Q 的长度是 n,现在用 K 个($K<<n$)直线段来近似表示。时间序列分段算法可以分为如下三类:(1) 滑动窗口。基于滑动窗口的时间序列分段算法以分段线性表示为例,其工作流程是,从整个时间序列的第一个数据点开始,首先固定某个可能的时间序列分段的左边的数据点(也就是开始数据点),然后尝试把右边的数据点不断地纳进来,形成更长的分段。在某个位置 i,该可能的分段(一个线性表示)和原始时间序列之间的误差足够大,超过用户指定的阈值,那么把从开始数据点到 $i-1$ 数据点作为一个分段。然后从第 i 个数据点开始,使用同样的方法,尝试寻找下一个分段。直到整个时间序列已经转换成一个分段线性表示。(2) 自顶向下(top-down)。整个时间序列以递归的方式不断地划分,直到符合算法停止的条件。(3) 自底向上(bottom-up)。从最细粒度的近似表示开始,不断地把各个分段合并,直到符合算法停止的条件。

时间序列分段的质量如何,或者说时间序列分段算法的优劣,可以使用不同的方法来评价。最显而易见的一个度量方法是计算各个分段重建的时间序列和原来的时间序列的误差。比如,可以使用欧式距离来计算分段线性表示和原来的时间序列的误差。

2. 时间序列的表示

时间序列是高维数据,直接对时间序列的原有格式(raw format)进行处理,需要耗费大量资源。提高处理效率的有效办法是首先对时间序列进行降维。

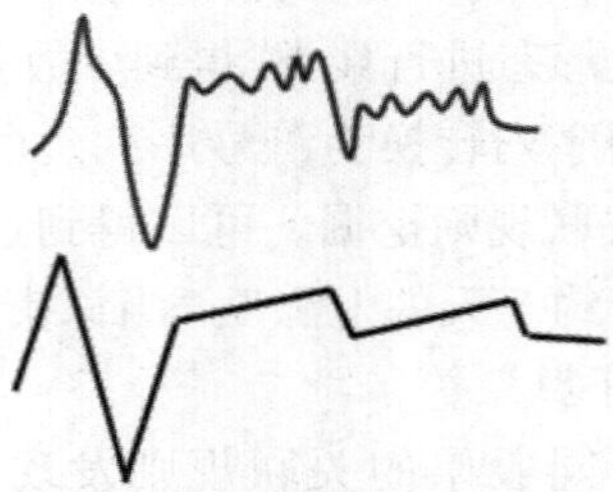

图 5-22　时间序列的分段-分段线性表示

把时间序列表示为低维的，主要的方法如下。

（1）分段线性近似表示（piecewise linear approximation，PLA）。PLA 首先对时间序列进行分段，然后用一个直线方程近似表示每个分段。线性分段的思想最早由 Pavlidis 和 Horowitz 于 1974 年提出。图 5-23 给出了 PLA 的一个实例，注意分段的长度不一定是一样的。

PLA 表示法的优势主要包括数据的压缩、噪声的滤除等。使用 PLA 表示法，需要考虑的一个问题是 K 的选择，也就是分段数量的选择。这需要在表示的准确度和简洁性方面做出折中，目前并没有一个通用的解决办法。

（2）分段聚集近似表示（piecewise aggregate approximation，PAA）。PAA 把时间序列划分成等宽的分段，并且把每个分段的数据点用其均值表示，这些均值共同构成了数据的降维表示，也就是原有时间序列用分段常量函数近似表示，这就是 PAA 名称的来由。这种表示法通过把时间序列划分成 N 个一样大小的“帧”（frame），把时间序列从 n 维减少到 N 维。当 $N=n$ 时，PAA 表示和原来的时间序列是一样的；当 $N=1$ 时，PAA 表示为原有时间序列的均值。

PAA 表示法能够处理不同长度的时间序列查询（query of variable lengths）。该表示法和其他更复杂的表示法一样具有竞争力。PAA 的每个分段的长度是一样的，便于进行索引，如图 5-24 所示。

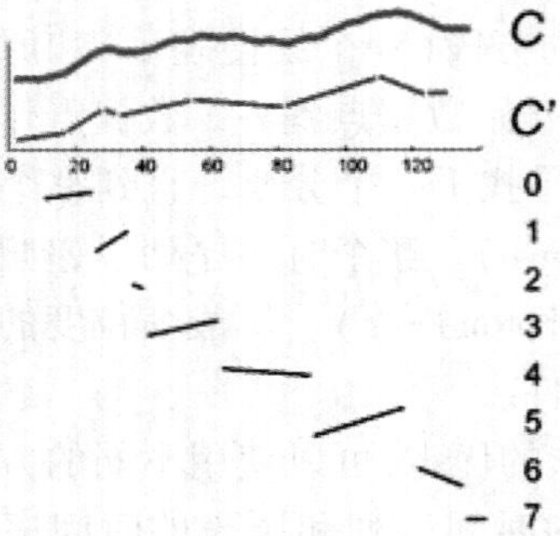

图 5-23　PLA 表示法

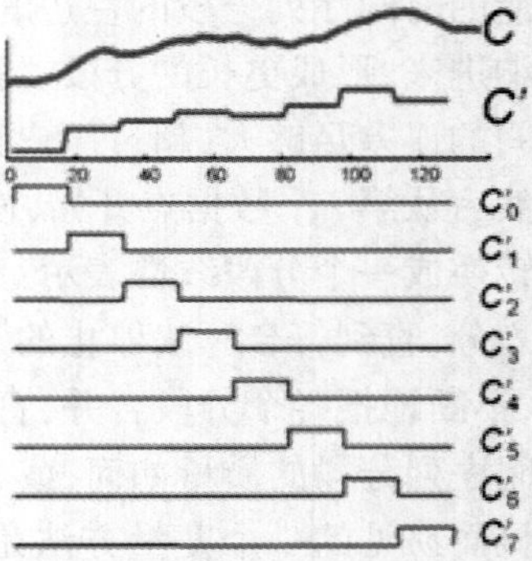

图 5-24　PAA 表示法

（3）符号聚集近似表示（symbolic aggregate approximation，SAX）。SAX 把时间序列转换成符号序列。为了实现这一点，首先需要对时间序列进行规范化。然后，经过如下步骤实现数据的离散化。一是将长度为 n 的时间序列 T 划分成 w 个等分的分段。每个分段用一个值(系数),即该分段的数据点的均值来近似表示。这些值(系数)共同组成 T 的 PAA 表示。二是为了把 PAA 系数转换成一系列符号,需要若干时间序列的断点把函数空间(也就是纵轴上的数值范围)划分成等概率的区域,可以由用户指定。换句话说,断点的选择使得每个分段落入各个区域的概率大体相等。

当断点确定以后,每个区域被赋予一个符号,然后 PAA 系数就可以映射到这些符号。符号是按照自底向上的方式设置的,即落在取值最低的区域的 PAA 系数转换为"a",落入该区域之上的区域的 PAA 系数转换为"b",等等。

图 5-25 给出了一个 SAX 实例,它把时间序列数据转换成字符串"baabccbc"。可以看到,虽然进行了大量降维操作,时间序列仍然保持基本形状,而且每个符号的概率大体接近。

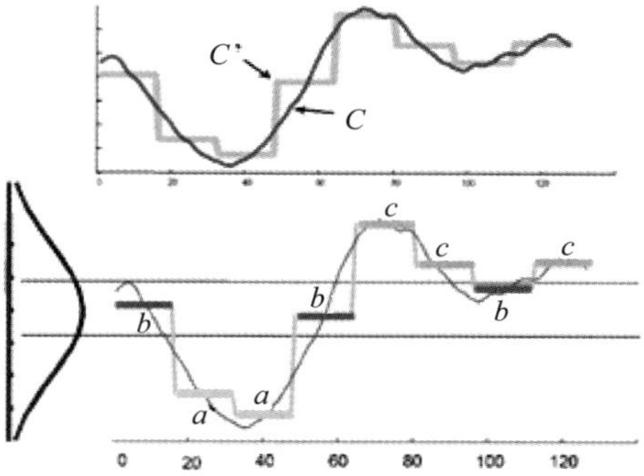

图 5-25 SAX 表示法的一个实例

SAX 表示法保留了原有时间序列的特点,在分类和聚类等应用中取得了有竞争力的结果。

有研究者已经把 SAX 表示法和关联规则分析结合起来,挖掘规则指导股票交易。具体细节见参考文献[12]。

除了上述方法,用于时间序列的表示法还有可索引的分段线性近似表示法(indexable piecewise linear approximation, IPLA)、样条表示法(spline representation)等。

参考文献

[1] 覃雄派,陈跃国,杜小勇. 数据科学概论. 北京:中国人民大学出版社,2018.

[2] 王秋月,覃雄派,赵素云,张静. 人工智能与机器学习. 北京:中国人民大学出版社,2020.

[3] iris Decision Tree. https://explained.ai/decision-tree-viz/.

[4] Decision tree visual example. https://pythonprogramminglanguage.com/decision-tree-visual-example/.

[5] K-Means Clustering in Python. https://mubaris.com/posts/kmeans-clustering/.

[6] Interactive 3D Regression. http://miabellaai.net/.

[7] Linear Regression in Python – Simple and Multiple Linear Regression. https://intellipaat.com/blog/what-is-linear-regression/.

[8] Linear Regression (Python Implementation). https://www.geeksforgeeks.org/linear-regression-python-implementation/.

[9] Boston House Dataset. https://forge.scilab.org/index.php/p/rdataset/source/tree/master/csv/MASS/

Boston. csv.
[10] Association Rule Mining via Apriori Algorithm in Python. https://stackabuse. com/association - rule - mining-via-apriori-algorithm-in-python/.
[11] A Tour of Machine Learning Algorithms. https://machinelearningmastery. com/a - tour - of - machine - learning-algorithms/.
[12] Hoonseok Park, Jae-Yoon Jung. SAX-ARM: Deviant event pattern discovery from multivariate time series using symbolic aggregate approximation and association rule mining. https://doi. org/10. 1016/j. eswa. 2019. 112950.

6 深度学习初步

6.1 人工神经网络

人工神经网络(artificial neural network)是模仿动物和人类神经系统特征,进行分布式并行信息处理的数学模型。它通过把大量人工神经元节点连接起来形成神经网络,并且利用训练数据调整节点间的连接强度,达到对新数据进行处理(包括分类、回归等预测)的目的。

人工神经网络技术可以追溯到 20 世纪 40 年代。1943 年,Warren McCulloch 以及 Walter Pitts 首次提出了神经元的数学模型。1958 年,心理学家 Frank Rosenblatt 提出了感知机(perceptron)的概念,在神经元的结构中加入了训练修正参数的机制,完成了人工神经网络基本原理的构建。

1. 神经元

神经网络由神经元(或者称为感知机)组成。在计算机里对神经元进行建模时,把它前端(模仿神经元的树突)收集到的输入信号进行加权求和,再通过一个激活函数转换成输出,传送出去(模仿神经元的轴突)。图 6-1 展示了一个简单的神经元。其中,x_1、x_2、x_3 为神经元的输入,神经元的输出通过 $h_{w,b}(x)=f(\sum_{i=1}^{3} w_i x_i + b)$ 函数来计算,$f:R \to R$ 称为激活函数。

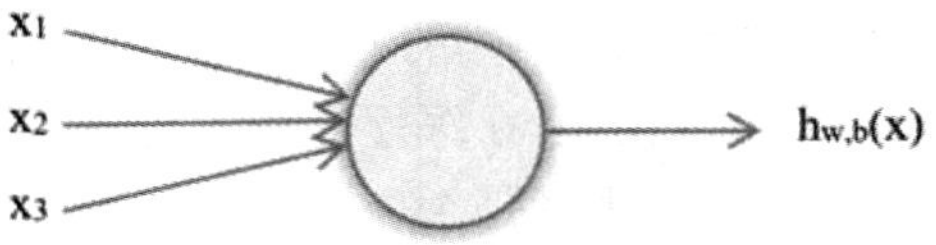

图 6-1　一个神经元

一般来讲,激活函数为非线性函数,目的是对实际应用中输出和输入之间的非线性关系进行建模。正是由于激活函数,神经网络具有对非线性关系进行建模的能力。常用的激活函数有 sigmoid 函数和 tanh 函数,两个函数的具体形式如下。

$$f(x) = \text{sigmoid}(x) = \frac{1}{1+e^{-x}};\quad f(x) = \tanh(x) = \frac{e^{x}-e^{-x}}{e^{x}+e^{-x}}$$

可以通过不断调整每个输入的权重,训练单个神经元。当输入一个样本数据后,按照最小化输出误差(error)的方向来调整各个输入的权重。所谓输出误差,是实际的输出值(actual output)和想要的目标值(desired target)之间的差别。

一个神经元能够完成简单的线性分类任务。人工智能专家 Minsky 在 1969 年出版了 *Perceptron* 一书,用数学方法证明了感知机的弱点,像异或(*XOR*)这样的简单分类任务都无法解决。

2. 带一个隐藏层的简单的神经网络

最简单的神经网络是前馈(feed forward)神经网络。

神经网络是由许多单一的神经元连接而成的网络结构,一个神经元的输出可以是另外一个神经元的输入,神经元组织成一层层的结构形式。图 6-2 是一个简单的神经网络。

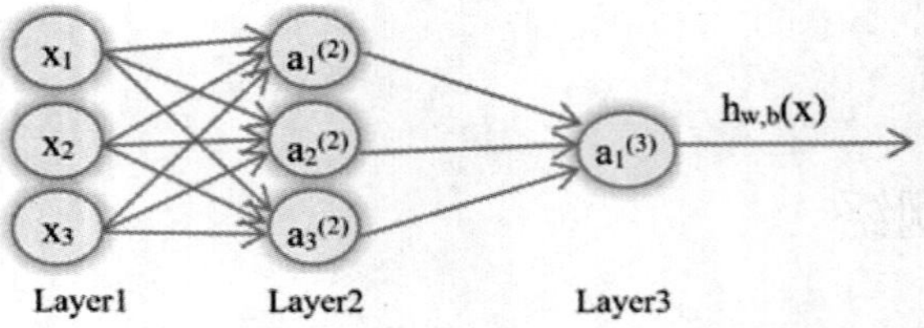

图 6-2 一个简单的神经网络

该神经网络最左边的一层称为输入层,最右边的一层称为输出层。中间的节点组成独立的一层,称为隐藏层,之所以称为隐藏层,是因为我们不能从训练样本上观察到它们的取值。增加了一个隐藏层以后,神经网络系统不仅可以解决异或问题,而且具有非常好的非线性分类效果。但是当网络中各层的节点数增大时,神经网络权重优化的计算量较大,这个问题直到 21 世纪初都没有很好解决。

在本书中,神经元有时也会用"单元"(unit)来指代,神经网络的表现形式是一个有向图,所以有时也会使用"节点"(node)来表达同样的意思。在图 6-2 这个神经网络里,输入层包含 3 个输入单元,隐藏层包含 3 个隐藏单元,而输出层包含 1 个输出单元。输入单元只负责传输数据,不对数据做任何操作。

神经网络中上一层的各个神经元到下一层的各个神经元的连接有一个权重,这个权重有一个初始值,经过训练(采用反向传播办法)获得一个优化的权重配置。

当新的样本值输入训练后的神经网络,就可以获得一个输出值,这个输出值可以应用于对新的输入数据进行分类和回归等。比如,在医疗诊断应用中,输入值可以是患者的各项生化指标值,而不同的输出值就可以表示患者是否患有某种疾病。

3. 前向传播

计算输出值的过程称为前向传播。在前向传播过程中,每个神经元首先把上一层各个神经元获得的数值进行加权(每个连接的权重)求和,然后应用激活函数获得相应的输出,通过与下一层的连接传播给下一层的各个神经元,直到获得最后的输出。

以图 6-2 为例,$W_{ij}^{(l)}$ 表示第 l 层第 j 单元与第 l+1 层第 i 单元之间的连接参数,也就是连接线上的权重;$b_i^{(l)}$ 表示第 l 层第 i 单元的偏置项,也就是激活函数的常量部分;$a_i(l)$ 表示第 l 层第 i 单元的激活值(输出值),当 $l=1$ 时,$a_i^{(l)}=x_i$。

激活过程可以用如下公式表示:

$$a_1^{(2)}=f(w_{11}^{(1)}x_1+w_{12}^{(1)}x_2+w_{13}^{(1)}x_3+b_1^{(1)})$$

$$a_2^{(2)}=f(w_{21}^{(1)}x_1+w_{22}^{(1)}x_2+w_{23}^{(1)}x_3+b_2^{(1)})$$

$$a_3^{(2)}=f(w_{31}^{(1)}x_1+w_{32}^{(1)}x_2+w_{33}^{(1)}x_3+b_3^{(1)})$$

$$h_{w,b}(x)=a_1^{(3)}=f(w_{11}^{(2)}a_1^{(2)}+w_{12}^{(2)}a_2^{(2)}+w_{13}^{(2)}a_3^{(2)}+b_1^{(2)})$$

在实际应用中,我们可以创建包含多个隐藏层的神经网络。在深度学习技术兴起之前,一个隐藏层的神经网络在很多应用中已经足够。理论证明,包含 1 个输入层/1 个隐藏层/1 个输出层的神经网络,可以无限逼近任意连续函数,对数据中表现的非线性关系进行建模。

4. 反向传播

神经网络的权重使用一种称为反向传播(back propagation, BP)的方法进行训练。该算法 1986 年由 Rumelhar 和 Hinton 等人提出,它解决了带隐藏层的神经网络优化的计算量问题,使带隐藏层的神经网络变得真正实用。

反向传播算法的机制如下:首先在输入层输入特征向量,经过神经网络各个隐藏层的层层计算获得输出,输出层发现输出和正确的输出(训练数据的输出部分)不一样,这时它就让最后一层神经元进行参数调整。最后一层神经元不仅自己调整参数,还会要求连接它的倒数第二层神经元调整连接权重,并且逐层往回退,调整各个神经网络层间的连接权重。

具体来讲,假设有一个样本集($x^{(i)}$,$y^{(i)}$),$x^{(i)}$为多维向量,$y^{(i)}$可以为多维(比如 2 维)或者一维向量。反向传播算法分两步,即正向传播和反向传播。正向传播即使用 $x^{(i)}$ 作为输入,输入的样本从输入层经过隐藏层,一层一层处理以后,由输出层输出。在逐层处理的过程中,每一层神经元的状态只对下一层神经元的状态产生影响。

在输出层上获得一个输出以后,和期望的输出值 $y^{(i)}$ 进行比对,发现不相等,进入反向传播过程。反向传播过程把误差信号按照原来正向传播的通路的相反方向传回,并且对每个隐藏层的各个神经元的连接权重进行修改,使误差信号趋于最小。

BP 算法的本质①是误差函数的最小化问题。误差函数的定义一般是期望输出和实际输出的差的平方和,即 $e=\frac{1}{2}\sum(x_i^l-y^{(i)})^2$。$x_i^l$ 是第 l 层的实际输出,而 $y^{(i)}$ 则是期望的输出,也就是训练样本里的对应 $x^{(i)}$ 的输出。一般采用非线性规划中的梯度下降方法来修改权重。对于某个神经元的某个权重的更新,采用 $\Delta w_i=-\alpha\frac{\partial E}{\partial w_i}$的公式,其中 E 为输出误差,w_i 为输入该神经元的第 i 个连接的权重。由于误差函数是非线性的,梯度下降方法可能会陷入局部最小值。

神经网络的训练过程试图优化模型的参数,使其在训练数据集上的误差较小。我们使用这个模型对真实场景的新数据进行分类和回归预测。我们把已有的数据集分割成训练数据集和测试数据集,在测试数据集上验证模型的预测性能,以了解模型的泛化能力(generalization,即处理新数据的能力)。

神经网络模仿动物和人类神经系统的行为特性,经过训练后能够对非线性关系进行建模,在分类和回归预测方面获得较好的性能。1986 年提出的反向传播算法解决了训练效率问题,神经网络被应用到语音识别、图像识别、自动驾驶等多个领域,获得了较好效果。

① https://mattmazur.com/2015/03/17/a-step-by-step-backpropagation-example/给出了一个反向传播算法的详细说明,http://www.emergentmind.com/neural-network 则给出了反向传播算法的可视化效果,读者可以参考。

但是上述神经网络存在若干问题。首先,尽管使用了 BP 算法,神经网络的每一次训练仍然十分耗时,而且训练过程可能导致局部最优解,这使得神经网络的优化较为困难。其次,隐藏层的节点数需要根据应用调整,节点数的多少会影响到整个模型的效果,这在实际应用中带来不便。

20 世纪 90 年代中期,Vapnik 等人发明了支持向量机(SVM)技术。SVM 在若干方面体现出比神经网络更大的优势,比如无须调整参数,训练和执行效率高,可以获得全局最优解等。SVM 技术在 20 世纪 90 年代到 21 世纪初迅速代替神经网络,成为更加流行的机器学习算法,直到深度学习技术崛起。

6.2 深度学习简介

深度学习是 21 世纪初流行起来的机器学习方法,它依赖于更深层次(更多的隐藏层)的神经网络。深度学习在图像识别、语音识别、自然语言处理、机器人等领域获得了超过传统机器学习方法的性能,在人脸识别(face recognition)比赛 LFW 和自然图像分类比赛 ImageNet 中获得了超过人类的识别能力。2016 年,谷歌的 Alpha GO 围棋程序击败了人类棋手李世石九段。2017 年,经过改进的 Alpha GO 具有更强的棋力,打败了世界排名第一的柯洁九段,显示了深度学习技术的强大威力。

深度学习流行的原因包括大数据集的积累、计算机运算能力的提高、深度学习训练算法的改进,以及深度学习模型能够自主从数据中学习到有用的特征等。

大数据是深度学习的原材料。如果没有大数据,再复杂的神经网络也无法得到很好的训练,人们无法获得好的模型。在深度学习的实际应用方面取得突破性进展的,大多是拥有大数据的互联网公司,比如谷歌、脸书、微软、百度、腾讯等。

硬件的进步是深度学习流行起来的重要原因。GPU 性能的提高以及超级计算机和云计算技术的迅猛发展,使深度学习的实现具有硬件基础。其中,高性能图形处理器极大地提高了数值和矩阵运算的速度,使机器学习算法的运行时间显著改善。2011 年,Google Brain 团队(由机器学习专家 Andrew Ng 和分布式系统专家 Jeff Dean 领导)用 1 000 台机器、16 000 个 CPU 实现的深度学习模型,包含 10 亿个连接。使用来自 YouTube 的大量视频进行训练以后,该神经网络能够自动识别出猫脸。① 2015—2016 年,这样的模型可以在少量高性能的 GPU 上实现。深度神经网络的训练过程完全可以并行处理,使用 GPU 大幅度提升了其训练速度。

更深层次的神经网络如果没有有效的训练方法,训练过程会很慢,根本没有办法得到实际运用。深度学习流行还源于人们找到了提高深度神经网络模型训练效率的方法。主要的贡献者是多伦多大学的 Hinton 教授。2006 年,他在 *Science* 杂志上发表了深度学习的里程碑式的论文,该论文将深度学习的训练效率大幅提升。深度神经网络在训练上的难度可以通过“逐层预训练”(layer-wise pre-training)来有效克服,该论文给出了无监督的逐层预训练方法。

除了训练性能提高之外,深度神经网络可以自动识别样本的特征。这一点使得深度学

① https://googleblog.blogspot.com/2012/06/using-large-scale-brain-simulations-for.html.

习在一些不知如何设计有效的特征的应用场合，比如图像识别和语音识别等，获得很好的性能。在神经网络中，浅层的神经元学习到初级的简单的特征，馈入下一层神经网络层。深层的神经元在前一层神经元识别到的特征的基础上，学习到更加复杂的特征。这个过程在相邻的神经网络层间重复，各个神经网络层学习到不同抽象级别的特征，越是靠后的神经网络层，学习到越是抽象的特征。最后完成预定的识别任务，比如语音识别和图像识别。

6.3 卷积神经网络

卷积神经网络（convolution neural network，CNN）是为识别二维形状而特别设计的一种多层网络结构，这种网络结构对平移、比例缩放、倾斜或者其他形式的变形具有高度不变性。

为深入了解卷积神经网络，我们首先要了解卷积操作。卷积操作就是一个图像过滤器（filter），对一个矩形图像区域进行加权求和操作。比如，我们要对图像 A 进行卷积操作，产生图像 B，卷积操作的过滤器为 6×6 的权重矩阵。那么图像 B 的<1,1>位置的像素的值，是图像 A 从<1,1>像素开始的矩形区域和 6×6 的权重矩阵的加权和（weighted sum），而图像 B 的<1,2>位置上的像素的值，是图像 A 从<1,2>像素开始的矩形区域和 6×6 的权重矩阵的加权和。

卷积神经网络是一个多层的神经网络结构，包括 C 层（convolutional，卷积）或者 S 层（subsampling，子采样）。一般地，C 层为特征提取层，S 层是特征映射层，C 层和 S 层交替组织起来。特征映射结构采用 sigmoid 函数作为激活函数，使得特征映射具有位移不变性，这有利于图像的识别。2011 年以来，前馈神经网络深度学习中常用的网络构建方法是，交替使用卷积层（convolutional layer）和最大值池化层（max pooling layer，即子采样层），并加入单纯的分类层（即输出层）。

卷积层一般对输入使用一个或者多个过滤器进行转换，把过滤器应用到输入（图像）上，得到的结果称为特征图（feature map，FM）。卷积神经网络使用多个卷积核，形成对输入的多个特征图。如果前后两个层次都是卷积层，那么每个输出 FM 连接到每个输入 FM。卷积神经网络利用多个过滤器分别检测数据（图像）中的不同特征集合（feature set）。

为了对卷积操作有更深的认识，图 6-3 展示了对 8×8 分辨率的图像使用卷积方法提取特征的过程，在这里使用了 3×3 的卷积核，处理完原图像的每个 3×3 分辨率的区域之后，最终得到 6×6 分辨率的输出图像。

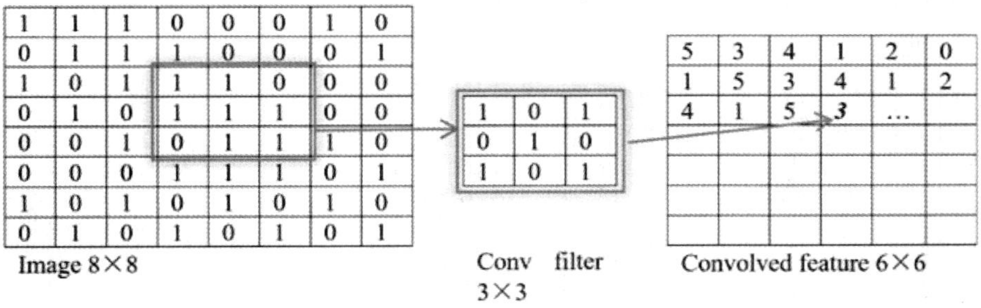

图 6-3 卷积操作过程

S 层用于对输入(图像)进行子采样。比如输入是 32×32 像素的图像,如果子采样的区域是 2×2,那么输出将是 16×16 的图像,也就是说每 4 个(2×2)原图像的像素被合并到输出图像的一个像素。子采样的方法很多,一般采用最大池化、平均池化和随机池化等。

图 6-4 展示了卷积和子采样的过程。卷积的过程是,用一个可训练的滤波器 f_x 去卷积一个输入的图像(第一阶段是输入的图像,后面的阶段就是卷积特征图),然后加一个偏置 b_x,得到卷积层 C_x。卷积运算可以看作从一个平面到另一个平面的映射。

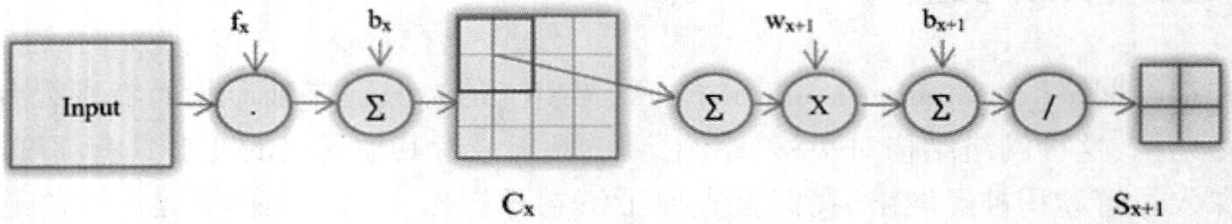

图 6-4　卷积和子采样的过程

子采样的过程是,每 2×2 = 4 个像素构成的区域求和变为一个像素,然后通过标量 W_{x+1} 加权,再增加偏置 b_{x+1},然后通过一个 sigmoid 激活函数产生一个缩小至 1/4 的特征映射图 S_{x+1}。S 层可以看作模糊滤波器,它起到二次特征提取的作用。

卷积神经网络的最后一个 C 层或者 S 层,通过全连接方式连接到输出层,输出层输出分类标签或者预测值。

卷积神经网络是一种特殊类型的前向反馈神经网络,特别适合图像识别、语音分析等应用领域。卷积神经网络由于一个映射面上的神经元共享权值,因而减少了网络自由参数的个数,降低了网络参数选择的复杂度。这个优点在网络的输入是图像时表现得更为明显,使用图像直接作为网络的输入,避免了传统识别算法中复杂的特征提取过程。并且,在一个映射面共享权值,使得图像的特征被检测出来,而不管它的位置是否发生移动。

1. 卷积的作用

卷积核到底有什么作用,我们通过一个实例来了解。图 6-5 的左侧给出了一个灰度图片,像素值越大,颜色越亮。我们看到这个图片有一个明显的边界。图 6-5 的中间是一个卷积核(kernel),也称为过滤器,这个卷积核是经过特殊设计的。图 6-5 左侧的图片经过卷积操作后,生成了右侧的图片。我们观察右侧的图片,发现它只有中间两列像素是 10,其余像素都是 0。卷积核把原图片中的边界部分给提取出来了。从这个实例可以看到,通过特定的卷积核,对图片做卷积操作,就可以探测图片的某些特征,比如边界。把图 6-5 中的卷积核旋转 90 度,就可以探测水平边界。

10	10	10	10	0	0	0	0
10	10	10	10	0	0	0	0
10	10	10	10	0	0	0	0
10	10	10	10	0	0	0	0
10	10	10	10	0	0	0	0
10	10	10	10	0	0	0	0
10	10	10	10	0	0	0	0
10	10	10	10	0	0	0	0

1	0	-1
1	0	-1
1	0	-1

0	0	10	10	0	0
0	0	10	10	0	0
0	0	10	10	0	0
0	0	10	10	0	0
0	0	10	10	0	0
0	0	10	10	0	0

图 6-5　卷积核的作用

在 CNN 的设计中,设定卷积核的数量以后,卷积核的参数是通过训练获得的。经过训练后,卷积核到底做了什么,我们事先可能并不知道,比起单纯的边缘检测可能要更加复杂。

对于前几个网络层次之间的卷积核来讲,提取的是初级的特征;对于后几个网络层次之间的卷积核来讲,则有可能提取的是高级的抽象的特征。

2. *卷积神经网络的本质*

卷积神经网络一般用于图像识别。对于 100×100 像素构成的图片,输入数据是 100×100 个像素构成的向量(如果是彩色图像,那么每个像素包含三个原色,输入向量的大小是 100×100×3)。若隐藏层的神经元数量和输入层一样多,需要计算(100×100)×(100×100)= 10^8 个权重。即便利用并行计算或者分布式计算,也是繁重的任务。有必要对问题的解决进行规划,以加快计算过程。

(1) 局部感知。当我们观察图片的某个局部区域时,距离较远的像素对我们的视觉的影响很小,可以忽略不计。局部感知指的是隐藏层的神经元只需与输入层的和它位置近邻的像素发生关联即可,比如一个隐藏层的神经元与输入层的 10×10 区域的像素发生关联。对于这样的隐藏层和输入层的连接模式,神经元之间的连接的数量减少了,我们只需计算(100×100)×(10×10)= 10^6 个权重即可。

(2) 权重共享。当图片上的像素、边缘、物体发生平移或者位置变化,我们仍可以理解这个图片,也就是说我们的视觉不依赖于这些对象在图片上的绝对位置。这表示,训练出来的权重(比如 10×10 的卷积核)可以用于图片的各个位置。

换句话说,在一个 10×10 的邻域内学习到的特征,可以作为一个筛选器,应用到整个图片。一个卷积核可以理解为一个特征,卷积神经网络可以通过设计多个卷积核提取多个特征。

(3) 池化。当网络结构很复杂,但是样本数量不够大时,深度神经网络容易发生过拟合(over fitting)的问题。池化(pooling)或者子采样(subsampling)通过 $n\times n$ 的小区域的汇总,磨平该区域的突出特征,避免过度学习问题。

常见的图像识别技术就是通过多阶段的卷积层、池化层的组合来构造深度卷积神经网络实现的。各个阶段输出越来越复杂、抽象级别越来越高的图片特征,最后作为输入变量输入一般的神经网络层,进行分类训练。

卷积神经网络针对图像识别问题,构建面向二维矩阵的神经网络技术。无须人工寻找图像特征,而是由神经网络自己从数据中找出特征。卷积层越多,能够识别的特征越抽象。如果我们要训练神经网络从图片中识别猫,只需要把大量的猫的图片交给神经网络,它就能够找出猫的特征。

3. *卷积神经网络用于时间序列——一维卷积*

我们可以把 CNN 用于时间序列,需要用到一维卷积。图 6-6 给出了一维卷积的示意,读者不难掌握。关于一维卷积的详细信息,请参考相关文献①。

① https://missinglink.ai/guides/keras/keras-conv1d-working-1d-convolutional-neural-networks-keras/.

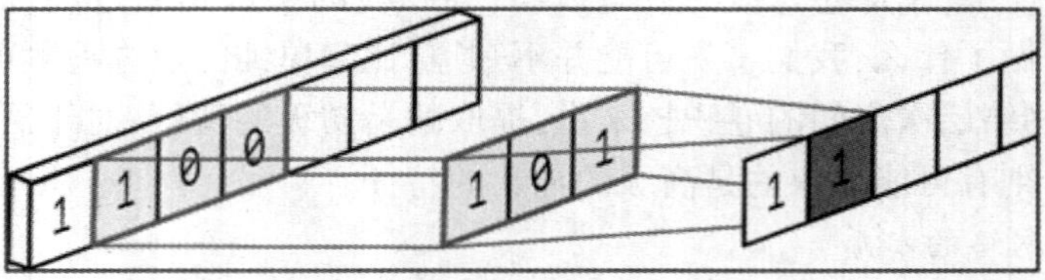

图 6-6　一维卷积示意图

6.4　循环神经网络

对于自然语言处理、语音/视频识别等应用,样本出现的先后顺序非常重要,不适合使用 CNN 神经网络进行分析。在这样的应用场合,循环神经网络(recurrent neural network, RNN)是更好的方案。人们使用循环神经网络来对时间关系进行建模。

和普通的前向反馈神经网络相比,RNN 只是在中间隐藏层多了一个循环的圈而已,如图 6-7 所示。这个圈表示上次隐藏层的输出作为这一次隐藏层的输入,也就是一个神经元在时刻 t 的输出,在下一时刻 $t+1$ 作为输入作用于自身。

直观来讲,这样做的目的是希望网络下一时刻的状态与当前时刻相关,即我们需要创建一个有记忆的神经网络。所以,RNN 是适合处理时序数据的神经网络模型,可用于训练时间序列数据模型,然后用于分类和回归预测的任务。

为了方便分析,我们常常将 RNN 在时间上进行展开,得到如图 6-8 所示的结构。t 时刻的网络输出结果 $o(t)$,是该时刻输入和"所有历史"共同作用的结果。正是这种建模方式使得 RNN 很适合对时间序列进行建模。

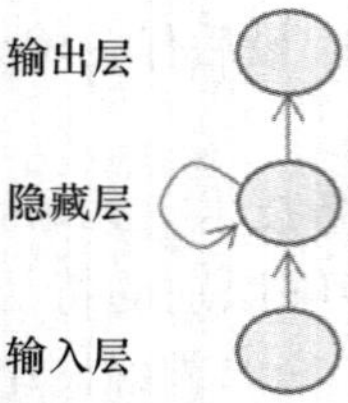

图 6-7　RNN 的结构

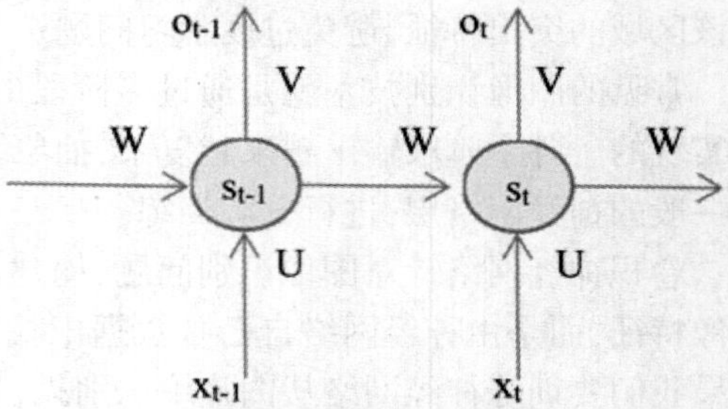

图 6-8　RNN 在时间上进行展开

隐藏层神经元 s_t 的输入包含两个部分,一个是 x_t,一个是 s_{t-1}。t 时刻 RNN 的 o_t 的计算过程为:

(1) t 时刻,隐藏层神经元的激活值为 $s_t=f(u\times x_t+w\times s_{t-1}+b_1)$。注意这里的 s_{t-1} 表示 $t-1$ 时间步隐藏层的输出。

(2) t 时刻,输出层的激活值为 $o_t=f(v\times s_t+b_2)$。

循环神经网络是一种深度神经网络。它的深度不仅仅表现在输入和输出之间,还表现在不同的时间步之间,每个时间步可以认为是一个层。

循环神经网络使用跨时间步的反向传播算法，即沿着时间的反向传播算法，进行端到端的训练。

为了加深对 RNN 的理解，下面展示如何对一个简单的前馈神经网络进行改造，构造一个 RNN 网络结构。

现有一个简单的 3 层的前馈神经网络，输入层有 2 个节点，隐藏层有 2 个节点，输出层有 1 个节点。有一系列样本$<X_1, Y_1>$，…，$<X_t, Y_t>$，$<X_{t+1}, Y_{t+1}>$，…，用这些样本对神经网络进行训练。(1) 输入 X_1，经过前馈传导过程输出 Y'_1，和实际值 Y_1 有误差，通过反向传播过程，对神经网络权重进行训练……(2) 输入 X_t，经过前馈传导过程输出 Y'_t，和实际值 Y_t 有误差，通过反向传播过程，对神经网络权重进行训练；(3) 输入 X_{t+1}，经过前馈传导过程输出 Y'_{t+1}，和实际值 Y_{t+1} 有误差，通过反向传播过程，对神经网络权重进行训练……

由此可见，针对样本 t 的前馈传导过程以及反向传播过程和样本 t+1 的前馈传导过程以及反向传播过程没有任何关联，如图 6-9 所示。

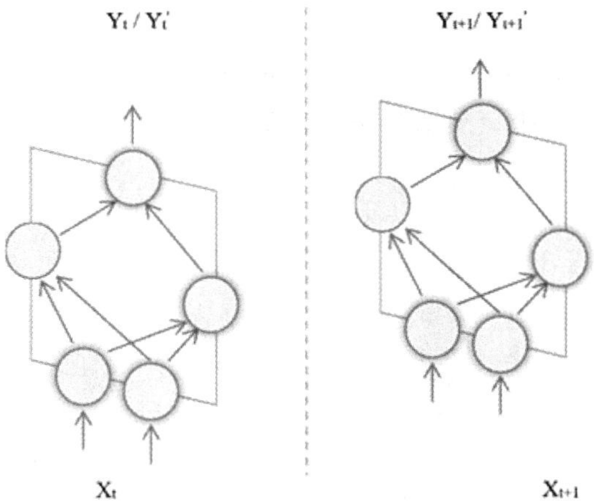

图 6-9　简单前馈神经网络

在单向 RNN 中，针对样本 t 的前馈传导过程以及反向传播过程和样本 t+1 的前馈传导过程以及反向传播过程有关联，如图 6-10 所示。

在前馈传导过程中，为了产生 t+1 时刻的输出 Y'_{t+1}，神经网络需要参考在上一个时刻 t 的隐藏层输出 H_{t-1}，Y'_{t+1}是在 H_{t-1}和 X_{t+1}的基础上经过运算得到的。

当然在 t_1 时刻没有上一时刻的隐藏层输出 H_0，可以设定一个随机值（注意是一个向量）。在最后一个时刻 t_n，隐藏层输出 H_n，除了用于（和 X_n）产生 Y_n，没有其他用途。

把类似于 RNN 的机器学习模型应用于序列时，我们希望将输入序列转换为不同域的输出序列。比如，将一系列声压转换成单词序列，这就是语音识别。当没有单独的目标序列时，可以尝试预测输入序列中的下一项，比如预测股票价格时间序列的下一个价格。

预测序列中的下一项模糊了有监督学习和无监督学习之间的区别。它使用了专门为监督学习而设计的方法，但是又不需要单独的目标数据。

单向 RNN 的本质是在产生 t 时刻的输出时，参考历史信息。RNN 通过参考历史信息对样本的时间关系进行建模。那么 RNN 是否可以参考未来信息呢？答案是肯定的，这就是双

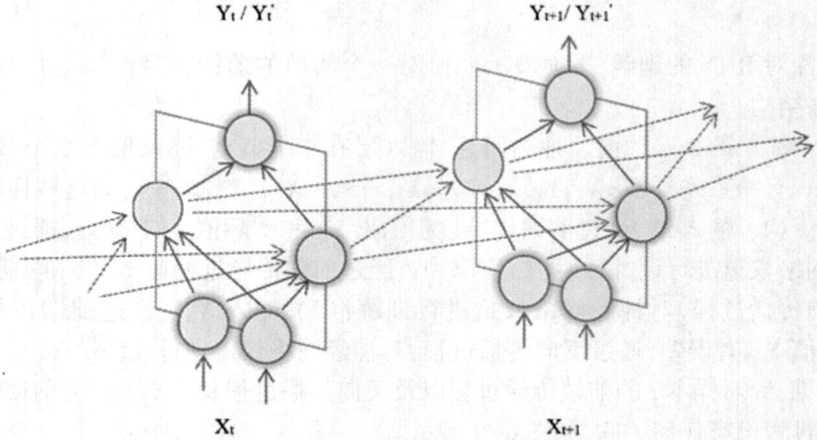

图 6-10 单向 RNN

向 RNN(bidirectional recurrent neural network, BRNN)。双向 RNN 的本质是在产生 t 时刻的输出时,不但参考历史信息,还参考未来信息(这里的未来是针对时刻 t 来讲的),如图 6-11 所示。

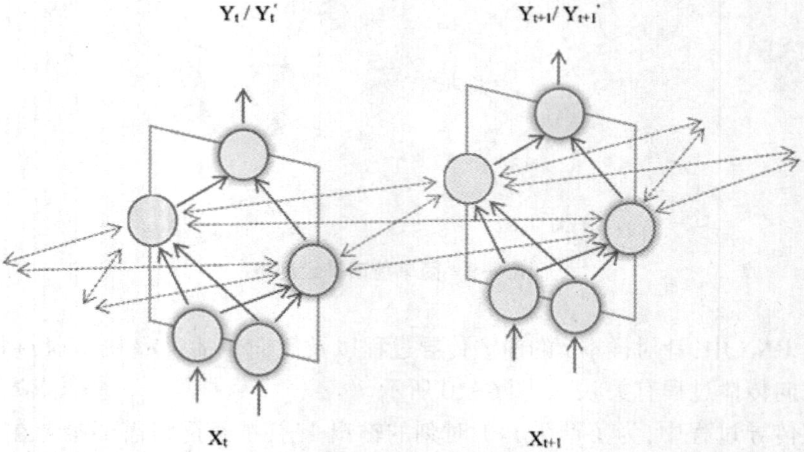

图 6-11 一种沿时间步展开的通用的双向 RNN 结构

这时候,在前馈传导过程中,为了产生 $t+1$ 时刻的输出 Y'_{t+1},神经网络需要参考上一个时刻 t 的隐藏层输出 H_t,还要参考下一个时刻 $t+2$ 的隐藏层输出 H_{t+2},Y'_{t+1}是在 H_t、H_{t+2}和 X_{t+1}的基础上经过运算得到的。也就是说,隐藏层同时使用历史和未来的信息进行预测。

在 t_1 时刻,需要上一时刻的隐藏层输出的 H_0(也需要 H_2);在最后一个时刻 t_n,需要下一时刻的隐藏层输出的 H_{n+1}(也需要 H_{n-1}),可以设定为一个随机值。

双向 RNN 也使用沿着时间的反向传播算法,进行端到端的训练。只是需要在训练样本的开始和结束部分(训练样本具有时间关系)给予特殊处理。在 $t=1$ 步,前向的隐藏层状态输入(forward state input)是未知的;在 $t=T$ 步,后向的隐藏层状态输入(backward state input)

也是未知的,可以设定为某个值。

6.5　长短期记忆神经网络

长短期记忆神经网络(long short term memory,LSTM)本质上是一种 RNN。RNN 在训练时往往会遇到严重的梯度消失问题,也就是误差梯度随着事件的时间差的大小快速变化。这是发生在时间轴上的梯度消失。理想情况下,我们希望“所有历史”都对当前隐藏层的节点的预测产生作用。而实际上,这种影响只是维持了若干时间步。换一种说法,RNN 难以处理序列中的长程依赖。

1997 年,Sepp Hochreiter 和 Jurgen Schmidhuber 提出的长短期记忆模型很好地解决了这种梯度消失问题。LSTM 通过门(gate)开关实现时间上的记忆功能,防止梯度消失。使用 LSTM 模块后,深度神经网络的误差从输出层反向传播回来的时候,可以用模块的记忆单元记录下来。于是,LSTM 可以记住一段时间内的信息,能够学习到前后事件之间更长时间范围的依赖关系。

LSTM 适合对时间序列数据进行预测,特别是在数据中较长时间内重要的事件之间存在依赖关系时。在这样的场合下,LSTM 比其他序列学习方法,比如 RNN、隐马尔可夫模型(hidden Markov models, HMM)等都具有更好的性能。

2009 年,基于 LSTM 的模型获得 ICDAR(international conference on document analysis and recognition)手写体识别比赛的冠军。2013 年,Graves 等使用双向 LSTM,在音素识别测试数据集(TIMIT phoneme recognition benchmark)上,只有 17.7%错误率,是当时的最好纪录。

LSTM 有很多变种,下面介绍最简单的一种。一个 Cell 由三个门(input、forget、output)以及一个 Cell 单元组成。

由图 6-12 可知,一个 LSTM Cell 可以定义成如下一系列转换式。

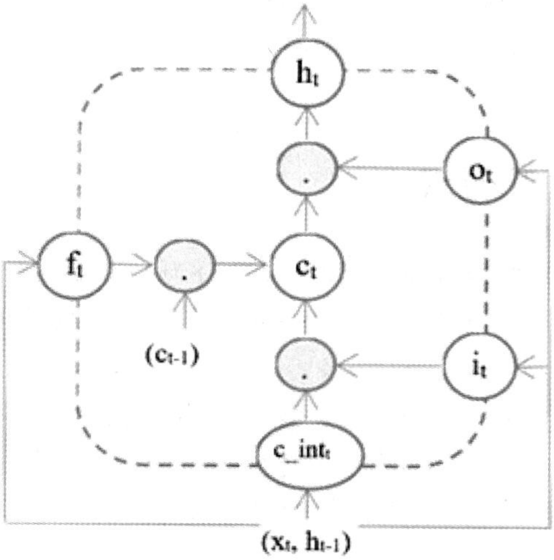

图 6-12　LSTM 的一个单元

门(gate)的转换

$i_t = g(W_{xi}x_t + W_{hi}h_{t?1} + b_i)$

$f_t = g(W_{xf}x_t + W_{hf}h_{t?1} + b_f)$

$o_t = g(W_{xo}x_t + W_{ho}h_{t?1} + b_o)$

输入的转换(input transform)

$c\_in_t = \tanh(W_{xc}x_t + W_{hc}h_{t?1} + b_{c\_in})$

状态更新(state update)

$c_t = f_t \cdot c_{t-1} + i_t \cdot c\_in_t$(注意,C 可以看作是 LSTM 的存储器)

$h_t = o_t \cdot \tanh(c_t)$

gate 使用 sigmoid 激活函数,而 input 和 Cell 状态通常使用 tanh 函数来进行转换。

有了门控机制(gating mechanism),Cell 在工作时可以保持较长一段时间的信息,在训练时保护 Cell 内部的梯度不受不利变化的影响,减少梯度消失效果。

一个 LSTM 网络是包含 LSTM 基本单元(当然也可以包含常规的人工神经元)的人工神经网络。LSTM 网络可以使用沿着时间的反向传播算法进行训练,从输出层反向传播回来的误差被 LSTM 基本单元的存储器捕获,于是 LSTM 基本单元能够记住很长时间内的一些数据变化情况。解决长程依赖问题是 LSTM 优于 RNN 的地方。

双向 LSTM 网络的目标和双向 RNN 是一致的,那就是提供一种参考当前信息的较长时间段内的历史和未来信息(当前事件的更长时间段内的上下文环境)的机制。

其网络结构和双向 RNN 类似,区别在于其基本构造单元换成了 LSTM Cell。

6.6 RNN 和 LSTM 的应用

RNN 和 LSTM 因其强大的时间关系建模能力应用到很多场合。包括时间序列的预测、计算机音乐创作、节奏学习、语法学习、机器翻译、基于字符的 LSTM 语言模型、语音识别、自动给图像加描述(也称为图文转换)、手写体识别、机器人控制、人体动作识别、蛋白质同源性检测等。

6.7 时间序列预测的模式

针对时间序列的预测问题,我们根据样本构造分为四类模式,即"单一时间序列+仅预测明天"、"单一时间序列+预测多天(n 天)"、"多时间序列+仅预测明天"以及"多时间序列+预测多天(n 天)"。

如果把预测多天的参数 n 限定为一天,我们就可以利用"单一时间序列+预测多天(n 天)"实现"单一时间序列+仅预测明天"。上述四个分类就可以归为两个类别,即"单一时间序列+预测多天(n 天)"和"多时间序列+预测多天(n 天)"。

6.8 单一时间序列+预测多天(n天)

6.8.1 单一时间序列+预测多天(n天)样本构造

假设我们用一个时间序列的前 m 天(比如 3)预测接下来 n 天(比如 2)。

现有 MSFT、YHOO、INTC 和 AAPL 等公司某 10 天的价格,如表 6-1 所示。MSFT、YHOO、INTC 的价格数据此处未用到。

表 6-1 样本构造

日期	MSFT	YHOO	INTC	AAPL
2013-07-01	29.69	25.24	19.87	52.21
2013-07-02	29.33	24.99	19.73	53.39
2013-07-03	29.39	25.59	19.76	53.68
2013-07-05	29.56	25.68	20.01	53.25
2013-07-08	29.66	25.52	19.28	52.95
2013-07-09	29.68	26.68	19.24	53.88
2013-07-10	29.98	26.56	19.34	53.68
2013-07-11	30.84	27.04	19.95	54.51
2013-07-12	30.82	27.23	19.88	54.41
2013-07-15	31.25	27.34	19.91	54.53

以 AAPL 为例,用大小为 5 的滑动窗口,以其开始边缘对准第一个价格,积攒的 5 个价格数据点为 52.21、53.39、53.68、53.25、52.95,前 3 个数据点作为 X,后 2 个数据点作为 y,形成第一个样本。

滑动窗口下移,现在窗口内的价格数据点为 53.39、53.68、53.25、52.95、53.88。同样地,前 3 个数据点作为 X,后 2 个数据点作为 y,形成第二个样本,如表 6-1 中的虚线框所示(稍微有些向右错位)。

不断移动滑动窗口,构造样本,总共构造 10-5+1=6 个样本。

6.8.2 公用函数库(Utils_1timeseries_nstep.py)

Utils_1timeseries_nstep.py 的代码较长,不在正文中列出,请读者参考下载的代码。

datetime_str_2_datetime 函数把字符串的日期时间(如"2019-10-10")转换成 Python 的 datetime 类型。

datetime_str_2_datenum 函数把字符串的日期时间(如"2019-10-10")转换成一个长整型。这是 matplotlib 在绘图时要用到的(如果横坐标要显示日期时间)。

get_price_list 函数根据 csv_filename 参数读取 CSV 文件,返回所有的收盘价列表 all_price_list、相应的时间列表 all_date_list,以及转换后的长整型的时间列表 all_numdate_list。max_price_points 参数控制读取数据的行数。

get_train_test_price_list 函数根据 all_price_list、train_ratio 参数,切割出训练集 train_price_list、测试集 test_price_list,用于机器学习模型的训练和测试。

show_samples 函数用于显示各个样本。list_2_array 把 list 转换成 array。

make_X_y 函数根据 price_list、Nin、Nout 等参数构造样本集。如果在 train_price_list 上操作，则返回 train_X、train_y。如果在 test_price_list 上操作，则返回 test_X、test_y。

Nin 表示用多少天的价格作预测，也就是 X。Nout 表示预测接下来几天的价格，也就是 y。

show_train_test_predict 函数根据 all_price_list、all_date_list、Nin、Nout、trainPredict1、trainPredict 2、testPredict1、testPredict 2 等参数绘制线图。比较原有的价格数据点和预测的明天的价格（trainPredict1、testPredict1）、后天的价格（trainPredict 2、testPredict 2）。all_price_list 是全部价格列表。all_date_list 是相应的全部日期列表。Nin 表示用多少天的价格作预测，Nout 表示预测接下来几天的价格。

show_train_test_predict 函数使用了一个技巧，往某个长度的数组里，按照一定偏移量插入另外一个数组，以便实现 all_price_list 和 trainPredict1、trainPredict 2、testPredict1、testPredict 2 的对齐。请读者自行阅读代码，自行研判，代码中给出了注释。

make_X_y 是这些函数中最重要的函数。

下面结合图 6-13 说明样本的构造。

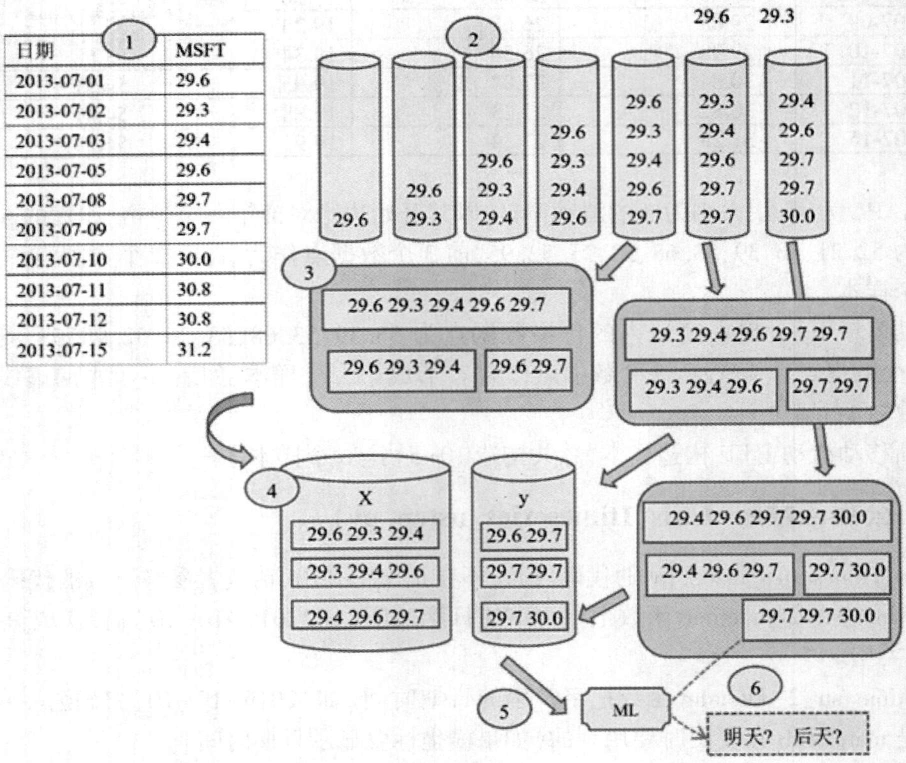

图 6-13　样本构造

（1）目前有 MSFT 价格列表。当一个交易策略实际运行的时候，价格数据是以流式数据到达的。如果价格的时间频率是天，那么每天的 Price Bar 在适当时间馈入交易模型，交易模型据此进行交易决策。

所以在进行历史回测时,即便我们手头拥有所有的数据,也不能一次把它交给交易策略,而应以流式数据馈入交易策略。历史价格一般保存在 CSV 文件中,PyAlgoTrade 通过 feed 对象读取 CSV 文件,Price Bar 逐个交给交易策略。

(2) 交易策略内部,用一个管道数据结构(Python 的 deque)管理不断到达的价格数据点。管道有一定的容量,比如图 6-13 中的管道容量是 5,也就是可以保存 5 个价格数据点。

当历史价格不断到达,管道不断填充,终于满上时,我们开始构造样本。

(3) 样本的构造过程如下:把 5 个价格数据点作为一个列表(或者数组),切下前面 3 个数据点(列表)作为 X,切下后面 2 个价格数据点作为 y。

(4) 机器学习模型的训练需要一定量的数据(样本数量)才行。我们用两个管道数据结构保存历史 X 和 y。这两个管道是一样大的,对应位置的元素构成一个完整的样本的 X 部分和 y 部分。

在这里,我们只涉及样本构造。在后续的章节中,我们将涉及如下几个步骤。

(5) 当价格不断到来时,样本不断构造。样本数量终于够了,就可以训练机器学习模型了。经过训练的模型拟合到它看到的数据上。

根据样本构造原理,X 部分表达的是前 3 天的价格,y 部分表达的是接下来 2 天的价格,机器学习模型获得利用前面 3 天的价格预测接下来 2 天的价格的能力。

(6) 现在假设,最新的价格数据点管道的内容为 29.4、29.6、29.7、29.7、30.0,利用它造出的样本 X 部分为 29.4、29.6、29.7,Y 部分为 29.7、30.0。这个新的样本同样推入 X 管道和 y 管道。

假设样本够了,机器学习模型得到训练(注意,在这里 X 管道和 y 管道需要一段时间才攒够样本)。现在我们把 29.4、29.6、29.7、29.7、30.0 的后三个数据点切下来,作为 X 交给机器学习模型,那么它预测的将是明天和后天的价格。

6.8.3 MLP 用于时间序列预测的 Python 实例(MLP_1timeseries_nstep.py)

MLP 类型的神经网络和一般的多层前馈神经网络的区别在于,MLP 的层数更多,即更深,每层的神经元数量更多,即更胖。通过变深和长胖,其预测能力得到极大的提高,如图 6-14 所示。

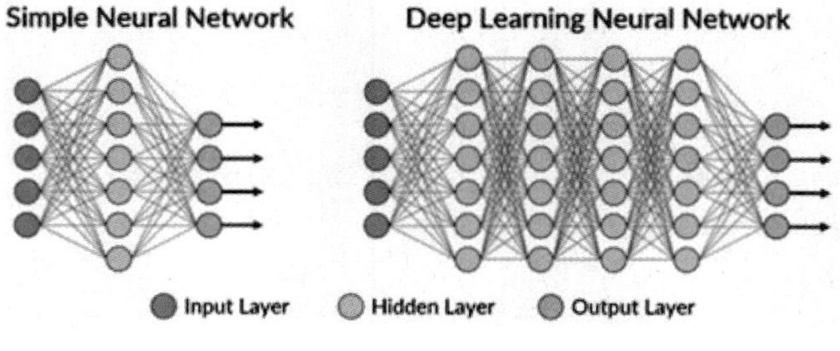

图 6-14 从浅层到深度 MLP

资料来源:https://thedatascientist.com/what-deep-learning-is-and-isnt/.

MLP_1timeseries_nstep.py 是一个用 MLP 实现时间序列预测的实例。

1. 导入必要的 Python 库

```
import numpy as np
import Utils_1timeseries_nstep as Utils
```

Utils_1timeseries_nstep. py 包含我们定义的一系列辅助函数,整个文件作为一个模块导进来。

2. 读取文件,切割价格

```
all_price_list, all_date_list, all_numdate_list = Utils.get_price_list( 'AAPL-
new.csv', 300)
dataset = all_price_list
print("len dataset:", len(dataset))

train_price_list, test_price_list = Utils.get_train_test_price_list( all_price_
list, 0.67)

print("len train_price_list:", len(train_price_list))
print("len test_price_list:", len(test_price_list))
```

利用 get_price_list 函数读取价格列表 all_price_list、日期时间列表 all_date_list、长整型日期时间列表 all_numdate_list。

把价格列表 all_price_list 切割为训练集 train_price_list 和测试集 test_price_list。

3. 构造样本

```
Nin = 3
Nout = 2
Nfea = 1

# array
train_X, train_y = Utils.make_X_y( train_price_list, Nin, Nout)
# show_samples(train_X, train_y)
print(train_X.shape)
print(train_y.shape)
print(train_X)
print(train_y)

test_X, test_y = Utils.make_X_y( test_price_list, Nin, Nout)
# show_samples(test_X, test_y)
print(test_X.shape)
print(test_y.shape)
print(test_X)
print(test_y)
```

利用 make_X_y 函数,从 train_price_list 构造训练样本 train_X、train_y,从 test_price_list 构造测试样本 test_X、test_y。

4. 训练和评价模型

```
from keras.models import Sequential
from keras.layers import Dense
import math

# fix random seed for reproducibility
np.random.seed(7)

# create and fit Multilayer Perceptron model
look_back=Nin
n_steps_out=Nout

model=Sequential()
model.add(Dense(12, input_dim=look_back, activation='relu'))
model.add(Dense(8, activation='relu'))
#model.add(Dense(1))
model.add(Dense(n_steps_out))
model.compile(loss='mean_squared_error', optimizer='adam')
model.fit(train_X, train_y, epochs=12, batch_size=2, verbose=2)

# Estimate model performance
trainScore=model.evaluate(train_X, train_y, verbose=0)
print('Train Score: % .2f MSE (% .2f RMSE)' % (trainScore, math.sqrt(trainScore)))

testScore=model.evaluate(test_X, test_y, verbose=0)
print('Test Score: % .2f MSE (% .2f RMSE)' % (testScore, math.sqrt(testScore)))
```

np.random.seed(7)设置随机数种子为7,目的是保证神经网络使用一样的初始权重,保证结果是可以重复的。

构造的MLP模型是一个有两个隐藏层的网络。使用train_X、train_y进行训练,然后计算模型在训练集和测试集上的MSE和RMSE指标,并且显示。

5. 保存/装载/预测

```
# save model and architecture to single file
model.save("model.h5")
print("Saved model to disk")

#-------------------------------------------------------------
from keras.models import load_model

# load model
model=load_model('model.h5')
# summarize model.
```

```
model.summary()

# Estimate model performance
trainScore=model.evaluate(train_X, train_y, verbose=0)
print('Train Score: % .2f MSE (% .2f RMSE)' % (trainScore, math.sqrt(trainScore)))

testScore=model.evaluate(test_X, test_y, verbose=0)
print('Test Score: % .2f MSE (% .2f RMSE)' % (testScore, math.sqrt(testScore)))
```

把模型保存到"model. h5"文件中,然后重新装载,计算模型在训练集和测试集上的 MSE 和 RMSE 指标,并且显示。所得数值应该跟上一步计算得到的数值是一致的。

深度学习模型训练的时间很长,在交易策略中在线进行训练和预测不现实。

我们采用的办法是通过离线训练把模型保存起来,然后在交易策略中装载和使用模型进行预测。

6. 在训练集、测试集上进行预测并且可视化

```
# generate predictions
trainPredict=model.predict(train_X)
testPredict=model.predict(test_X)
print("trainPredict", trainPredict)
print(len(trainPredict))
print("testPredict", testPredict)
print(len(testPredict))

trainPredict1=trainPredict[:,0]
trainPredict2=trainPredict[:,1]
#print("trainPredict1", trainPredict1)
#print("trainPredict2", trainPredict2)
testPredict1=testPredict[:,0]
testPredict2=testPredict[:,1]

# show_train_test_predict
Utils.show_train_test_predict( all_price_list, all_date_list,
    Nin, Nout, trainPredict1, trainPredict2, testPredict1, testPredict2)
```

在训练集、测试集上进行预测,是因为我们预测明天和后天的价格,trainPredict、testPredict 分别是一个多行 2 列的数组。把 trainPredict 切割成 trainPredict1 和 trainPredict 2,分别对应明天预测序列和后天预测序列。同理,把 testPredict 切割成 testPredict1 和 testPredict 2,分别对应明天预测序列和后天预测序列。

利用 show_train_test_predict 函数显示原有价格和预测效果。

6.8.4　CNN 用于时间序列预测的 Python 实例(CNN_1timeseries_nstep. py)

CNN_1timeseries_nstep. py 程序的大部分内容和 MLP_1timeseries_nstep. py 是一样或者类似的。二者只在模型构建的时候有区别,也就是我们用 CNN 模型替代了 MLP 模型。主

要的变化包括需要导入必要的 Python 库以及构造具体的 CNN 模型。请读者参考本书代码。

```
train_X=train_X.reshape( train_X.shape[0], train_X.shape[1], n_features)
test_X=test_X.reshape( test_X.shape[0], test_X.shape[1], n_features)
```

为了把数据馈入 CNN 模型,需要对 X 进行变形。上述代码把 X 转换为 train_X. shape[0]个样本、train_X. shape[1]行、n_features 列(1 列)的三维数组。读者可以在代码里通过 print 语句查看变形以前的数组形式(二维)和变形以后的数组形式(三维),加深理解。

6.8.5 LSTM 用于时间序列预测的 Python 实例(LSTM_1timeseries_nstep. py)

LSTM_1timeseries_nstep. py 程序的大部分内容和 MLP_1timeseries_nstep. py 是一样或者类似的。二者只在模型构建的时候有区别,也就是我们用 LSTM 模型替代了 MLP 模型。主要的变化包括需要导入必要的 Python 库以及构造具体的 LSTM 模型。请读者参考本书代码。

```
train_X=train_X.reshape( train_X.shape[0], train_X.shape[1], n_features)
test_X=test_X.reshape( test_X.shape[0], test_X.shape[1], n_features)
```

为了把数据馈入 LSTM 模型,需要对 X 进行变形。上述代码把 X 转换为 train_X. shape[0]个样本、train_X. shape[1]行、n_features 列(1 列)的三维数组。读者可以在代码里通过 print 语句查看变形以前的数组形式(二维)和变形以后的数组形式(三维) ,加深理解。

6.9 多时间序列+预测多天(n 天)

6.9.1 多时间序列+预测多天(n 天)样本构造

首先,我们以 MSFT、YHOO、INTC 的前 m 天(比如 3 天)预测 AAPL 接下来 n 天(比如 2)的价格。

这时候 X 是一个矩阵,而不是一个简单的向量。第一个样本的 X、y 如表 6-2 中的实线框所示,第二个样本如表中的虚线框所示(稍微有些向右错位)。

表 6-2 样本构造(一)

日期	MSFT	YHOO	INTC	AAPL
2013-07-01	29.69	25.24	19.87	2.21
2013-07-02	29.33	24.99	19.73	53.39
2013-07-03	29.39	25.59	19.76	53.68
2013-07-05	29.56	25.68	20.01	53.25
2013-07-08	29.66	25.52	19.28	52.95
2013-07-09	29.68	26.68	19.24	53.88
2013-07-10	29.98	26.56	19.34	53.68
2013-07-11	30.84	27.04	19.95	54.51
2013-07-12	30.82	27.23	19.88	54.41
2013-07-15	31.25	27.34	19.91	54.53

不仅其他股票对本只股票的价格变化具有解释作用，本只股票的历史也对其价格变化具有解释作用，这就是股票的自相关性。基于这样的理解，我们可以按照表 6-3 的方式构造样本。

表 6-3　样本构造(二)

日期	MSFT	YHOO	INTC	AAPL
2013-07-01	29.69	25.24	19.87	52.21
2013-07-02	29.33	24.99	19.73	53.39
2013-07-03	29.39	25.59	19.76	53.68
2013-07-05	29.56	25.68	20.01	53.25
2013-07-08	29.66	25.52	19.28	52.95
2013-07-09	29.68	26.68	19.24	53.88
2013-07-10	29.98	26.56	19.34	53.68
2013-07-11	30.84	27.04	19.95	54.51
2013-07-12	30.82	27.23	19.88	54.41
2013-07-15	31.25	27.34	19.91	54.53

6.9.2　公用函数库(Utils_ntimeseries_nstep.py)

Utils_ntimeseries_nstep.py 的 datetime_str_2_datetime 函数和 datetime_str_2_datenum 函数的功能，与 Utils_1timeseries_nstep.py 里面的同名函数是一样的，不再赘述。

函数 read_CVS_train_test 读取 filename 文件的 samples 行数据，按照 2∶1 的比例，返回训练数据集 train 和测试数据集 test。

show_samples 函数有两个版本，一个显示所有样本，一个显示 n 个样本。

list_2_array 函数把 list 转换为 array。get_price_list 函数把 deque 转换为 list。

make_X_y 根据 valueset、Nin、Nfea、Nout 等参数，返回构造好的样本的__X 和__y(下文详述)。valueset 是一个多行多列的数组。

Utils_ntimeseries_nstep.py 的 show_train_test_predict 函数的功能和 Utils_1timeseries_nstep.py 里面的同名函数是一样的，不再赘述。

make_X_y 是这些函数中最重要的函数。

下面结合图 6-15 说明样本的构造。

(1) 目前有 MSFT、YHOO、INTC、AAPL 价格列表，我们将用 4 只股票前 3 天的价格预测 AAPL 后 2 天的价格。

(2) 我们用 4 个管道数据结构(Python 的 deque)管理不断到达的 4 只股票的价格数据点。管道有一定的容量，比如图 6-15 中的管道容量是 5，也就是说可以保存 5 个价格数据点。

当历史价格不断到达，管道不断填充，终于满上时，我们就开始构造样本。

(3) 样本的构造过程如下。

把 4 只股票前 3 天的价格切割下来，是一个二维数组，作为 X。

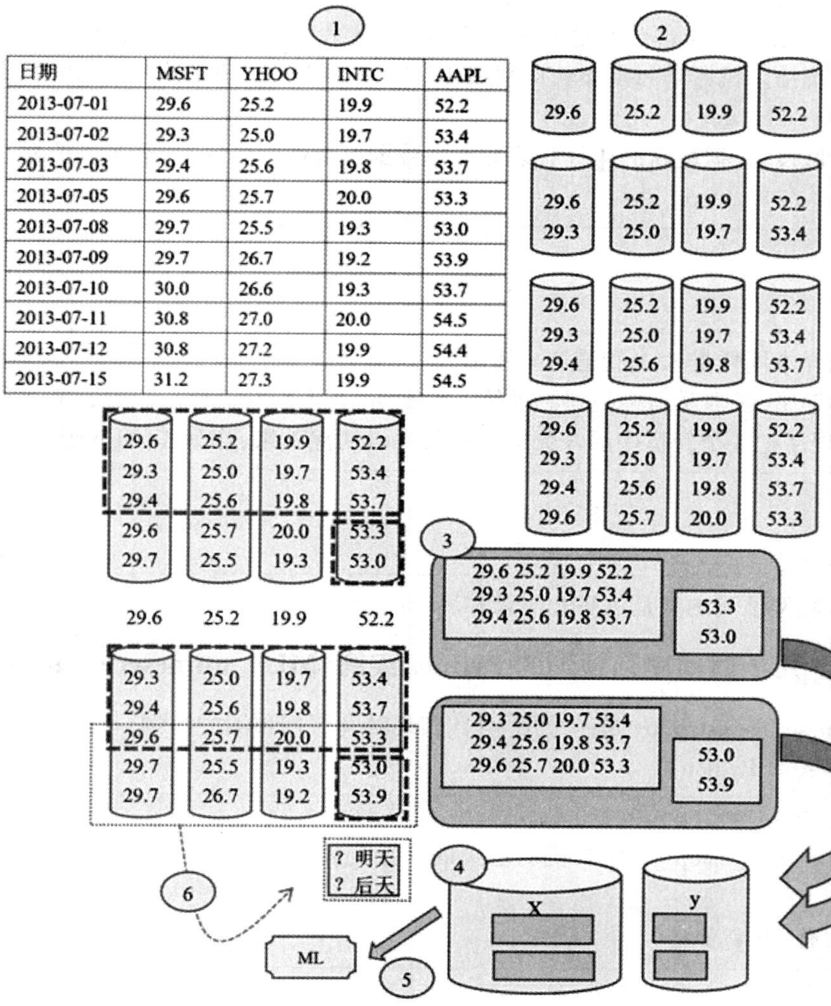

图 6-15　样本构造

```
29.6 25.2 19.9 52.2
29.3 25.0 19.7 53.4
29.4 25.6 19.8 53.7
```

把 AAPL 股票接下来 2 天的价格切割下来，是一个数组，作为 y。

```
53.3
53.0
```

（4）机器学习模型的训练需要一定量的数据（样本数量）才行。我们用两个管道数据结构保存历史 X 和 y。这两个管道是一样大的，对应位置的元素构成一个完整的样本的 X 部分和 y 部分。

在这里，我们只涉及样本构造。在后续的章节中，还将涉及如下几个步骤。

（5）当价格不断到来时，样本不断构造。样本数量终于够了，就可以训练机器学习模型了。经过训练的模型拟合到它看到的数据上。

根据样本构造原理,X 部分表达的是 4 只股票前 3 天的涨跌情况,y 部分表达的是 AAPL 接下来 2 天的价格。机器学习模型获得利用 4 只股票前 3 天的价格预测 AAPL 接下来 2 天的价格的能力。

(6) 现在假设,根据最新的 4 只股票的价格数据点管道的内容,构造出来的样本的 X 和 y 如下:

```
29.3 25.0 19.7 53.4                        53.0
29.4 25.6 19.8 53.7                        53.9
29.6 25.7 20.0 53.3
```

这个新的样本同样推入 X 管道和 y 管道。

假设样本够了,机器学习模型得到训练(注意,在这里 X 管道和 y 管道需要一段时间才攒够样本)。现在把 4 个管道中后 3 天的价格数据点切割下来,作为 X,如下所示:

```
29.6 25.7 20.0 53.3
29.7 25.5 19.3 53.0
29.7 26.7 19.2 53.9
```

机器学习模型预测的将是 AAPL 明天和后天的价格。

6.9.3 MLP 用于时间序列预测的 Python 实例(MLP_ntimeseries_nstep.py)

MLP_ntimeseries_nstep.py 是一个用 MLP 实现时间序列预测的实例。

1. 导入必要的 Python 库

```
import Utils_ntimeseries_nstep as Utils
```

Utils_ntimeseries_nstep.py 包含我们定义的一系列辅助函数,整个文件作为一个模块导进来。

2. 读取文件,切割价格

```
#-------------------------------------------------------------
train1, test1 =Utils.read_CVS_train_test( 'MSFTnew.csv', 300) #samples
print( "train1 len", len(train1))
print("train1", train1)
print( "test1 len", len(test1))
print("test1", test1)

train2, test2 =Utils.read_CVS_train_test( 'YHOOnew.csv', 300)#samples
print( "train2 len", len(train2))
print("train2", train2)
print( "test2 len", len(test2))
print("test2", test2)

train3, test3 =Utils.read_CVS_train_test( 'INTCnew.csv', 300)#samples
print( "train3 len", len(train3))
print("train3", train3)
```

```
print( "test3 len", len(test3))
print("test3", test3)

train4, test4=Utils.read_CVS_train_test('AAPLnew.csv', 300)#samples
print( "train4 len", len(train4))
print("train4", train4)
print( "test4 len", len(test4))
print("test4", test4)
```

利用 read_CVS_train_test 函数,从四个文件读取价格数据,分别切割成 train1、test1、train 2、test 2、train 3、test 3、train 4、test 4 等训练集和测试集。注意 $train_i$ 和 $test_i$ 只是价格数据点列表,还不是样本列表。

3. 构造样本

```
from numpy import hstack
feat1=train1.reshape((len(train1), 1))
feat2=train2.reshape((len(train2), 1))
feat3=train3.reshape((len(train3), 1))
out=train4.reshape((len(train4), 1))
# horizontally stack columns
valueset_train=hstack((feat1, feat2, feat3,out))
print("valueset_train", valueset_train)
print("len", len(valueset_train))

Nin=3
Nout=2
Nfea=4

__X_train,__y_train=Utils.make_X_y( valueset_train, Nin,Nfea, Nout)
Utils.show_samples(__X_train, __y_train,5)

#---------------------------------------------------------------
feat1=test1.reshape((len(test1), 1))
feat2=test2.reshape((len(test2), 1))
feat3=test3.reshape((len(test3), 1))
out=test4.reshape((len(test4), 1))
# horizontally stack columns
valueset_test=hstack((feat1, feat2, feat3,out))
print("valueset_test", valueset_test)
print("len", len(valueset_test))

__X_test,__y_test=Utils.make_X_y( valueset_test, Nin,Nfea, Nout)
Utils.shcw_samples(__X_test, __y_test,5)
```

```
#-------------------------------------------------------------
__X_train=Utils.list_2_array(__X_train)
__y_train=Utils.list_2_array(__y_train)
print(__X_train.shape)
print(__y_train.shape)
__X_test=Utils.list_2_array(__X_test)
__y_test=Utils.list_2_array(__y_test)
print(__X_test.shape)
print(__y_test.shape )
```

train1、train 2、train 3、train 4 按照 4 列拼在一起，形成多行四列的 valueset_train。同样，test1、test 2、test 3、test 4 也按照 4 列拼在一起，形成多行四列的 valueset_test。

利用 make_X_y 函数，从 valueset_train 构造训练样本__X_train、__y_train，从 valueset_test 构造训练样本__X_train、__y_train。

把 list 形式转换为 array 形式。

4. 训练和评价模型

```
from keras.models import Sequential
from keras.layers import Dense
import numpy as np
import math

# fix random seed for reproducibility
np.random.seed(7)

# create and fit Multilayer Perceptron model
look_back=Nin
n_steps_out=Nout

n_input=__X_train.shape[1] * __X_train.shape[2]
__X_train=__X_train.reshape((__X_train.shape[0], n_input))

n_input=__X_test.shape[1] * __X_test.shape[2]
__X_test=__X_test.reshape((__X_test.shape[0], n_input))

model=Sequential()
model.add(Dense(8, input_dim=n_input, activation='relu'))
model.add(Dense(32, activation='relu'))
model.add(Dense(16, activation='relu'))
#model.add(Dense(1))
model.add(Dense(n_steps_out))
model.compile(loss='mean_squared_error', optimizer='adam')
model.fit(__X_train, __y_train, epochs=16, batch_size=4, verbose=2)
```

```
# Estimate model performance
trainScore=model.evaluate(__X_train, __y_train, verbose=0)
print('Train Score: %.2f MSE (%.2f RMSE)' % (trainScore, math.sqrt(trainScore)))

testScore=model.evaluate(__X_test, __y_test, verbose=0)
print('Test Score: %.2f MSE (%.2f RMSE)' % (testScore, math.sqrt(testScore)))
```

np. random. seed(7)设置随机数种子为7,目的是保证神经网络使用一样的初始权重,保证结果是可以重复的。

构造的MLP模型是一个有3个隐藏层的网络。使用__X_train、__y_train进行训练,然后计算模型在训练集和测试集上的MSE和RMSE指标,并且显示。

注意如下代码:

```
n_input=__X_train.shape[1] * __X_train.shape[2]
__X_train=__X_train.reshape((__X_train.shape[0], n_input))

n_input=__X_test.shape[1] * __X_test.shape[2]
__X_test=__X_test.reshape((__X_test.shape[0], n_input))
```

其功能是把__X_train和__X_test的每个样本都压扁成一维数组,因为MLP网络的输入是一个一维数组。

这个实例并没有把模型保存到“model. h5”文件中。但是,正如前文所述,深度学习模型训练时间很长,在交易策略中在线进行训练和预测不现实。

可行的办法是通过离线训练把模型保存起来,然后在交易策略中装载和使用模型进行预测。可以参考前文代码实现。

5. 在训练集、测试集上进行预测并且可视化

```
# generate predictions
trainPredict=model.predict(__X_train)
testPredict=model.predict(__X_test)
print("trainPredict", trainPredict)
print(len(trainPredict))
print("testPredict", testPredict)
print(len(testPredict))

trainPredict1=trainPredict[:,0]
trainPredict2=trainPredict[:,1]
#print("trainPredict1", trainPredict1)
#print("trainPredict2", trainPredict2)
testPredict1=testPredict[:,0]
testPredict2=testPredict[:,1]
#print("testPredict1", testPredict1)
#print("testPredict2", testPredict2)
```

```
all_price_list4=np.concatenate((train4,test4),axis=0)
all_date_list4=[]
Utils.show_train_test_predict( all_price_list4, all_date_list4,
    Nin, Nout, trainPredict1, trainPredict2, testPredict1, testPredict2)
```

在训练集、测试集上进行预测，是因为我们预测明天和后天的价格，trainPredict、testPredict 分别是一个多行 2 列的数组。把 trainPredict 切割成 trainPredict1 和 trainPredict 2，分别对应明天预测序列和后天预测序列。同理，把 testPredict 切割成 testPredict1 和 testPredict 2，分别对应明天预测序列和后天预测序列。

利用 show_train_test_predict 函数显示原有价格和预测效果。

6.9.4　CNN 用于时间序列预测的 Python 实例（CNN_ntimeseries_nstep. py）

CNN_ntimeseries_nstep. py 程序的大部分内容和 MLP_ntimeseries_nstep. py 是一样或者类似的。二者只在模型构建的时候有区别，也就是我们用 CNN 模型替代了 MLP 模型。主要的变化包括需要导入必要的 Python 库以及构造具体的 CNN 模型。注意，无须对输入数据进行变形。

6.9.5　LSTM 用于时间序列预测的 Python 实例（LSTM_ntimeseries_nstep. py）

LSTM_ntimeseries_nstep. py 程序的大部分内容和 MLP_ntimeseries_nstep. py 是一样或者类似的。二者只在模型构建的时候有区别，也就是我们用 LSTM 模型替代了 MLP 模型。主要的变化包括需要导入必要的 Python 库以及构造具体的 LSTM 模型。注意，无须对输入数据进行变形。

参考文献

[1] 覃雄派，陈跃国，杜小勇．数据科学概论．北京：中国人民大学出版社，2018.

[2] 王秋月，覃雄派，赵素云，张静．人工智能与机器学习．北京：中国人民大学出版社，2020.

[3] How to Develop Multilayer Perceptron Models for Time Series Forecasting. https://machinelearningmastery. com/how-to-develop-multilayer-perceptron-models-for-time-series-forecasting/.

[4] How to Develop Convolutional Neural Network Models for Time Series Forecasting. https://machinelearningmastery. com/how-to-develop-convolutional-neural-network-models-for-time-series-forecasting/.

[5] How to Develop LSTM Models for Time Series Forecasting. https://machinelearningmastery. com/how-to-develop-lstm-models-for-time-series-forecasting/.

[6] RNN encoder decoder. https://github. com/Azure/DeepLearningForTimeSeriesForecasting.

[7] Airline passengers & shampoo-sales dataset LSTM Prediction. https://github. com/2wavetech/Time-Series-Analysis-and-Prediction.

[8] How to Save and Load Your Keras Deep Learning Model. https://machinelearningmastery. com/save-load-keras-deep-learning-models/.

7 统计分析初步

7.1 统计分析简介

统计学是一个数学分支,内容相当浩繁。我们无法把统计学的来龙去脉、方方面面都做介绍,在此选取两个典型的方法进行介绍,一个是隐马尔可夫模型,另一个是 ARIMA 模型。这两个模型都可以用于时间序列的分析和预测。

7.2 隐马尔可夫模型

7.2.1 马尔可夫模型

马尔可夫模型是通过马尔可夫链进行建模的一种状态空间模型。马尔可夫链没有记忆性。换句话说,某一个时刻的状态,受到而且只受到前一时刻状态的影响,不受更往前的时刻的状态的影响。

图 7-1 给出了一个简单的天气模型。在这个模型中,存在三种状态,包括 Sunny(晴天)、Rainy(雨天)和 Cloudy(阴天)等。图上还给出了各个状态间的转移概率,比如当前状态为 Sunny,那么下一个状态为 Sunny 的概率是 0.6,为 Cloudy 的概率是 0.3,为 Rainy 的概率是 0.1, 等等。

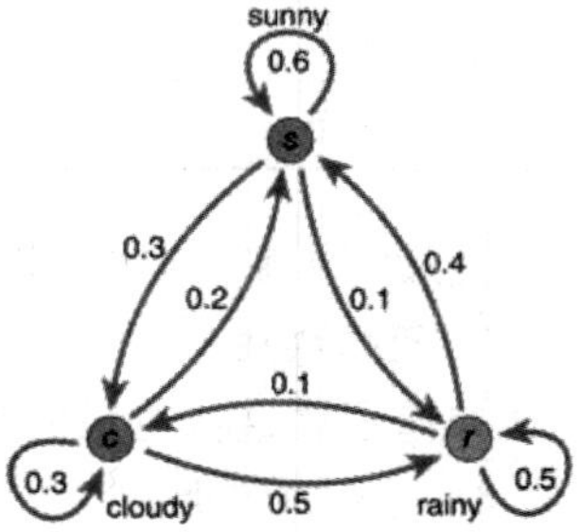

图 7-1 马尔可夫模型实例

7.2.2 隐马尔可夫模型实例

隐马尔可夫模型(hidden Markov model, HMM)是包含隐藏状态的马尔可夫模型。我们通过一个实例来介绍隐马尔可夫模型。①

1. 背景情况

从前有个村子,村民的身体状况有两种可能,分别是健康或者发烧。假设这个村子的人

① https://en.wikipedia.org/wiki/Hidden_Markov_model 维基百科给出了通过朋友的行为预测当地天气变化的例子.

没有其他检测设备(比如温度计等),他们判断身体状况的唯一办法就是到小诊所询问那里的一位大夫,大夫的名字叫月儿。

月儿通过望闻问切诊断病情,村民只需回答正常、头晕或者感觉冷就可以了。有一个村民去诊所询问身体状况,第一天他说感觉正常,第二天他说感觉冷,第三天他说感觉头晕。现在的问题是,月儿如何根据这位村民的描述推断这三天中他的身体状况?

2. 已知条件

现在月儿已经知道的情况如下:

隐含的身体状态集合={健康,发烧}

可以观察的感觉集合={正常,冷,头晕}

预判村民的身体状况的概率分布={健康:0.6,发烧:0.4}

村民身体健康状态的转移概率={健康→健康:0.7,健康→发烧:0.3,发烧→健康:0.4,发烧→发烧:0.6}

列表如下:

昨天/今天	健康	发烧
健康	0.7	0.3
发烧	0.4	0.6

此外,月儿认为,在相应的健康状况下

村民的感觉的概率分布={健康情况下,正常:0.5,冷:0.4,头晕:0.1;发烧情况下,正常:0.1,冷:0.3,头晕:0.6}

列表如下:

隐藏状态/感觉	正常	冷	头晕
健康	0.5	0.4	0.1
发烧	0.1	0.3	0.6

连续三天来,村民报告给月儿的感觉依次是正常、冷和头晕。

3. 问题描述

如何根据这位村民的描述推断这三天中他的身体健康状况的变化过程呢?

4. 问题的解决

解决这个问题,就是要找出产生上述显式(explicit)的感觉序列的隐藏的(hidden)身体状态序列,可以采用 Viterbi 算法。

根据 Viterbi 理论,后一天的状态仅依赖于前一天的状态和当前可观察的状态。那么,只要根据第一天的正常状态依次推算,找出到达第三天头晕状态的最大概率,就可以知道这三天的身体变化情况。

(1) 初始情况为:P(健康)= 0.6,P(发烧)= 0.4。

求第一天的身体状况,计算该村民在感觉正常的情况下最可能的身体状态。

P(今天健康)= P(正常|健康)×P(健康|初始情况)= 0.5×0.6=0.3

$$P(\text{今天发烧}) = P(\text{正常}|\text{发烧}) \times P(\text{发烧}|\text{初始情况}) = 0.1 \times 0.4 = 0.04$$

P(今天健康)的值更大,可以认为第一天最可能的身体状态是健康。

(2) 求第二天的身体状况,计算该村民在感觉冷的情况下最可能的身体状态。第二天有四种情况,由第一天的发烧或者健康,转换到第二天的发烧或者健康。

$$P(\text{前一天发烧,今天发烧}) = P(\text{发烧}|\text{前一天}) \times P(\text{发烧} \rightarrow \text{发烧}) \times P(\text{冷}|\text{发烧}) = 0.04 \times 0.6 \times 0.3 = 0.0072$$

$$P(\text{前一天发烧,今天健康}) = P(\text{发烧}|\text{前一天}) \times P(\text{发烧} \rightarrow \text{健康}) \times P(\text{冷}|\text{健康}) = 0.04 \times 0.4 \times 0.4 = 0.0064$$

$$P(\text{前一天健康,今天发烧}) = P(\text{健康}|\text{前一天}) \times P(\text{健康} \rightarrow \text{发烧}) \times P(\text{冷}|\text{发烧}) = 0.3 \times 0.3 \times 0.3 = 0.027$$

$$P(\text{前一天健康,今天健康}) = P(\text{健康}|\text{前一天}) \times P(\text{健康} \rightarrow \text{健康}) \times P(\text{冷}|\text{健康}) = 0.3 \times 0.7 \times 0.4 = 0.084$$

P(前一天健康,今天健康)的值最大,可以认为第二天最可能的状态是健康。

(3) 求第三天的身体状态,计算该村民在感觉头晕的情况下最可能的身体状态。

$$P(\text{前一天发烧,今天发烧}) = P(\text{发烧}|\text{前一天}) \times P(\text{发烧} \rightarrow \text{发烧}) \times P(\text{头晕}|\text{发烧}) = 0.027 \times 0.6 \times 0.6 = 0.00972$$

$$P(\text{前一天发烧,今天健康}) = P(\text{发烧}|\text{前一天}) \times P(\text{发烧} \rightarrow \text{健康}) \times P(\text{头晕}|\text{健康}) = 0.027 \times 0.4 \times 0.1 = 0.00108$$

$$P(\text{前一天健康,今天发烧}) = P(\text{健康}|\text{前一天}) \times P(\text{健康} \rightarrow \text{发烧}) \times P(\text{头晕}|\text{发烧}) = 0.084 \times 0.3 \times 0.6 = 0.01512$$

$$P(\text{前一天健康,今天健康}) = P(\text{健康}|\text{前一天}) \times P(\text{健康} \rightarrow \text{健康}) \times P(\text{头晕}|\text{健康}) = 0.084 \times 0.7 \times 0.1 = 0.00588$$

P(前一天健康,今天发烧)的值最大,可以认为第三天最可能的状态是发烧。

5. 结论

根据上述推导过程,月儿得出结论,这位村民三天的身体状况分别是:健康、健康、发烧。

7.2.3 隐马尔可夫模型建模

在上述实例的基础上,我们给出隐马尔可夫模型的定义。隐马尔可夫模型包含 5 个要素,即一个 HMM 模型是一个五元组:$(\Omega_X, \Omega_O, A, B, \pi)$。

其中,$\Omega_X = \{q^1, q^2, \cdots, q^N\}$ 表示状态的有限集合,对应上述实例的健康和发烧身体状况;$\Omega_O = \{v^1, v^2, \cdots, v^M\}$ 表示观察值的有限集合,对应上述实例的感觉正常、冷、头晕等;$A = \{a_{ij}\}$, $a_{ij} = p(X_{t+1} = q^j | X_t = q^i)$ 是状态转移矩阵,对应上述实例的身体状况转移概率;$B = \{b_{ik}\}$, $b_{ik} = p(O = v^k | X_t = q^i)$ 表示输出概率,对应上述实例中不同身体状况下产生各种感觉的概率;$\pi = \{\pi_i\}$, $\pi_i = p(X_1 = q^i)$ 表示初始状态分布状况,对应上述实例中健康和发烧的先验概率。

7.2.4 三个问题、解决办法及实例

隐马尔可夫模型有三个问题,分别是评估问题、解码问题和学习问题。

(1) 评估问题(也称为概率计算问题)。给定观测序列 $O = O_1, O_2, O_3, \cdots, O_t$ 和模型参

数 $\lambda=(A,B,\pi)$，计算这个观测序列出现的概率，通过向前算法（forward algorithm）解决。下面通过一个实例介绍向前算法。

假设天气只有三个类别，分别是 Sunny（晴天）、Cloudy（阴天）和 Rainy（雨天）。海藻的湿度和天气有一定的关系。海藻湿度有四个类别，分别是 Dry（干燥的）、Dryish（稍干的）、Damp（潮湿的）、Soggy（湿透的）。

初始状态的概率为 Sunny(0.63)、Cloudy(0.17)、Rainy(0.20)。

状态转移矩阵为：

昨天	今天			
	Sunny	Cloudy	Rainy	
Sunny	0.50	0.375	0.125	1.0
Cloudy	0.25	0.125	0.625	1.0
Rainy	0.25	0.375	0.375	1.0

昨天为 Cloudy，今天为 Sunny 的概率为 0.25；昨天为 Sunny，今天为 Rainy 的概率为 0.125 等（行标识表示昨天天气状况，列标识表示今天天气状况）。

海藻湿度与天气的相关性为：

	Dry	Dryish	Damp	Soggy	
Sunny	0.60	0.20	0.15	0.05	1.0
Cloudy	0.25	0.25	0.25	0.25	1.0
Rainy	0.05	0.10	0.35	0.50	1.0

天气为 Sunny 时，海藻湿度为 Dry、Dryish、Damp、Soggy 的概率分别是 0.6、0.2、0.15、0.05。

现在有这样一个问题，连续观察 3 天的海藻湿度为 Dry、Damp、Soggy，要求出该观察序列的概率。根据隐马尔可夫模型的特点，我们知道第二天的天气状况只取决于第一天，第三天的天气状况与第一天的天气状况没有关系，而和第二天的天气状况有关。

可以先求 $P(\text{Day1-Sunny})$、$P(\text{Day1-Cloudy})$、$P(\text{Day1-Rainy})$，Day1 的海藻湿度是 Dry。

$$P(\text{Day1-Sunny})=P(\text{Sunny})\times P(\text{Dry}\mid\text{Sunny})=0.63\times0.6=0.378$$

$$P(\text{Day1-Cloudy})=P(\text{Cloudy})\times P(\text{Dry}\mid\text{Cloudy})=0.17\times0.25=0.042\,5$$

$$P(\text{Day1-Rainy})=P(\text{Rainy})\times P(\text{Dry}\mid\text{Rainy})=0.20\times0.05=0.01$$

继续求 $P(\text{Day2-Sunny})$、$P(\text{Day2-Cloudy})$、$P(\text{Day2-Rainy})$，Day2 的海藻湿度是 Damp。

$$\begin{aligned}P(\text{Day2-Sunny})&=(P(\text{Day1-Sunny})\times P(\text{Sunny}\mid\text{Sunny})+P(\text{Day1-Cloudy})\times P(\text{Sunny}\mid\\&\quad\text{Cloudy})+P(\text{Day1-Rainy})\times P(\text{Sunny}\mid\text{Rainy}))\times P(\text{Damp}\mid\text{Sunny})\\&=(0.378\times0.5+0.042\,5\times0.25+0.01\times0.25)\times0.15=0.030\,318\,8\end{aligned}$$

$$\begin{aligned}P(\text{Day2-Cloudy})&=(P(\text{Day1-Sunny})\times P(\text{Cloudy}\mid\text{Sunny})+P(\text{Day1-Cloudy})\\&\quad\times P(\text{Cloudy}\mid\text{Cloudy})+P(\text{Day1-Rainy})\times P(\text{Cloudy}\mid\text{Rainy}))\end{aligned}$$

$\times P(\text{Damp}|\text{Cloudy}) = (0.378\times0.375+0.0425\times0.125+0.01\times0.375)\times0.25 = 0.0377031$

$$P(\text{Day2-Rainy}) = (P(\text{Day1-Sunny})\times P(\text{Rainy}|\text{Sunny}) + P(\text{Day1-Cloudy})\times P(\text{Rainy}|\text{Cloudy}) + P(\text{Day1-Rainy})\times P(\text{Rainy}|\text{Rainy}))\times P(\text{Damp}|\text{Rainy})$$
$$= (0.378\times0.125+0.0425\times0.625+0.01\times0.375)\times0.35$$
$$= 0.0271469$$

同样道理,继续求第三天的天气概率,Day3 的海藻湿度是 Soggy。

$$P(\text{Day3-Suny}) = (P(\text{Day2-Sunny})\times P(\text{Sunny}|\text{Sunny}) + P(\text{Day2-Cloudy})\times P(\text{Sunny}|\text{Cloudy}) + P(\text{Day2-Rainy})\times P(\text{Sunny}|\text{Rainy}))\times P(\text{Soggy}|\text{Sunny})$$
$$= (0.0303188\times0.5+0.0377031\times0.25+0.0271469\times0.25)\times0.05$$
$$= 0.0015686$$

$$P(\text{Day3-Cloudy}) = (P(\text{Day2-Sunny})\times P(\text{Cloudy}|\text{Sunny}) + P(\text{Day2-Cloudy})\times P(\text{Cloudy}|\text{Cloudy}) + P(\text{Day2-Rainy})\times P(\text{Cloudy}|\text{Rainy}))\times P(\text{Soggy}|\text{Cloudy}) = (0.0303188\times0.375+0.0377031\times0.125+0.0271469\times0.375)\times0.25 = 0.0065656$$

$$P(\text{Day3-Rainy}) = (P(\text{Day2-Sunny})\times P(\text{Rainy}|\text{Sunny}) + P(\text{Day2-Cloudy})\times P(\text{Rainy}|\text{Cloudy}) + P(\text{Day2-Rainy})\times P(\text{Rainy}|\text{Rainy}))\times P(\text{Soggy}|\text{Rainy})$$
$$= (0.0303188\times0.125+0.0377031\times0.625+0.0271469\times0.375)\times0.50 = 0.0187672$$

最后推出:

$$P(\text{Observation List}) = P(\text{Day1-Sunny}) + P(\text{Day2-Cloudy}) + P(\text{Day3-Rainy})$$
$$= 0.378+0.0377031+0.0187672 = 0.4344703$$

(2) 解码问题(也称为预测问题)。给定观测序列 $O=O_1, O_2, O_3, \cdots, O_t$ 和模型参数 $\lambda=(A,B,\pi)$,寻找满足这种观察序列意义上最优的隐含状态序列 S。一般通过维特比算法(Viterbi algorithm)求解。月儿大夫看病的实例已经展示了维特比算法的流程。

(3) 学习问题。HMM 的模型参数 $\lambda=(A,B,\pi)$ 未知,如何求出这 3 个参数,以使得观测序列 $O=O_1, O_2, O_3, \cdots, O_t$ 的概率尽可能大,这本质上是一个参数估计问题。一般通过鲍姆-韦尔奇算法(Baum-Welch algorithm)求解,也称为向前-向后算法(forward-backward algorithm),它是期望最大化算法(expectation-maximization (EM) algorithm)的一种特殊情形。

在该算法的 E 步骤,给定模型参数和一系列观察值,找到产生这些观察值的一系列状态的概率;在 M 步骤,给定 E 步骤的输出结果,更新模型参数,以便更好地适配到观察值。关于鲍姆-韦尔奇算法的详细信息,请参考相关资料。

7.2.5　隐马尔可夫模型的应用

HMM 有很多经典的应用。我们可以根据具体的应用需求对问题进行建模。使用 HMM 对问题进行建模,必须满足一些约束条件,包括:(1) 隐性状态的转移必须满足马尔可夫性,即一个状态只与前一个状态有关。(2) 隐性状态必须能够被估计。在满足这些条件的情况下,我们需要确定问题中的隐性状态有哪些,隐性状态的表现有哪些等。

具体的应用包括:(1) 语音识别。语音识别是将一段语音信号转换为文字序列。在这个过程中,隐性状态就是一系列音素(phoneme),显性状态则是语音信号。(2) 手写体识别。这和语音识别类似,需要把文字的图像当成显性序列,把文字作为隐性状态。(3) 词性标注和中文分词。

一般来讲,只要是与线性序列相关的现象,HMM 都可以一展拳脚,对其进行建模和问题求解。

7.3 HMM 用于时间序列预测的 Python 实例

下面给出一个利用 HMM 进行股票价格预测的实例。

1. 导入必要的 Python 库

```
import datetime
import numpy as np
import pandas as pd

from hmmlearn.hmm import GaussianHMM

import matplotlib.pyplot as plt
import matplotlib.cm as cm
from matplotlib.dates import YearLocator, MonthLocator
#% matplotlib tk

import warnings
warnings.filterwarnings('ignore')
```

hmmlearn. hmm 模块提供了 GaussianHMM 类,用于构造 HMM 模型。

2. 读取 CSV 文件里的价格数据

```
ticker = "TSLA"
start_date = datetime.date(2010, 6, 29)
end_date = datetime.date(2018, 9, 28)
Stocks = pd.read_csv('data/TSLA_data.csv')#, index_col = 0, parse_dates = True)

print( Stocks.head())
Stocks = Stocks.iloc[-600:,:]
```

读取 data 目录下的"TSLA_data. csv"文件,赋给 Stocks(为一个 DataFrame 二维表)。由于价格数据点太多,我们截下后 600 行([-600:,:])价格数据(每行数据包括 Date、High、Low、Open、Close、Volume、Adj Close 等字段)做实验。图 7-2 显示了前 5 行数据。

	Date	High	Low	Open	Close	Volume	Adj Close
0	2010-06-29	25.00	17.540001	19.000000	23.889999	18766300	23.889999
1	2010-06-30	30.42	23.299999	25.790001	23.830000	17187100	23.830000
2	2010-07-01	25.92	20.270000	25.000000	21.959999	8218800	21.959999
3	2010-07-02	23.10	18.709999	23.000000	19.200001	5139800	19.200001
4	2010-07-06	20.00	15.830000	20.000000	16.110001	6866900	16.110001

图 7-2　前 5 行数据

3. 显示数据表格的一些信息

```
print( Stocks.shape)
print(Stocks.info())
print(Stocks.describe())
```

Stocks DataFrame 的 describe 方法显示了每个字段的计数、最大值、最小值、均值、标准差以及 25%、50%、75%等百分位点。

4. 对数据集进行一系列处理

```
def str_2_date( strdate):
    retdt=datetime.datetime.strptime(strdate,'% Y-% m-% d')
    return retdt

OldDate=Stocks['Date']
print(OldDate)

Stocks.reset_index(inplace=True,drop=False)
Stocks.drop(['Open','High','Low','Adj Close'],axis=1,inplace=True)
Stocks['Date']=Stocks['Date'].apply(str_2_date)
print(Stocks)

Stocks['Date']=Stocks['Date'].apply(datetime.datetime.toordinal)
Stocks=list(Stocks.itertuples(index=False, name=None))
print(Stocks)
```

str_2_date 函数的功能是把字符串类型的日期时间参数转换成 Python 的 datetime 类型。

把数据集的"Open""High""Low""Adj Close"等字段删除，留下"Date""Close""Volume"等字段。对"Date"字段的每一个值，进行从字符串到 datetime 类型，然后又从 datetime 类型到长整型的转换。这个长整型是 matplotlib 在绘图时要用到的，所以才需要这么费劲地进行转换。

注意，我们把"Date"字段所对应的数据列切割下来，保留在 OldDate 变量里，它是 pandas 的 Series 类型的对象。

5. 对数据进行处理和观察

```
date_list=np.array([q[1] for q in Stocks], dtype=int)
price_list=np.array([q[2] for q in Stocks])
volume_list=np.array([q[3] for q in Stocks])

print("len date_list", len(date_list))
print("date_list", date_list)
print("")
print("len price_list", len(price_list))
print("price_list", price_list)
print("")
```

```
print("len volume_list", len(volume_list))
print("volume_list", volume_list)
```

提取 Stocks 数组(每个元素为一个 tuple)的 3 个列,即日期长整型、收盘价以及交易量,分别赋给 date_list、price_list 和 volume_list。把它们打印出来看一看。

6. 构造价格差分、交易量差分列表

```
def my_change_ratio( price_list):
    ratio_list=[]
    idx=1
    while(idx <=len(price_list)-1):
        ratio=(price_list[idx]-price_list[idx-1])/price_list[idx-1]
        ratio_list.append(ratio)
        idx=idx+1
    return ratio_list

date_list=date_list[1:]
print("len date_list", len(date_list))
print("date_list", date_list)
print("")

price_diff_list=my_change_ratio(price_list)# np.diff(price_list)
price_list=price_list[1:]
print("len price_list", len(price_list))
print("price_list", price_list)
print("")
print("len price_diff_list", len(price_diff_list))
print("price_diff_list", price_diff_list)
print("")

volume_diff_list=my_change_ratio(volume_list)# np.diff(volume_list)
volume_list=volume_list[1:]
print("len volume_list", len(volume_list))
print("volume_list", volume_list)
print("")
print("len volume_diff_list", len(volume_diff_list))
print("volume_diff_list", volume_diff_list)
```

首先定义一个函数 my_change_ratio,根据输入的列表构造一个差分列表返回。所谓差分,是指在数组或者列表里,把当前元素减去前面的元素得到的值。有 11 个元素的列表,可以生成 10 个元素的差分列表,因为要两两求差值。

接着计算价格差分、交易量差分列表。

date_list=date_list[1:]表示从 date_list 截下从下标为 1 开始的元素列表,赋给 date_list,也就是刨掉第一个日期,因为第一天没有差分。

price_list 和 volume_list 也做了类似的截取操作。

7. 显示价格序列

```
plt.figure(figsize=(15, 5), dpi=100)
plt.title(ticker+"-"+end_date.strftime("%Y-%m-%d"), fontsize=14)
plt.gca().xaxis.set_major_locator(YearLocator())
plt.plot_date(date_list,price_list,"-")
plt.show()
```

利用 matplotlib 显示价格列表,感受价格变化。

8. 构造训练数据 *X*

```
X=np.column_stack([price_diff_list, volume_diff_list])
print(X)
print(X.shape)
```

把价格差分列表、交易量差分列表各作为 1 列,构造一个多行 2 列的数组,准备训练 HMM 模型。*X* 的行数是 599(600 个数值,可以构造 599 个差分),列数是 2。如图 7-3 所示。

```
[[ 0.00327534  0.04484909]
 [-0.01742758 -0.0358717 ]
 [ 0.03180883  0.97548882]
 ...
 [ 0.02853914  0.7500502 ]
 [-0.00665417  0.08490157]
 [-0.13901535  2.95042954]]
```

图 7-3 *X* 数组

9. 训练 HMM 模型

```
model=GaussianHMM(n_components=5, covariance_type="diag", n_iter=1000)
model.fit(X)

hidden_states=model.predict(X)
print("len hidden_states", len(hidden_states))
print(hidden_states)
```

构造 GaussianHMM 模型,隐藏状态的个数设定为 5 个。用 *X* 训练该模型,然后利用模型的 predict 方法,寻找每个[价格差分, 交易量差分]值对应的隐藏状态。

10. 以不同颜色显示各个隐藏状态对应的价格

```
fig, axs=plt.subplots(model.n_components, sharex=True, sharey=True, figsize=
(15,15))
colours=cm.rainbow(np.linspace(0, 1, model.n_components))

for i, (ax, colour) in enumerate(zip(axs, colours)):
    # Use fancy indexing to plot data in each state
    mask=(hidden_states==i)
    ax.plot_date(date_list[mask], price_list [mask], ".", c=colour)
```

```
    ax.set_title("{0}th hidden state".format(i))

    # Format the ticks
    ax.xaxis.set_major_locator(YearLocator())
    ax.xaxis.set_minor_locator(MonthLocator())

    ax.grid(True)
plt.show()
```

这段代码以不同颜色显示 5 个隐藏状态对应的价格(图 7-4 只显示了 0 号隐藏状态对应的价格)。似乎显示不同的价格差比较好。

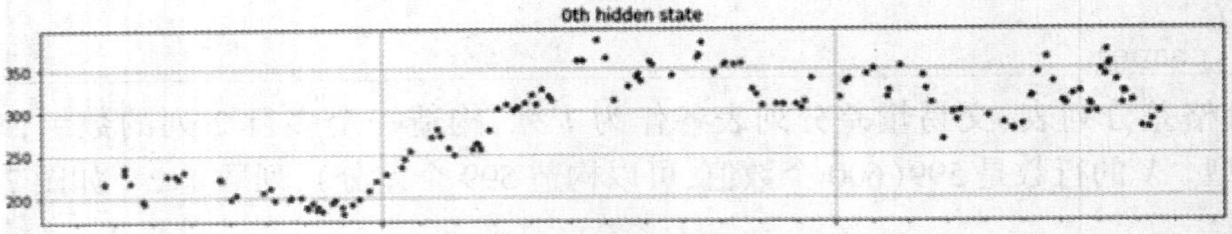

图 7-4　0 号隐藏态对应的价格

11. 显示模型信息

```
print( model.transmat_)
print( model.means_)

print(model.means_[:,0])
print(model.means_[:,1])
expected_returns=model.means_[:,0]
expected_volume_diffs=model.means_[:,1]
```

打印模型的转移矩阵以及各个状态的均值。

各个状态的均值有两列,第一列对应各个隐藏态的价格差分,第二列对应各个隐藏态的交易量差分。切下来,赋给 expected_returns 为[0.00056708　0.00198478　0.00017224　-0.01380792　0.00512386],赋给 expected_volume_diffs 为[-0.30109859　0.40889788　-0.04261102　2.80472299　1.3863475]。

12. 打造一个 DataFrame

```
'''
expected_returns_and_volume_diffs=np.dot(model.transmat_, model.means_)
expected_returns_and_volume_diffs_columnwise=list(zip( *expected_returns_and_volume_diffs))

expected_returns=expected_returns_and_volume_diffs_columnwise[0]
expected_volume_diffs=expected_returns_and_volume_diffs_columnwise[1]
'''
```

```
params = pd.concat ([pd.Series (expected_returns), pd.Series (expected_volume_
diffs)], axis=1)
params.columns=['Returns', 'Volume Diffs']
print (params)
```

构造一个 DataFrame,包含的两列分别是“Returns”和“Volume Diffs”,表示价格差(即隔天收益)以及隔天交易量差。每行索引就是各个隐藏态的标识。上述代码的运行结果如图 7-5 所示。

	Returns	Volume Diffs
0	0.000567	-0.301099
1	0.001985	0.408898
2	0.000172	-0.042611
3	-0.013808	2.804723
4	0.005124	1.386348

图 7-5 [0,1,2,3,4]等隐藏态对应的收益和交易量差分

13. 对最后 42 天作预测

```
lastN=42

print(OldDate[-lastN:])
print("")
real_date_list=date_list[-lastN:]
print(real_date_list)
print("")
real_price_list=price_list [-lastN:]
print(real_price_list)
print("")
real_volume_list=volume_list[-lastN:]
print(real_volume_list)
```

用最后 42 天实际价格测试模型预测能力。

OldDate[-lastN:]表示最后 42 天的日期列表;real_date_list 表示最后 42 天的长整型日期列表;real_price_list 表示最后 42 天的实际价格;real_volume_list 表示最后 42 天的实际交易量。

14. 进行预测

```
def find_max_index(to_state_list ):
    to_state=to_state_list[0]
    to_index=0
    for idx in range(len(to_state_list)):
        if (to_state < to_state_list[idx]):
            to_index=idx
            to_state=to_state_list[idx]
    return to_state, to_index
```

```
def get_avg_return(to_state_pro_list, expected_returns):
    expected_return_sum=0.0
    for idx in range(len(to_state_pro_list)):
        pro=to_state_pro_list[idx]
        expected_return_this=expected_returns[idx]
        expected_return_sum=expected_return_sum+pro*expected_return_this
    return expected_return_sum

predicted_prices=[]
predicted_volumes=[]
for idx in range(lastN): #[0,1,2,3,4,5,6],比如 lastN 为 7,即预测最后 7 天
    #那么应该用下标为-8,-7,-6,-5,-4,-3,-2 的隐藏态进行下一天的预测
    index_last=-lastN-1+idx #-7-1+[0,1,2,3,4,5,6]
    state=hidden_states[index_last]
    last_price=Stocks[index_last][2]
    last_volume=Stocks[index_last][3]
    #print("last_price",last_price)

    to_state_pro_list=model.transmat_[state]
    #print("to_state_pro_list",to_state_pro_list)
    to_state_pro,to_state_index=find_max_index(to_state_pro_list)
    #print("to_state_pro",to_state_pro)
    #print("to_state_index",to_state_index)
    expected_return=expected_returns[to_state_index]
#print("expected_return",expected_return)

    #avg_return=get_avg_return(to_state_pro_list, expected_returns)
#print("avg_return",avg_return)

    now_price=last_price *(1+expected_return)#ratio
    predicted_prices.append(now_price)

    epected_volume_diff=expected_volume_diffs[to_state_index]
    now_volume=last_volume *(1+epected_volume_diff)
    predicted_volumes.append( now_volume)

print("predicted_prices",predicted_prices)
print("len",len(predicted_prices))
print("")
print("real_price_list",real_price_list)
print("len",len(real_price_list))
print("")
```

```
print("predicted_volumes",predicted_volumes)
print("len",len(predicted_volumes))
print("")
print("real_volume_list",real_volume_list)
print("len",len(real_volume_list))
print("")
```

find_max_index 函数的功能是针对某个状态,找到它可以达到的最大概率的目标状态及其下标。比如状态 0,对应转移到其他的状态 0、1、2、3、4 的概率为 0.1、0.6、0.1、0.1、0.1,那么该函数的返回值为 0.6 和 1。

get_avg_return 函数的功能是按照加权计算隔天收益,利用今天的价格及预期收益就可以预测明天的价格。比如,today price = 100,今天处于状态 0,状态转移的概率如下:0-> 0,1,2,3(这里只用 4 个状态说明)的概率为 0.7、0.1、0.1、0.1,对应状态 0、1、2、3 的收益(return, 也就是 hidden state 的 mean value)分别为 30、10、10、10,那么 $0.7\times30+0.1\times10+0.1\times10+0.1\times10=21+1+1+1=24$,预测明天的价格为 100+24=124。

接下来的代码用于价格预测,它的核心逻辑具体描述如下:

(1) 在明天之前的若干天的价格上,利用 HMM 模型评估它的隐藏态。

(2) 提取最后一天(今天)的隐藏态,比如今天的 hidden state 为 0,根据 transition matrix,达到 0、1、2、3 的概率是多少。比如,0-> 0,1,2,3 的概分别是 0.7、0.1、0.1、0.1,并且对应状态 0、1、2、3 的收益分别为 30、10、10、10。最大的概率为 0.7,对应目标状态为 0,收益为 30。加入今天的价格 100,预期收益为 30,那么明天的价格为 130。

注意:

a. 在前面代码中,我们并没有计算绝对值的差分,而是计算相对的 change ratio。比如从 30 到 40,差分是 10,change ratio 是 33%。

b. 在确定今日 hidden state 时,直接使用了前述代码对整个数据集的 hidden state 的估算。制定交易策略时,可以维持一个大小为 500 的 diff 列表(或者 change ratio),利用它训练模型,并且确定最后一天(今天)的 hidden state,进行明天价格的预测。这个大小为 500 的 list 中,随着交易策略接收到新价格数据,早先的 diff 不断被剔除,新的 diff 添加进来。

c. 也可以用所有的 change ratio(return)训练 hmm,得到 change ratio 的 hidden states,然后用最近 7 天的 change ratio 确定最近 7 天的 hidden states。交易量也同样处理。

15. 显示预测价格和实际价格

```
#price list
fig, ax=plt.subplots(facecolor=(0.85, 0.85, 0.85),figsize=(12,8))
ax.xaxis_date()
#ax.xaxis.set_major_locator(YearLocator())
#ax.xaxis.set_minor_locator(MonthLocator())
plt.xticks(rotation=45) #45 度
plt.title(ticker, fontsize=14)
plt.plot(real_date_list,real_price_list)
plt.plot(real_date_list,predicted_prices )
plt.xlabel('Time')
```

```
plt.ylabel('Price')
plt.legend(['Actual','Predicted'])
plt.show()
```

运行结果如图 7-6 所示,预测价格和实际价格的差别较小。

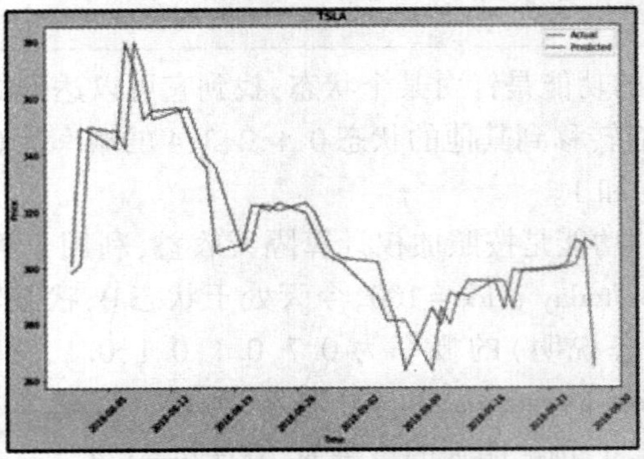

图 7-6　预测价格和实际价格

16. 显示预测交易量和实际交易量

```
#volume list
fig, ax=plt.subplots(facecolor=(0.85, 0.85, 0.85),figsize=(12,8))
ax.xaxis_date()
#ax.xaxis.set_major_locator(YearLocator())
#ax.xaxis.set_minor_locator(MonthLocator())
plt.xticks(rotation=45) #45 度
plt.title(ticker, fontsize=14)
plt.plot(real_date_list,real_volume_list)
plt.plot(real_date_list,predicted_volumes )
plt.xlabel('Time')
plt.ylabel('Volume')
plt.legend(['Actual','Predicted'])
plt.show()
```

运行结果如图 7-7 所示,预测交易量和实际交易量差别较大。

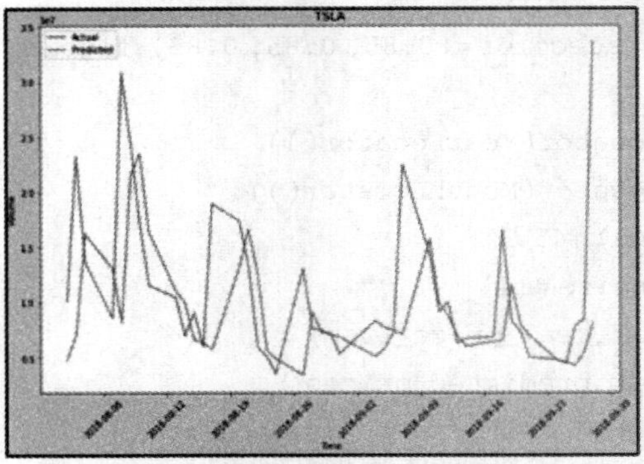

图 7-7　预测交易量和实际交易量

7.4　ARIMA 模型

7.4.1　时间序列及其实例

人们观察自然和社会现象,依照一定的时间间隔记录下来的一系列有序观察值,称为时间序列。

自然界和人类社会活动的很多指标都可以看作随着时间推移而产生的时间序列。比如每个年度的国民生产总值、每个月份的居民消费价格指数(consumer price index, CPI)、产品的销售量、大气中的二氧化碳排放量、太阳黑子数量等。

7 000 年前,古埃及人把尼罗河的涨落情况(水位)逐天记录下来,构成了时间序列数据。通过对这个时间序列数据的长期观察,他们总结出了尼罗河涨落的规律性,用于指导农业生产。由此可见,人们记录和研究时间序列数据的历史是很悠久的。

7.4.2　时间序列分析及其应用

时间序列分析是探索包含在时间序列数据中的各种模式。

人们使用统计分析、机器学习/数据挖掘的方法,对时间序列数据所表现出来的某种现象的长期变化过程的规律性进行研究,对来自各个领域的时间序列数据进行分析,从而获得对时间序列数据的理解,利用建立的模型进行预测,指导未来的行动。人们已经把时间序列分析技术应用到经济、社会、自然现象等众多领域,比如对气候变化的研究、对股票价格变化的研究等。

和其他数据分析一样,时间序列分析有两个目的,一个是描述过去,帮助我们对过去有深入的了解;一个是预测未来,帮助我们预报和控制将来的事件,在经济活动和社会治理中提高决策水平。在描述过去方面,我们通过分析,把时间序列分解成各个成分,进而给出时间序列的一个简洁的表示模型(compact model),并且给出一个合理的解释(interpretation)。我们通过分析,了解到时间序列中表现出的某种季节性的变化规律(seasonal adjustment),这使得我们对时间序列的内在规律有一个深刻的认识。

一旦建立了时间序列模型,就可以利用该模型对未来一定时间内的变化进行预测,比如对失业率进行预测。一旦预测到某些事情将要发生,在可能的情况下,就可以提前采取行动,而不是被动地等待,特别是当这些事情对我们不利时。比如,如果政府能够对失业率进行预测,就可以未雨绸缪,提前发布就业激励措施,创造岗位,推动就业。在失业率预测应用中,可以做出政策调整,主动控制失业率。此外,可以通过修改模型的初始条件进行模拟(simulation),了解发生灾难的概率。比如,对全球变暖的假设进行检验,了解货币政策将如何影响就业情况等。

7.4.3　平稳的时间序列

在时间序列分析中,我们关注平稳的时间序列(stationary time series)。平稳的时间序列有几个关键的特点:

(1) 时间序列的均值是一个常数,而不是随时间变化的一个值(即时间的一个函数)。

图 7-8 中,左侧的时间序列是满足这个条件的,右侧的时间序列不满足这个条件,因为它的均值随时间而变化。

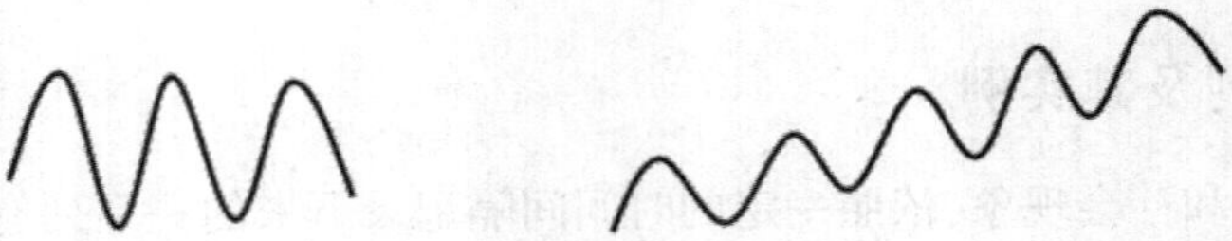

图 7-8　时间序列的均值

(2) 时间序列的方差不能是时间的一个函数。这个性质称为方差齐性(homoscedasticity)。图 7-9 中,左侧的时间序列符合这个特点,右侧的时间序列则不符合这个特点。

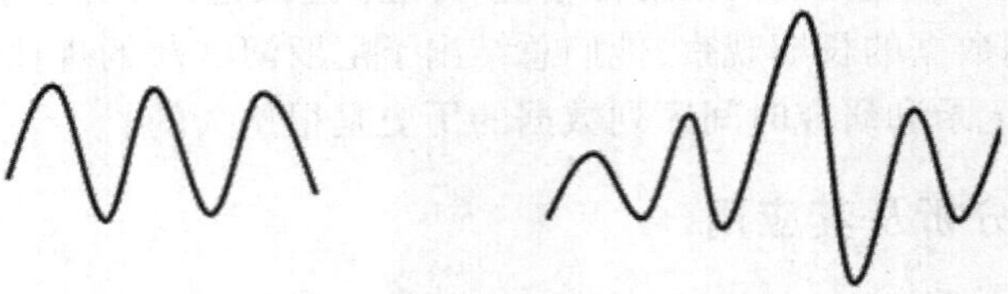

图 7-9　时间序列是否存在方差齐性

(3) 第 i 数据点和第 $i+m$ 数据点之间的协方差不能是时间的一个函数。图 7-10 中,左侧的时间序列符合这个特点,但是右侧的时间序列随着时间的推移,频率不断变化,意味着第 i 和第 $i+m$ 数据点的协方差发生了变化,也就是说它的协方差不是一个常数。

图 7-10　时间序列中第 i 数据点和第 $i+m$ 数据点之间的协方差

本章的时间序列模型都是在平稳的时间序列上建立的。如果时间序列是非平稳的,则需要先把它平稳化(stationarize)。把时间序列平稳化的方法很多。一种方法为分解法(decomposition),包括提取与剔除趋势成分(detrending)、提取与剔除季节性成分(de-seasonality)等。在平稳时间序列上建立模型后,计算预测值,然后把趋势成分、季节性成分重新应用,就可以获得原有时间序列的一个预测值。

另一种方法为差分。差分就是把时间序列的相邻数据点进行减法操作,构造新的时间序列,转变为平稳随机过程。对原始时间序列应用一次差分称为一阶差分,在一阶差分的时间序列上再进行差分,得到二阶差分,等等。一般来讲,非平稳的随机过程经过 1~2 次差分操作以后,即可平稳化。

下面介绍几个重要的针对平稳随机过程的模型,这些模型可以用于预测。

7.4.4　自相关

自相关(autocorrelation)也称为序列相关。它表达的是一个信号和自身的一个延迟的拷贝之间的相关性。延迟作为变量,自相关作为因变量,便是自相关函数(auto correlation function, ACF)。

换句话来讲,它表达了观测值序列与其自身经过某些阶数滞后形成的序列之间存在某种程度的相似性,该相似性是观察值的一定时间间隔的函数。

把一个时间序列…, x_{t-5}, …, x_t,按照滞后数,比如滞后 2 个周期,生成一个新的时间序列,即…, x_{t-5}, …, x_{t-2}。对这两个时间序列求一个相关系数。由于两个序列的大小不一,在对齐以后,长的时间序列减去两个数据点,再求相关系数,如表 7-1 里灰色的单元格所对应的两个序列的数据点。

表 7-1 自相关系数的计算

时间间隔	观察值					
原来的时间序列	x_{t-5}	x_{t-4}	x_{t-3}	x_{t-2}	x_{t-1}	x_t
0	x_{t-5}	x_{t-4}	x_{t-3}	x_{t-2}	x_{t-1}	x_t
1	⋮	x_{t-5}	x_{t-4}	x_{t-3}	x_{t-2}	x_{t-1}
2		⋮	x_{t-5}	x_{t-4}	x_{t-3}	x_{t-2}
⋮						

传统的相关系数公式为:

$$\text{correl}(x,y)=\frac{\sum_{i=1}^{n}(x_i-\bar{\mu}_1)(y_i-\bar{\mu}_2)}{\sqrt{\sum_{i=1}^{n}(x_i-\bar{\mu}_1)^2}\sqrt{\sum_{i=1}^{n}(y_i-\bar{\mu}_2)^2}}$$

自相关系数的计算公式为:

$$\text{auto}_{\text{correl}(x,y)}=\frac{\sum_{i=1}^{n-h}(x_i-\bar{\mu})(x_{i+h}-\bar{\mu})}{\sqrt{\sum_{i=1}^{n}(x_i-\bar{\mu})^2}\sqrt{\sum_{i=1}^{n}(x_i-\bar{\mu})^2}}=\frac{\sum_{i=1}^{n-h}(x_i-\bar{\mu})(x_{i+h}-\bar{\mu})}{\sum_{i=1}^{n}(x_i-\bar{\mu})^2}$$

我们可以看到自相关系数和相关系数公式的相似性。它们的区别在于,在计算自相关系数时用的是总体的均值。对于自相关系数,可以这么理解,它是用来表达一组数据的前后数据之间(自己和自己的以前)的相关性的,表达了现在和历史的相关性。

自相关是一个有力的数学工具,它能够帮助我们寻找信号里重复的一些模式。比如在信号中是否存在周期性的信号成分(periodic signal),它被噪声掩盖了,不太好观察,可以通过自相关分析找出来。自相关分析也可以寻找信号中缺失的基本频率(missing fundamental frequency),可以通过其谐振频率(harmonic frequencies)来猜测。

除了自相关函数(ACF),还有偏自相关函数(PACF),其含义请读者参考相关资料。

图 7-11 展示了一个时域信号(左边)的自相关分析结果(右边)。左边子图显示了 100 个随机数的线图,这些随机数掩盖了一个 sin 信号成分。右边子图展示的是自相关分析得到的自相关图(correlogram),这个自相关图解释了该 sin 信号成分。

自相关的概念和分析方法一般用于时域信号的分析。自回归过程(autoregressive

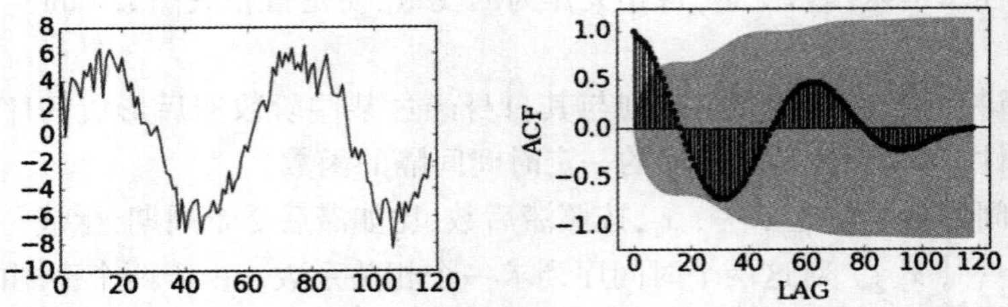

图 7-11 利用自相关分析解释信号里隐藏的周期信号

process)、自回归移动平均过程(autoregressive moving average process),都是具有自相关特点的随机过程。

7.4.5 自回归模型

自回归(auto regression, AR)模型是利用若干前期时刻的随机变量的线性组合,来描述当前时刻随机变量的线性回归模型。描述时间序列$\{x_t\}$某一个时刻 t 和前 p 个时刻序列的数据点的值之间关系的公式为:

$$x_t = ?_1 x_{t-1} + ?_2 x_{t-2} + \cdots + ?_p x_{t-p} + \varepsilon_t$$

其中,随机序列$\{\varepsilon_t\}$是白噪声,和以前时刻的 $x_k(k<t)$ 不相关,该模型称为 p 阶自回归模型,记为 AR(p)。

AR 模型的特点为:(1) 如果 AR 模型满足平稳性条件,则它的均值为 0。(2) AR 模型的自相关系数呈复指数衰减,具有拖尾性。(3) AR 模型的偏自相关系数有截尾性。第二和第三个特点可以帮助我们识别模型。

给定一个时间序列,当我们已经确定该时间序列符合 AR 模型时,就可以通过建立 Yule-Walker 方程,对上述模型的系数进行求解。① 假设现有一阶 AR 模型为$y_t = 2 + (0.9\ y_{t-1} + \varepsilon_t)$。它的时间序列、ACF 函数、PACF 函数如图 7-12 所示。

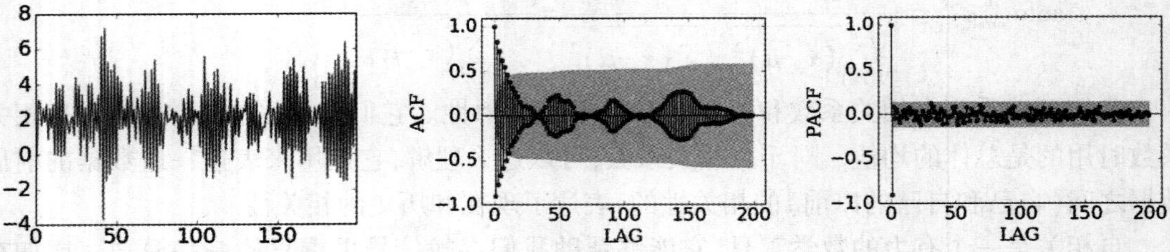

(a) Time Series (b) ACF (c) PACF

图 7-12 一个一阶 AR 模型

AR 模型具有现实的背景。以一个国家的 GDP 为例,今年的 GDP 一般和上一年的 GDP 有关,因为今年能够生产多少产品和服务,依赖于上一年这个国家已经拥有的工厂和服务提供商以及新建的工厂和新成立的服务提供商,但主要的成分仍然是前者。

---

① 具体求解过程,请参考相关资料。

7.4.6　移动平均模型

在序列$\{x_t\}$中，x_t表示为若干白噪声的加权和：

$$x_t=\varepsilon_t+\theta_1\varepsilon_{t-1}+\theta_2\varepsilon_{t-2}+\cdots+\theta_q\varepsilon_{t-q}$$

其中，$\{\varepsilon_t\}$是白噪声随机序列，这样的模型称为q阶移动平均模型，记为MA(q)。

移动平均(moving average, MA)模型的特点为：(1) 自相关系数q阶截尾；(2) 偏自相关系数拖尾。这两个特点可用于对模型的识别。

假设现有一阶MA模型为$y_t=2+(\varepsilon_t+0.8\,\varepsilon_{t-1})$。它的时间序列、ACF函数、PACF函数如图7-13所示。

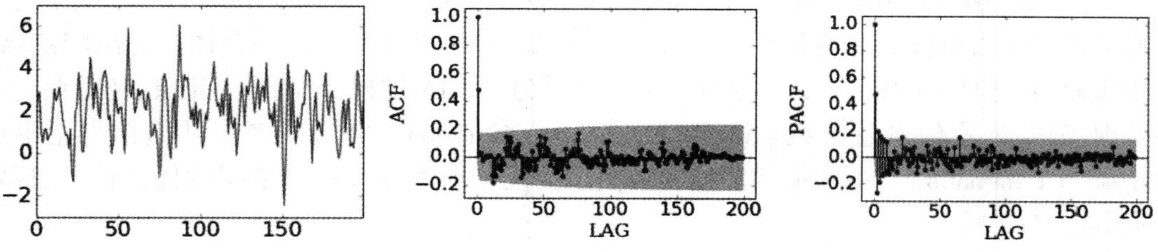

(a) Time Series　(b) ACF　(c) PACF

图7-13　一个一阶MA模型

MA模型同样具有现实的背景。比如有一个制造商生产某种袋子，市场上也有类似的产品。市场竞争很激烈，这种袋子的销量很多天都是0。有一天，这个制造商新研发的袋子终于上市了，很受消费者欢迎，市面上根本没有竞争者。于是它的库存销售一空，总共销售了1 000个袋子，即$x(t)$。由于需求太旺盛，库存告急。100个客户没有买到这种袋子，我们可以将之称为误差error(t)。

随着时间的推移，这个袋子逐渐失去吸引力。但是仍然有一些客户前天没有买到该袋子，只不过这种情况越来越少。描述这种情况的公式为$x(t)=\text{beta}\times\text{error}(t-1)+\text{error}(t)$，这就是移动平均模型的一个特例。

7.4.7　自回归移动平均模型

自回归移动平均(ARMA)模型是AR模型和MA模型的综合，它的形式为：

$$x_t=?_1x_{t-1}+?_2x_{t-2}+\cdots+?_px_{t-p}+\varepsilon_t+\theta_1\varepsilon_{t-1}+\theta_2\varepsilon_{t-2}+\cdots+\theta_q\varepsilon_{t-q}$$

记为ARMA(p,q)。AR成分试图捕捉(解释)股票市场表现出来的动量和均值回归的效果。MA成分则试图捕捉(解释)市场的冲击效果，可以把这些冲击效果看作影响我们观察的随机过程的一些未曾遇见的事件，包括恐怖袭击、公司收入意外的好等。

我们可以看到，AR模型和MA模型实际上是ARMA模型的特殊形式，即AR(p)=ARMA(p,0)，而MA(q)=ARMA(0,q)。

ARMA模型兼具AR模型和MA模型的特点，它的自相关系数和偏自相关系数都具有拖尾性，这个特点也可以用于对模型进行识别。

假设现有ARMA(1,1)模型为$y_t=0.5\,y_{t-1}+\varepsilon_t-0.8\,\varepsilon_{t-1}$。它的时间序列、ACF函数、PACF函数如图7-14所示。

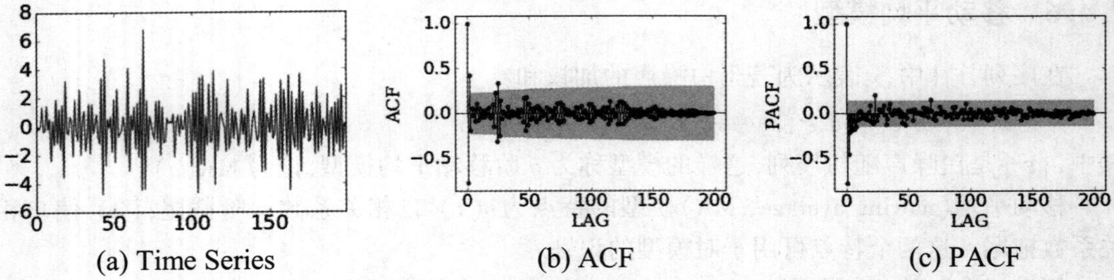

图 7-14 一个 ARMA 模型

根据 AR、MA、ARMA 等模型的特点，我们可以通过 ACF 和 PACF 分析，来判断某个时间序列是纯自回归类型的或纯移动平均类型的，抑或是这两者的一种混合体。对纯粹的 AR 模型或者 MA 模型可以定阶。如果判别某个过程为 ARMA 过程，不能马上定阶，还需要进一步处理，需要赤池信息量准则（Akaike Information Criterion，AIC）或者贝叶斯信息量准则（Bayesian Information Criterion，BIC），权衡模型的复杂度和模型拟合数据的优良性，实现定阶①，如表 7-2 所示。

表 7-2 AR、MA、ARMA 模型的定阶

自相关函数	偏自相关函数	模型定阶
拖尾	p 阶截尾	AR(p)模型
q 阶截尾	拖尾	MA(q)模型
拖尾	拖尾	ARMA(p,q)模型

7.4.8 ARIMA 模型

ARIMA 的全称为 autoregressive integrated moving average model，翻译为差分自回归移动平均模型或者单整自回归移动平均模型。该模型是博克思（Box）和詹金斯（Jenkins）于 20 世纪 70 年代初提出的一种时间序列预测方法，又称为 Box-Jenkins 模型。对于 ARIMA(p, d,q)，AR 是自回归成分，p 为自回归阶数；MA 为移动平均成分，q 为移动平均阶数；d 为把时间序列转换为平稳序列所做的差分次数。

ARIMA 模型将非平稳时间序列转化为平稳时间序列，然后按照 ARMA 模型的建模方法进行建模。简而言之，ARMA 直接针对平稳数据建模，无须进行差分变换；ARIMA 则首先需要对数据进行差分，使得不平稳序列变为平稳序列后再建模。

为了简洁地表示 ARIMA 模型，我们使用一个滞后操作符 L，$Ly_t=y_{t-1}$，$L^2y_t=y_{t-2}$。利用这个滞后操作符，各个模型表达如下：

AR(p)：$\varepsilon_t=\varphi(L)y_t$

MA(q)：$y_t=\theta(L)\varepsilon_t$

① 对 ARMA 进行定阶的具体方法，请参考相关资料。

$$ARMA(p,\ q):\varphi(L)y_t=\theta(L)\varepsilon_t$$

其中

$$\varphi(L)=1-\sum_{i=1}^{p}\varphi_i L^i,\theta(L)=1+\sum_{j=1}^{q}\theta_j L^j$$

ARIMA 的表达式如下：

$$\varphi(L)(1-L)^d y_t=\theta(L)\varepsilon_t$$

即

$$(1-\sum_{i=1}^{p}\varphi_i L^i)(1-L)^d y_t=(1+\sum_{j=1}^{q}\theta_j L^j)\varepsilon_t$$

式中，p、q、d 分别是自回归阶数、移动平均阶数和差分阶数。一般来讲，在大多数情况下，$d=1$ 就足够。当 $d=0$ 时，模型退化为 ARMA(p,q)。ARIMA$(p,0,0)$ 模型即 AR(p) 模型，ARIMA$(0,0,q)$ 模型即 MA(q) 模型。

ARIMA(0,1,0) 是 $y_t=y_{t-1}=\varepsilon_t$ 时的一个特殊模型，称为随机游走模型（random walk）。随机游走模型广泛应用于计量经济学领域，在经济活动（包括股票价格研究）中广泛采用，对非平稳过程进行建模。

经过调整的 ARIMA 模型可以对具有季节效应的时间序列建模，称为 Seasonal ARIMA 模型，可以分为简单季节模型与乘积季节模型。为了对此类时间序列进行建模，需要以一定阶数进行季节差分，把时间序列转换成平稳序列，然后按照 ARIMA 模型进行建模。

7.5 ARIMA 用于时间序列预测的 Python 实例

如下实例使用 ARIMA 模型进行时间序列预测。

1. 导入必要的 Python 库

```
import pandas as pd
import numpy as np
import matplotlib.pyplot as plt
import statsmodels.api as sm
from matplotlib import pyplot
```

其中 statsmodels 库提供了 ARIMA 模型的实现。

2. 读取 CSV 文件

```
df=pd.read_csv('./AAPLnew.csv', header=0, index_col=0, parse_dates=True, sep=',')
y=df['Close']
print(y)

y.plot()
pyplot.show()
```

从“AAPLnew.csv”文件读取价格数据，提取其中的 Close 列，赋给 y，并且绘制价格图（线图）。运行结果如图 7-15 所示。

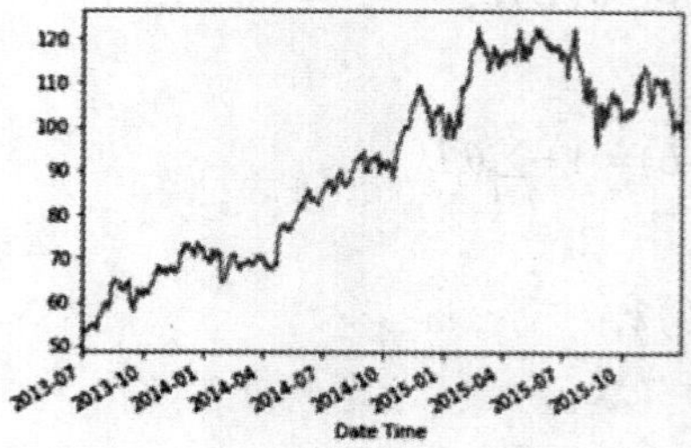

图 7-15　价格走势图(Close 价格)

3. 绘制自相关函数图

```
from pandas import read_csv
from pandas import datetime
from matplotlib import pyplot
from pandas.plotting import autocorrelation_plot

df=pd.read_csv('./AAPLnew.csv', header=0, index_col=0, parse_dates=True, sep=',')
y=df['Close']
print(y)

autocorrelation_plot(y)
pyplot.show()
```

pandas.plotting 模块提供了 autocorrelation_plot 函数,用于显示自相关函数图,横坐标是延迟周期数(天数),纵坐标显示自相关系数。上述代码的运行结果如图 7-16 所示。

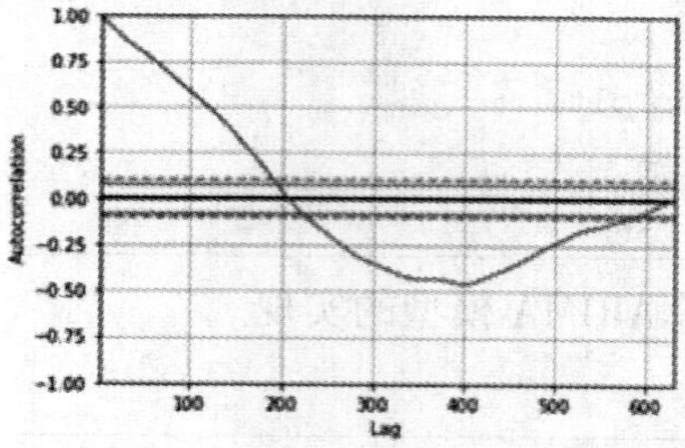

图 7-16　自相关函数图

从图中可以看出,该价格序列在 100 天内都存在较强的自相关。

4. 训练 ARIMA 模型

```
from pandas import read_csv
from pandas import datetime
from pandas import DataFrame
from statsmodels.tsa.arima_model import ARIMA
from matplotlib import pyplot
```

```
df=pd.read_csv('./AAPLnew.csv', header=0, index_col=0, parse_dates=True, sep=',')
y=df['Close']
print(y)
series=y

# fit model
model=ARIMA(series, order=(5,1,0))
model_fit=model.fit(disp=0)
print(model_fit.summary())

# plot residual errors
residuals=DataFrame(model_fit.resid)
residuals.plot()
pyplot.show()
residuals.plot(kind='kde')
pyplot.show()
print(residuals.describe())
```

需要导入 statsmodels. tsa. arima_model 模块的 ARIMA 类,构造 ARIMA 模型,用 Close 价格序列来进行训练。接着显示模型的摘要信息。

最后,以两种方式绘制残差图,一种方式是针对每个数据点绘制残差,一种方式是统计残差的分布,并且显示残差的统计信息。运行结果如图 7-17、图 7-18 和图 7-19 所示。

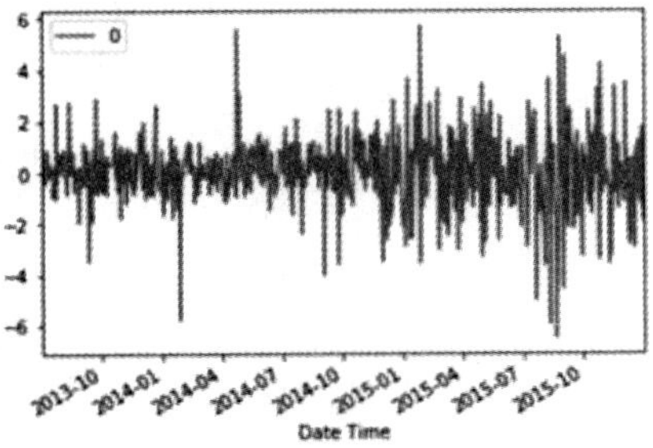

图 7-17 残差(每个价格数据点)

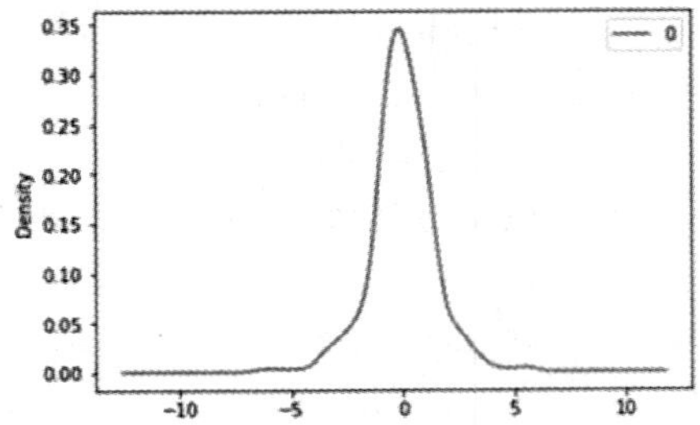

图 7-18 残差分布图

count	631.000000
mean	0.000199
std	1.418664
min	-6.499191
25%	-0.721265
50%	-0.016399
75%	0.783187
max	5.666961

图 7-19 残差的统计信息

5. 利用 ARIMA 模型做预测

```
from pandas import read_csv
from pandas import datetime
from matplotlib import pyplot
from statsmodels.tsa.arima_model import ARIMA
from sklearn.metrics import mean_squared_error

df=pd.read_csv('./AAPLnew.csv', header=0, index_col=0, parse_dates=True, sep=',')
y=df['Close']
print(y)
series=y

X=series.values
size=int(len(X) * 0.92)
train, test=X[0:size], X[size:len(X)]

history=[x for x in train]
predictions=list()
for t in range(len(test)):
    model=ARIMA(history, order=(7,1,0))
    model_fit=model.fit(disp=0)
    output=model_fit.forecast()
    yhat=output[0]
    predictions.append(yhat)
    obs=test[t]
    history.append(obs)
    history.pop(0)
    print('predicted=%f, expected=%f' % (yhat, obs))

error=mean_squared_error(test, predictions)
print('Test MSE: %.3f' % error)

# plot
pyplot.plot(test)
pyplot.plot(predictions, color='red')
pyplot.show()
```

首先从 CSV 文件装载价格数据，并且切割二维表的 Close 价格数据列，赋予 y，再赋给 series。接着，对 seires 进行切割，92%做训练集 train，8%做测试集 test。

然后针对测试集，不断利用训练集进行训练，并且预测下一个价格，插入 predictions。把训练集的最老(下标为 0)的价格剔除掉，把新的价格不断加入训练集(新的一天结束了，我们有了这一天的收盘价)，保持训练集的大小不变。

根据测试集的实际值和预测值，计算均方误差 mean_squared_error，结果为 3.235。

把测试集的实际值和预测值用不同颜色绘制成线图,看看两者的差距有多大。运行结果如图 7-20 所示,ARIMA 模型的预测效果还可以,尽管上涨过程中有些低估,下跌过程中有些高估。

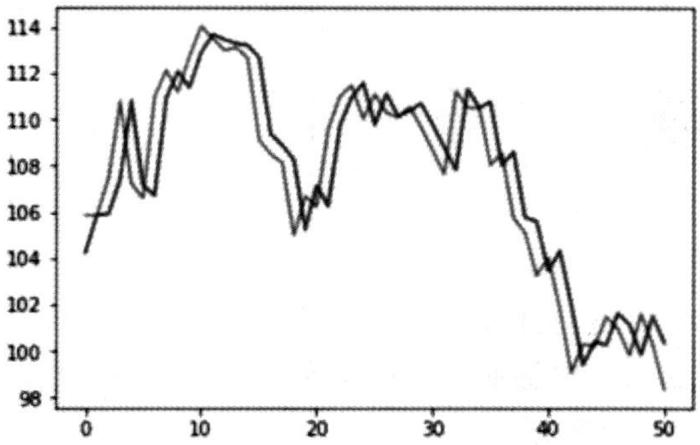

图 7-20 测试集的实际值与预测值

参考文献

[1] 覃雄派, 陈跃国, 杜小勇. 数据科学概论. 北京: 中国人民大学出版社, 2018.

[2] 王秋月, 覃雄派, 赵素云, 张静. 人工智能与机器学习. 北京: 中国人民大学出版社, 2020.

[3] HMM-Stock-Predictor. https://github.com/HvyD/HMM-Stock-Predictor.

[4] How to Create an ARIMA Model for Time Series Forecasting in Python. https://machinelearningmastery.com/arima-for-time-series-forecasting-with-python/.

[5] LSTM & ARIMA. https://github.com/rakshita95/DeepLearning-time-series.

8

数据准备

为了研发和测试交易策略,我们需要大量的历史价格数据。

我们通过两个途径获得价格数据,一个是通过 Tushare 获得国内股票价格数据,另一个是通过 YLoader 获得美股价格数据。

8.1 通过 Tushare 获得国内股票价格数据

Tushare 是一个免费、开源的财经数据接口软件包,采用 Python 实现对股票等金融数据从数据采集、清洗加工到数据存储的管理。它为金融分析人员快速提供整洁和多样的数据,减轻他们在数据获取方面的工作量,使他们更专注于策略和模型的研发。Tushare 自上线以来受到广大用户的欢迎。

最新版 Tushare Pro 需要用户注册以后才能使用。它依然是一个开放的、免费的平台,内容涵盖股票、基金、期货、债券、外汇、行业大数据,同时包括数字货币行情等区块链数据。

Tushare Pro 是一个全数据品类的金融大数据平台,为各类金融投资机构和研究人员提供适用的数据和工具。

8.1.1 安装 Tushare

为了使用 Tushare,首先需要安装。

在命令行下(开始→程序→Anaconda3→Anaconda3 Prompt)运行如下命令即可。

```
pip install tushare==1.2.48  -i https://pypi.douban.com/simple
```

注意 tushare 的版本为 1.2.48。

8.1.2 使用 Tushare

首先,用户需要在 Tushare Pro(https://tushare.pro/)网站上注册新用户。登录网站后,点击用户头像,选择“个人主页”,再选择“接口 TOKEN”,然后把用户 Token 复制下来,这样才能在 Python 代码里正确登录(见图 8-1)。

提取价格数据的代码如下。

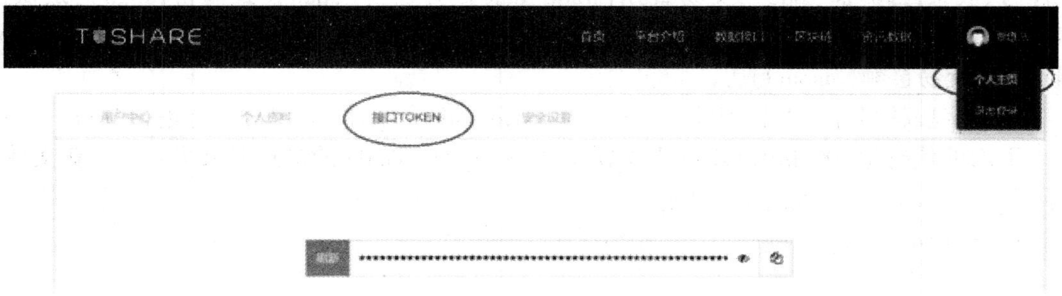

图 8-1 获取 Tushare Pro TOKEN

```
import tushare as ts

token='a953fe53f83c71c6eb63558aa20d83d7cb5a9fdbe40cc6d49027a3ce'
ts.set_token(token)
pro=ts.pro_api()
df=pro.query('daily', ts_code='000001.SZ', start_date='20130101', end_date='
20190101')
print(df)
df.to_csv('./000001.SZ.csv')
```

首先，导入 tushare 软件包。

然后，设定 token，这个 token 就是前面描述的通过网站获得的用户的 Token。上述代码使用的是本书作者的 Token，请读者自行注册和获取自己的 Token，不要共享使用作者的 Token。

接着通过 ts. pro_api( ) 函数获得存取 Tushare Pro 的对象 pro，调用 pro 的 query 函数获得价格数据。上述例子中，第一个参数“daily”是时间分辨率参数，意思是取得每天的 Price Bar，股票代码是“000001. SZ”（平安银行），开始日期和结束日期分别是“20130101”和“20190101”。为了下载其他的股票价格（或其他时间段），用户可以修改上述 query 函数的参数。

最后，把查询到的价格数据写入当前目录下的“000001. SZ. csv”文件，该文件的内容如图 8-2 所示。

```
000001.SZ.csv
1 ,ts_code,trade_date,open,high,low,close,pre_close,change,pct_chg,vol,amount
2 0,000001.SZ,20181228,9.31,9.46,9.31,9.38,9.28,0.1,1.0776,576604.0,541571.004
3 1,000001.SZ,20181227,9.45,9.49,9.28,9.28,9.3,-0.02,-0.2151,624593.27,586343.755
4 2,000001.SZ,20181226,9.35,9.42,9.27,9.3,9.34,-0.04,-0.4283,421140.6,393215.14
5 3,000001.SZ,20181225,9.29,9.43,9.21,9.34,9.42,-0.08,-0.8493,586615.45,545235.607
6 4,000001.SZ,20181224,9.4,9.45,9.31,9.42,9.45,-0.03,-0.3175,509117.67,477186.904
7 5,000001.SZ,20181221,9.68,9.7,9.33,9.45,9.71,-0.26,-2.6777,1000616.76,944460.332
```

图 8-2 Tushare Pro 下载的数据文件

第一行是标题行，给出了各个字段的名称，其他行是具体的数据。主要的字段包括匿名的序号、股票代码(ts_code)、交易日期(trade_date)、开盘价(open)、最高价(high)、最低价(low)、收盘价(close)、临近收盘价(pre_close)、涨跌幅(change)、涨跌比例(pct_chg)、交易量(vol)、交易金额(amount)等。

各个字段的名称以及排列顺序不符合 PyAlgoTrade 的要求,需要对文件进行改写。

下面的代码把"000001. SZ. csv"读进来,按照 PyAlgoTrade 的格式要求写入一个新文件。

```
from pyalgotrade.feed import csvfeed
import pandas as pd

#read_write_CSV
def read_write_CSV( from_file, to_file):
    feed=csvfeed.Feed("trade_date", "%Y%m%d")
    feed.addValuesFromCSV(from_file)

    df=pd.DataFrame(columns=['Date Time','Open','High','Low','Close','Volume','Adj
Close'])
    file=open(to_file,"w")
    file.write("Date Time,Open,High,Low,Close,Volume,Adj Close")
    file.write("\n")
    for dateTime, value in feed:
        #print dateTime,value['open'],value['high'],value['low'],value['close'],
value['vol'],value['close']
        strdatetime=dateTime.strftime("%Y-%m-%d %H:%M:%S")
        file.write("%s,%.2f,%.2f,%.2f,%.2f,%.2f,%.2f"%(strdatetime,value
['open'],value['high'],value['low'],value['close'],value['vol'],value['close']))
        file.write("\n")

    file.close()

# call read_write_CSV
read_write_CSV("000001.SZ.csv","000001.SZ.new.csv")
```

这段代码定义了一个函数 read_write_CSV,然后调用它,把"000001. SZ. csv"文件读进来,按照约定的格式写入"000001. SZ. new. csv"文件。read_write_CSV 函数的功能如下。

首先,创建 csvfeed. Feed 类对象 feed,构造的函数包含"trade_date"和"%Y%m%d"两个参数,表示日期字段名称为 trade_date,其格式为 YYYYMMDD,然后调用 addValuesFromCSV 函数读取"000001. SZ. csv"文件内容。

feed 对象是一个集合,每行(每个元素)包含 dateTime 和 value,dateTime 是日期类型,value 是一个字典表,包括开盘价、最高价、最低价、收盘价、临近收盘价、涨跌幅、涨跌比例、交易量和交易金额等源文件包含的内容。

接着,在目标文件中写入标题行"Date Time, Open, High, Low, Close, Volume, Adj Close",然后不断写入日期、开盘价、最高价、最低价、收盘价、交易量、调整的收盘价等具体数据。

"000001. SZ. new. csv"文件的内容如图 8-3 所示,这正是 PyAlgoTrade 需要的格式。这

是每天的价格的格式,其他时间分辨率的价格格式类似,读者可以参考 PyAlgoTrade 文档。

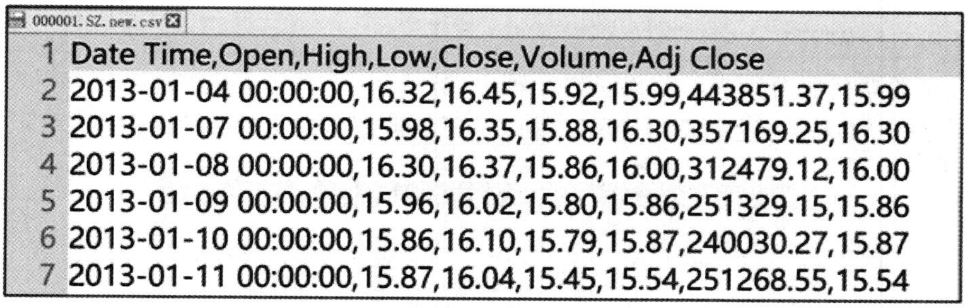
000001.SZ.new.csv

```
1 Date Time,Open,High,Low,Close,Volume,Adj Close
2 2013-01-04 00:00:00,16.32,16.45,15.92,15.99,443851.37,15.99
3 2013-01-07 00:00:00,15.98,16.35,15.88,16.30,357169.25,16.30
4 2013-01-08 00:00:00,16.30,16.37,15.86,16.00,312479.12,16.00
5 2013-01-09 00:00:00,15.96,16.02,15.80,15.86,251329.15,15.86
6 2013-01-10 00:00:00,15.86,16.10,15.79,15.87,240030.27,15.87
7 2013-01-11 00:00:00,15.87,16.04,15.45,15.54,251268.55,15.54
```

图 8-3 经过转换的 Tushare 数据格式

8.2 通过 YLoader 获得美股价格数据

首先,需要从 YLoader 网站(http://yloader.com/dload/)下载 YLoader,并且安装。

YLoader 安装程序没有建立桌面快捷方式,需要用资源管理器在“C:\Program Files\YLoader”目录下找到 yloader.exe,按右键,选择“发送到”→“桌面快捷方式”,建立桌面快捷方式(见图 8-4)。这样后续访问就方便了。

图 8-4 建立 YLoader 的桌面快捷方式

(1) 在某个目录下,比如我的文档“C:\Users\Administrator\Documents”目录下,建立 symbols.txt 文件,内容是想要下载的股票的代码,示例如下:

```
AAPL
MSFT
YHOO
```

```
INTC
FB
PDD
```

这几个股票代码分别表示苹果、微软、雅虎、英特尔、脸书和拼多多。

(2) 运行 YLoader,设定股票代码文件以及下载数据所在文件夹,如图 8-5 所示。

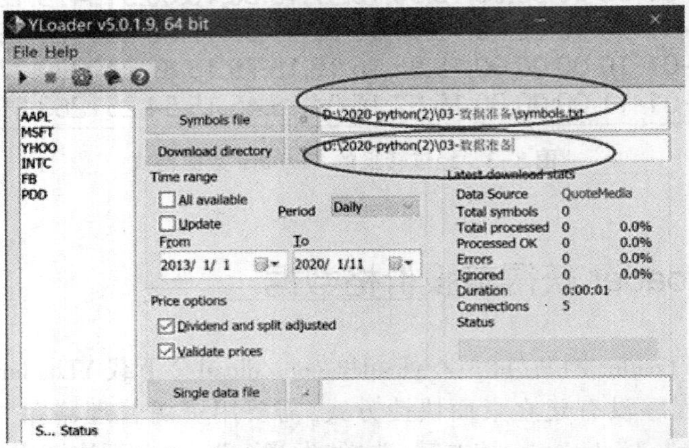

图 8-5 设定 Symbols 文件以及下载目录

(3) 设定开始日期和结束日期,为 2013/01/01 到 2020/01/11,参考图 8-5。

(4) 选择工具栏上的齿轮按钮,打开设置界面,在 Data Source 下选择 Quote Media,如图 8-6 所示。

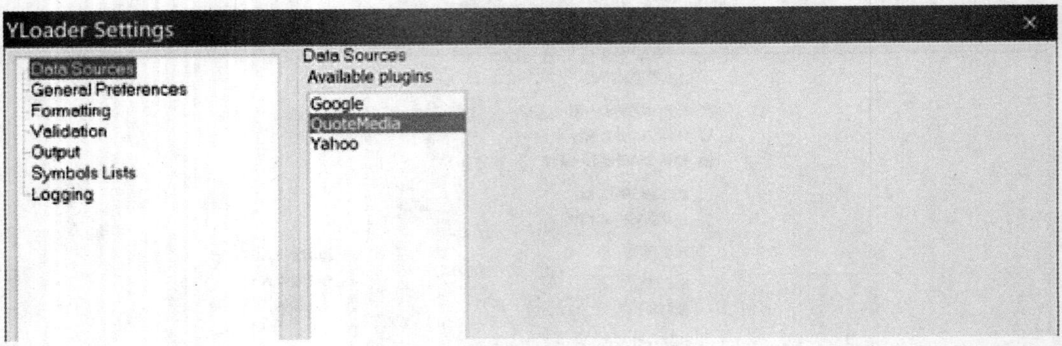

图 8-6 选择 Data Source

(5) 选择 Formatting 标签,设定日期格式为"yyyy-mm-dd",间隔符为"-",如图 8-7 所示。

(6) 选择 Output 标签,设定标题行为"Date Time, Open, High, Low, Close, Volume",勾选"Sort bars in ascending order",如图 8-8 所示。

(7) 点击工具栏的三角箭头,开始下载。结果如图 8-9 所示,成功下载价格数据。

注意:拼多多上市较晚,而雅虎只有到 2017-06-16 的价格数据。

下载的数据文件,其标题行和数据如图 8-10 所示,不符合 PyAlgoTrade 量化交易框架的格式要求,需要改写。

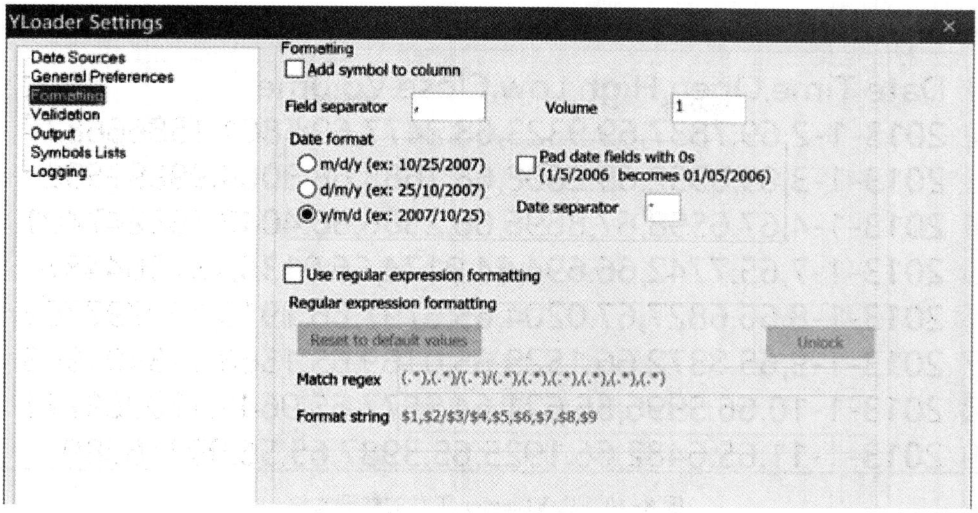

图 8-7 设定日期格式

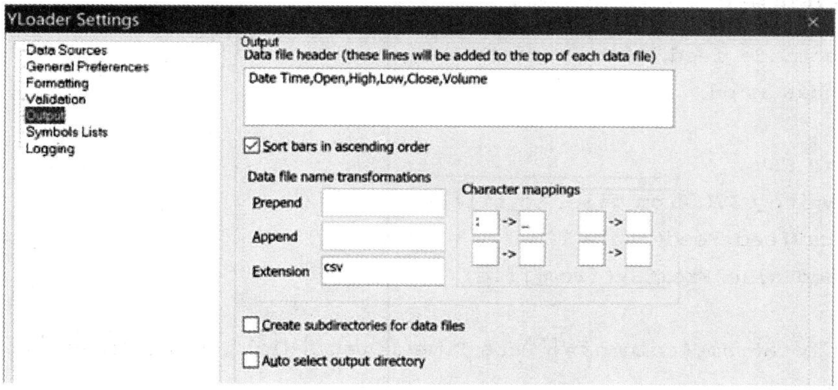

图 8-8 设定 Output 格式

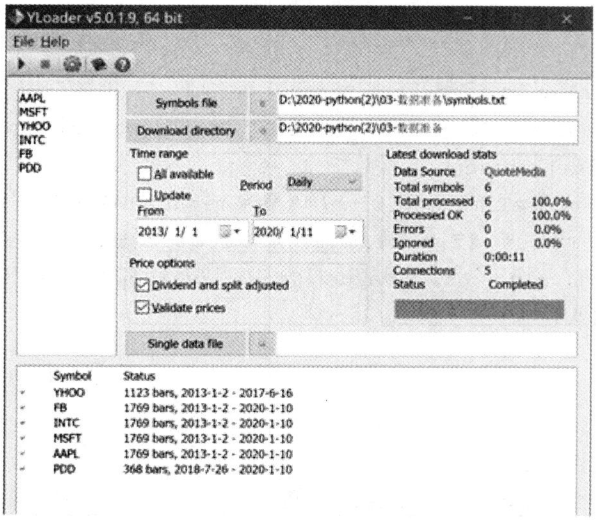

图 8-9 从 QuoteMedia 下载若干股票的价格

```
AAPL.csv
1 Date Time,Open,High,Low,Close,Volume
2 2013-1-2,69.7837,69.9323,68.2477,69.1801,158666837
3 2013-1-3,69.0352,69.2608,68.1683,68.3064,99899532
4 2013-1-4,67.6598,67.8696,66.2566,66.4042,168247401
5 2013-1-7,65.7742,66.694,64.9174,66.0136,137064487
6 2013-1-8,66.6827,67.0204,65.6797,66.1913,129797702
7 2013-1-9,65.8372,66.1529,65.0169,65.1568,115401968
8 2013-1-10,66.5996,66.621,64.9577,65.9645,170089771
9 2013-1-11,65.6482,66.1925,65.3987,65.56,99316389
```

图 8-10 从 YLoader 下载的数据文件

改写的代码如下。

```
from pyalgotrade.feed import csvfeed
import pandas as pd

#read_write_CSV
def read_write_CSV( from_file, to_file):
    feed=csvfeed.Feed("Date Time", "%Y-%m-%d")
    feed.addValuesFromCSV(from_file)

    df=pd.DataFrame(columns=['Date Time','Open','High','Low','Close','Volume','Adj
Close'])
    file=open(to_file,"w")
    file.write("Date Time,Open,High,Low,Close,Volume,Adj Close")
    file.write("\n")
    for dateTime, value in feed:
        #print dateTime,value['Open'],value['High'],value['Low'],value['Close'],
value['Volume'],value['Close']
        strdatetime=dateTime.strftime("%Y-%m-%d %H:%M:%S")
        file.write("%s,%.2f,%.2f,%.2f,%.2f,%.2f,%.2f"%(strdatetime,value['
Open'],value['High'],value['Low'],value['Close'],value['Volume'],value['Close']))
        file.write("\n")

    file.close()

# call read_write_CSV
read_write_CSV("AAPL.csv","AAPLnew.csv")
```

这段代码定义了一个函数 read_write_CSV，然后调用它，把“AAPL.csv”文件读进来，按照约定的格式写入“AAPLnew. csv”文件。

read_write_CSV 函数的功能如下(读者一定发现,这个函数和前面对 Tushare 数据文件格式进行修改的函数很相似)。

首先,创建 csvfeed. Feed 类对象 feed,构造的函数包含"Date Time"和"%Y%m%d"两个参数,表示日期字段名称为 Date Time,其格式为 YYYYMMDD,然后调用 addValuesFromCSV 函数读取“AAPL. csv”文件内容。

feed 对象是一个集合,每行(每个元素)包含 dateTime 和 value,dateTime 是日期类型,value 是一个字典表,包括开盘价、最高价、最低价、收盘价、交易量等源文件包含的内容。

接着,在目标文件中写入标题行“Date Time,Open,High,Low,Close,Volume,Adj Close”,然后不断写入日期、开盘价、最高价、最低价、收盘价、交易量、调整的收盘价等具体数据。这里 Adj Close 只是简单复制了 Close 字段,在实际应用中应该根据获得的数据进行修改。

“AAPLnew. csv”文件的内容如图 8-11 所示,这正是 PyAlgoTrade 需要的格式。这是每天的价格的格式,其他时间分辨率的价格格式类似,读者可以参考 PyAlgoTrade 文档。

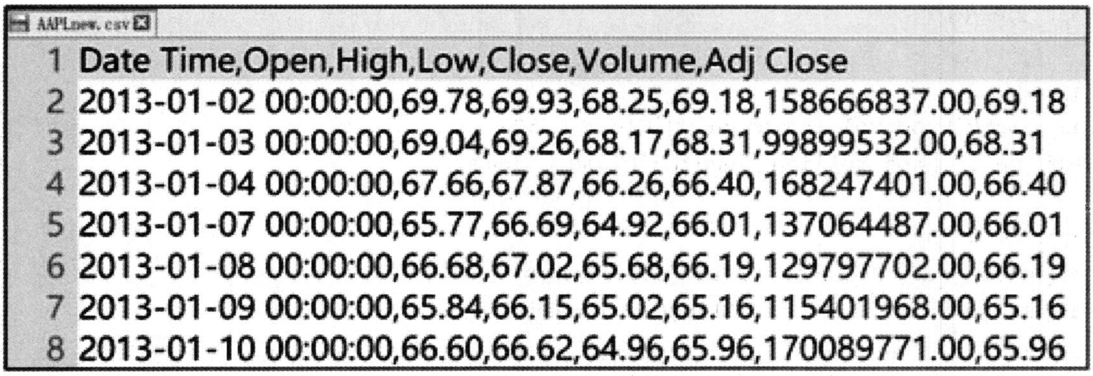

图 8-11　经过转换的 YLoader 数据格式

8.3　价格数据可视化

我们通过几个实例,了解如何对价格数据进行可视化,以及如何计算技术指标并显示和分析。

8.3.1　可视化实例 1

第一个实例的代码如下:

```
import pandas as pd
from matplotlib import pyplot as plt
```

```
df=pd.read_csv('AAPLnew.csv', parse_dates=['Date Time'], index_col=['Date Time'],
sep=',')
print (df.head())
print (df.tail())

# summary statistics accross the whole DataFrame
print(df.describe())

# Closing price for most recent 5 trading days
print( df[['Close']].tail())

# volume statistics
vol=df[['Volume']]
print("Min: % s Max: % s Average: % s" % (vol.min().values[0], vol.max().values
[0], vol.mean().values[0]))

# plot the historical closing prices and volume using matplotlib
plots=df[['Close','Volume']].plot(subplots=True, figsize=(10, 10))
plt.show()

#pandas 0.23
#df['ma50']=pd.rolling_mean(df['Close'], 50)
#df['ma200']=pd.rolling_mean(df['Close'], 200)

#pandas 0.25
df['ma50']=df['Close'].rolling(50).mean()
df['ma200']=df['Close'].rolling(200).mean()

plots=df[['Close','ma50','ma200']].plot(subplots=False, figsize=(10, 4))
plt.show()


# technical indicators
import talib as ta
df['rsi']=ta.RSI(df['Close'],5)
plots=df[['Close','rsi']].plot(subplots=True, figsize=(10, 10))
plt.show()
```

首先,导入必要的 Python 库,包括 pandas 和 matplotlib。pandas 用于装载 CSV 文件为内存二维表(DataFrame),matplotlib 用于绘图。

接着,从"AAPLnew. csv"文件读入数据,"Date Time"字段是日期字段,作为行索引,字段的间隔符是","。打印首 5 行和末尾 5 行,结果如图 8-12 所示。

显示各个字段的统计信息,结果如图 8-13 所示。

把最近 5 天的 Close 价格显示出来以便观察。df[['Close']]根据列标签列表切割 Dat-

	Open	High	Low	Close	Volume	Adj Close
Date Time						
2013-01-02	69.78	69.93	68.25	69.18	158666837.0	69.18
2013-01-03	69.04	69.26	68.17	68.31	99899532.0	68.31
2013-01-04	67.66	67.87	66.26	66.40	168247401.0	66.40
2013-01-07	65.77	66.69	64.92	66.01	137064487.0	66.01
2013-01-08	66.68	67.02	65.68	66.19	129797702.0	66.19

	Open	High	Low	Close	Volume	Adj Close
Date Time						
2020-01-06	293.79	299.96	292.75	299.80	29644644.0	299.80
2020-01-07	299.84	300.90	297.48	298.39	27877655.0	298.39
2020-01-08	297.16	304.44	297.16	303.19	33090946.0	303.19
2020-01-09	307.24	310.43	306.20	309.63	42621542.0	309.63
2020-01-10	310.60	312.67	308.25	310.33	35217272.0	310.33

图 8-12 首 5 行和末尾 5 行

	Open	High	...	Volume	Adj Close
count	1769.000000	1769.000000	...	1.769000e+03	1769.000000
mean	128.009898	129.147094	...	5.294131e+07	128.073725
std	53.803736	54.301461	...	3.878535e+07	53.932406
min	49.170000	50.640000	...	1.143945e+07	49.500000
25%	89.560000	90.530000	...	2.730752e+07	89.650000
50%	112.260000	112.800000	...	4.024472e+07	112.150000
75%	168.270000	169.530000	...	6.572922e+07	168.410000
max	310.600000	312.670000	...	4.136088e+08	310.330000

图 8-13 字段的统计信息

aFrame 的 Close 字段,然后 tail 函数提取最后 5 个数值。

通过列标签列表['Volume']提取交易量的数据列,然后通过 min、max、mean 等函数获得其最小值、最大值和平均值,并且显示出来。

通过列标签列表['Close', 'Volume']提取两列数据,然后直接调用 DataFrame 的 plot 方法,指定两列数据使用不同子图,并指定图形大小是 10×10,结果如图 8-14 所示。

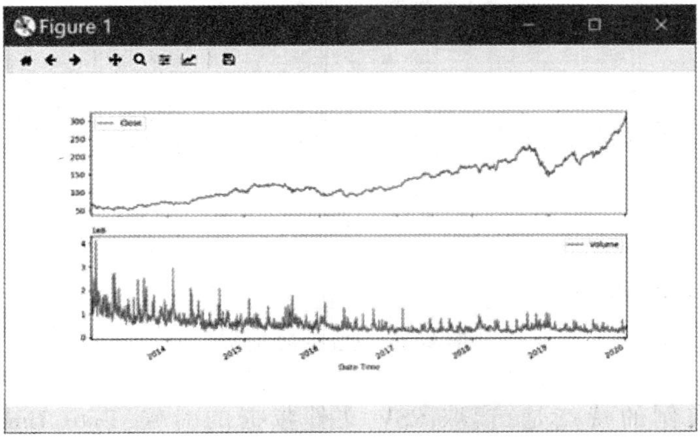

图 8-14 Close 和 Volume

接着通过'Close'列标签,提取 Close 数据列,利用 rolling(50)提取滑动窗口大小为 50 的

Close 数据点，通过 mean 函数计算均值，即移动平均。这两个语句分别以 50 和 200 作为参数，计算 50 天和 200 天的移动平均，并且以 'ma50' 和 'ma200' 作为列标签，插入 df，也就是 df 多了两列数据。然后利用 DataFrame 的 plot 函数显示出来，图形大小为 10×4，数据画在同一子图上，结果如图 8-15 所示。

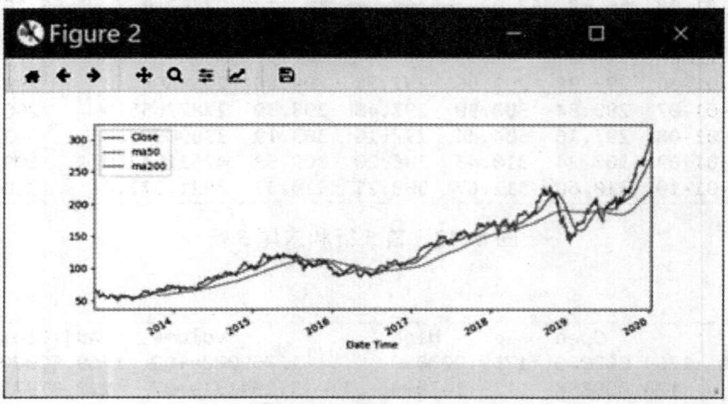

图 8-15　Close 和 Moving Average

最后一段代码计算 rsi 指标，并且和 Close 价格一起显示在不同子图上。首先，导入 Python 库 talib，然后利用 DataFrame 的 Close 列计算 5 天的 RSI，然后插入 DataFrame 作为新的一列，列标签为 'rsi'。最后利用 DataFrame 的 plot 函数显示出来，包括 Close 列和 rsi 列，结果如图 8-16 所示。

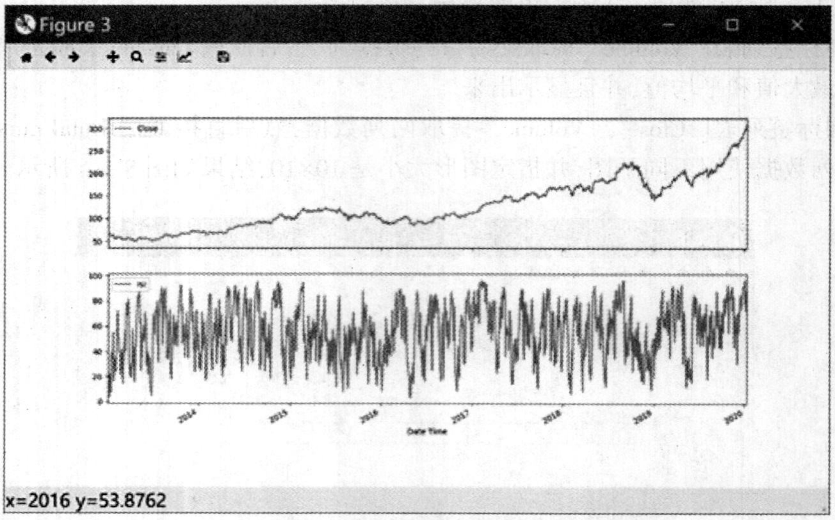

图 8-16　Close 和 RSI

小结：上述实例的特点是，读取 CSV 文件数据的时候，Date Time 字段作为目标 DataFrame 的行标签，而不是作为具体的数值。

此外，本实例展示了如何用 talib 函数库的相关函数计算技术指标，和价格数据在一个子图上显示或者在不同子图上显示的方法。

8.3.2 可视化实例 2

第二个实例的代码如下：

```
import pandas as pd
import matplotlib.pyplot as plt
from matplotlib.dates import DateFormatter
#from matplotlib.finance import date2num, candlestick_ohlc
import mpl_finance as fin
from matplotlib.dates import date2num

df=pd.read_csv('AAPLnew.csv', parse_dates=['Date Time'], index_col=['Date Time'],
sep=',')
df=df[['Open','Close','High','Low']]
print(df.head())

#print(df.index.to_pydatetime())
df['Time']=date2num(df.index.to_pydatetime())

#100-199 row to view
df=df[100:200]

arr_to_show=df[['Time','Open','Close','High','Low']].values

fig=plt.figure()
ax=fig.add_subplot(1, 1, 1)
ax.xaxis_date()
plt.xticks(rotation=45) #日期显示的旋转角度
plt.title('AAPL')
plt.xlabel('Time')
plt.ylabel('Peice')
plt.grid(True)
fin.candlestick_ochl(ax, arr_to_show,width=0.8,colorup='red',colordown='green')
  #把子图和数据传入
plt.show()
```

这段代码的执行结果如图 8-17 所示。

首先，导入必要的 Python 库和对象类。

然后从“AAPLnew.csv”文件读取数据，'Date Time'作为行标签。从 DataFrame 提取 Open、Close、High、Low 等字段，构造新的 DataFrame，名字仍然为 df。

利用 pandas 提供的功能，提取 DataFrame 的行标签，然后调用行标签对象的 to_pydatetime()，转换为 python 的 datetime 列表。再对这个列表应用 date2num，把日期时间转换成一个长整型整数列表，以'Time'作为列标签插入 DataFrame，作为新的一列。这么做是

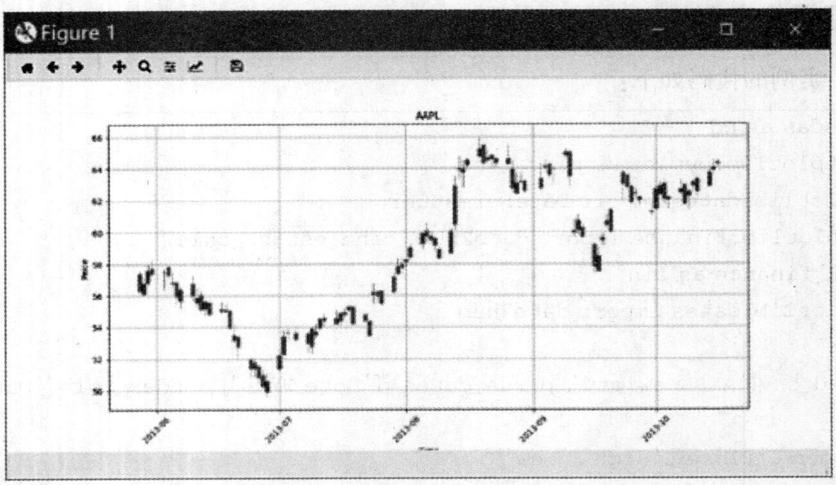

图 8-17 Price Bar 和 K 线图

因为 matplotlib 使用长整型的日期时间来绘制横坐标。

由于数据量太大，我们切割下 DataFrame 的 100～199 行，作为新的一个 DataFrame。然后按照 Time、Open、Close、High、Low 这样的顺序，提取这个 DataFrame 的各列数据，形成一个数组 arr_to_show。

接着创建一个一行一列的子图，设定必要的图形属性（代码不言自明）。最后调用 candlestick_ochl 函数，以 K 线图方式显示 arr_to_show 数组。上涨用红色，下跌用绿色。

小结：上述实例的特点是，读取 CSV 文件数据的时候，Date Time 字段作为目标 DataFrame 的行标签，而不是作为具体的数值。这和第一个实例是一样的。

这个实例使用 mpl_finance. candlestick_ochl 函数显示 K 线图。注意 candlestick_ochl 函数名的后 4 个字符"ochl"，分别表示 open、close、high、low 等价格，要求价格数据的各列一定要按照这个顺序给出。显示 K 线图的另一种方法是 candlestick_ohlc，请参考下一个实例。

8.3.3 可视化实例 3

第三个实例的代码如下：

```
import pandas as pd
import matplotlib.pyplot as plt
from matplotlib.dates import DateFormatter

#from matplotlib.finance import date2num, candlestick_ohlc
import mpl_finance as fin
from matplotlib.dates import date2num

#import matplotlib.finance as mpf
#from matplotlib.pylab import date2num
import datetime
```

```
quotes=[]
stock=pd.read_csv('./AAPLnew.csv')#,index_col=0)

the_length=70
for row in range(the_length):
    if row==0:
        sdate=str(stock.loc[row,'Date Time']) #loc 返回数值,iloc 返回 dataframe
        sdate_cut=sdate[0:4]+'-'+sdate[5:7]+'-'+sdate[8:10]
        sdate_num=date2num(datetime.datetime.strptime(sdate_cut,'%Y-%m-%d')) #
datetime 2 number
        sdate_plt=sdate_num
    else:
        sdate_plt=sdate_num+row

    sopen=stock.loc[row,'Open']
    shigh=stock.loc[row,'High']
    slow=stock.loc[row,'Low']
    sclose=stock.loc[row,'Close']
    datas=(sdate_plt,sopen,shigh,slow,sclose) # 按照 candlestick_ohlc 要求, 准备
数据
    quotes.append(datas)

fig, ax=plt.subplots(facecolor=(0.85, 0.85, 0.85),figsize=(12,8))
fig.subplots_adjust(bottom=0.1)
ax.xaxis_date()
plt.xticks(rotation=45) #45 度
plt.title('AAPL')
plt.xlabel('Time')
plt.ylabel('Price')
plt.grid(True)
fin.candlestick_ohlc(ax,quotes,width=0.7,colorup='red',colordown='green') # 上涨
为红色,下跌为绿色,K 线宽度为 0.7
plt.show()
```

首先,导入必要的 Python 库和对象类。

利用 pandas. read_csv 函数读取当前目录下的“AAPLnew. csv”文件。数据量太大,只显示前 70 行数据,注意 range(the_length)的结果为一个列表[0, 1, 2, … , 69]。

根据行号,利用 DataFrame 的 loc 函数提取某行的 Date Time 字段,把年(yyyy)月(mm)日(dd)切割下来,按照“yyyy - mm - dd”格式进行拼接,赋给 sdate - cut。然后利用 datetime. datetime. strptime 函数把字符串的 sdate-cut 转换为 Python datetime 类型,再利用 date2num 转换为长整型,赋给 sdate_plt。

此外,提取每行的 Open、High、Low、Close 等字段,加上长整型的日期 sdate_plt,拼合成一

个元组，插入 quotes 列表。

利用 quotes 列表绘制 K 线图。后续代码和前一个实例类似，在这里不予赘述。

这段代码的执行结果如图 8-18 所示。

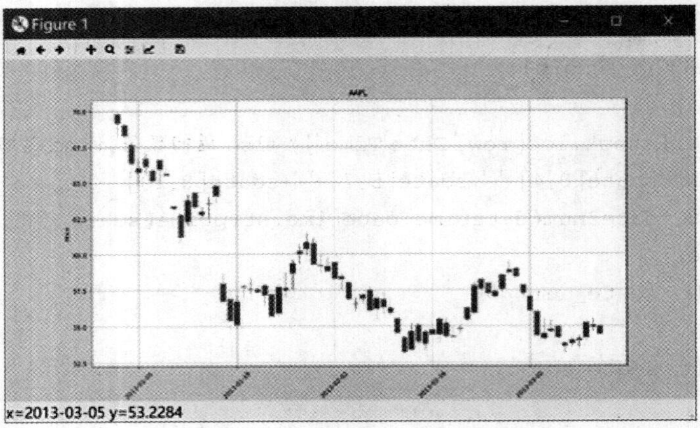

图 8-18　Price Bar 和 K 线图

小结：上述实例的特点是，读取 CSV 文件数据的时候，Date Time 字段作为目标 DataFrame 的数值，在代码中自行进行相关的处理，体现了极大的灵活性。

这个实例使用 mpl_finance. candlestick_ohlc 函数显示 K 线图，给出了显示 K 线图的一种方法。注意 candlestick_ohlc 函数名的后 4 个字符"ohlc"，分别表示 open、high、low、close 等价格，要求价格数据的各列一定要按照这个顺序给出。

参考文献

[1]　覃雄派，陈跃国，杜小勇．数据科学概论．北京：中国人民大学出版社，2018.

[2]　王秋月，覃雄派，赵素云，张静．人工智能与机器学习．北京：中国人民大学出版社，2020.

[3]　量化分析：把 Tushare 数据源规整成 PyAlgoTrade 所需格式．https://blog. csdn. net/lawme/article/details/51495349.

[4]　用 Python 绘制股票的 K 线图．https://www. cnblogs. com/pythonicanus/p/9826803. html.

[5]　Tushare. http://tushare. org/.

[6]　Tushare Pro. https://tushare. pro/.

[7]　Introduction to Financial Market Data Visualization with Python. http://chrisdegiere. com/introduction-to-financial-market-data-visualization-with-python/.

[8]　How to use technical indicators of TA-Lib with pandas in python. https://stackoverflow. com/questions/35986436/how-to-use-technical-indicators-of-ta-lib-with-pandas-in-python.

9

基于规则的交易策略

本章讲述两个基于规则的交易策略:第一个策略根据价格与移动平均的交叉,寻找买入和卖出的时间点;第二个策略根据 RSI 指标的超买、超卖状态以及价格和移动平均的关系,寻找买入和卖出的时间点。

这两个策略都涉及技术指标的计算,第一个策略需要计算移动平均指标,第二个策略需要计算移动平均和 RSI 指标。

9.1 基于价格与移动平均交叉的交易策略

一般来讲,当价格从下边上穿价格的移动平均(比如 25 天的移动平均),近期价格有上涨的趋势,可以择时买入。而当价格从上边下穿价格的移动平均,近期价格有下跌趋势,可以择时卖出。

如图 9-1 所示,在时间点 1,价格从下边上穿移动平均,可以买入;在时间点 2,价格从上边下穿移动平均,可以卖出。这次买卖是有利可图的。需要注意的是,类似的操作并不都是有利可图的,比如时间点 5 买入,时间点 6 卖出,会亏损。

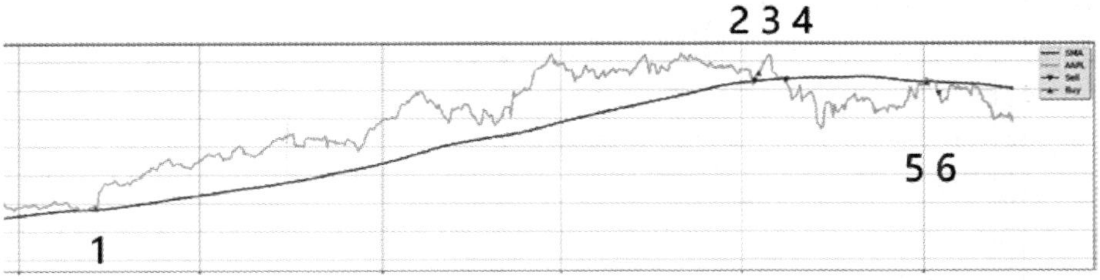

图 9-1　价格与移动平均交叉

判断交易时机时,也可以使用此策略的另一个版本,即根据长短移动平均交叉来选择买入和卖出时机。我们需要计算一个短期移动平均,比如 15 天的移动平均;一个长期移动平均,比如 50 天的移动平均。当短期移动平均从下边上穿长期移动平均,近期价格有上涨的趋势,可以择时买入。当短期移动平均从上边下穿长期移动平均,近期价格有下降趋势,可以择时卖出。

9.1.1 Price Bar

Price Bar 对应 K 线图的一个蜡烛，它把时间、开盘价、收盘价（或者调整的收盘价）、最高价、最低价、交易量等信息包装起来。Price 的时间频率可以是天、周，也可以是小时、分钟等。

9.1.2 代码分析

1. 导入必要的 Python 库

首先，需要从若干 Python 模块导入对象类或者函数。其中，GenericBarFeed 是数据输入类；Frequency 是时间频率类，描述价格的频率，比如是每天还是每 15 分钟。

ma 模块的 SMA 方法用于计算移动平均；cross 模块的 cross_above 和 cross_below 方法用于判断两个序列的上穿和下穿交叉是否发生；strategy 模块包含系统已经定义好的一些交易策略类，我们可以继承这些类，定义新的交易策略。

returns 模块包含 Returns 类，用于收益分析；sharpe 模块包含 SharpeRatio 类，用于夏普指数分析；drawdown 模块包含 DrawDown 类，用于最大回撤分析；trades 模块包含 Trades 类，用于了解交易历史（即做了哪些买入和卖出操作）；plotter 模块包含 StrategyPlotter 类，用于把价格、移动平均、交易盈亏、浮动盈亏曲线绘制出来。

```
from pyalgotrade.barfeed.csvfeed import GenericBarFeed
from pyalgotrade.bar import Frequency

from pyalgotrade.technical import ma
from pyalgotrade.technical import cross

from pyalgotrade import strategy
from pyalgotrade.stratanalyzer import returns
from pyalgotrade.stratanalyzer import sharpe
from pyalgotrade.stratanalyzer import drawdown
from pyalgotrade.stratanalyzer import trades
from pyalgotrade import plotter

import matplotlib as mpl
mpl.style.use('classic')
```

2. 定义 SMACrossOver 类

基于 strategy. BacktestingStrategy 类定义 SMACrossOver 类，这就是我们将要实现的基于价格与移动平均交叉的交易策略。

SMACrossOver 类的第一个函数是__init__函数，其作用是对交易策略进行初始化。该函数完成如下功能：调用父类也就是 BacktestingStrategy 的__init__方法完成必要的初始化工作，并且进行本交易策略的初始化。具体包括记录交易的股票代码到 self. instrument 属性，self. __instrument 的 self 表示 SMACrossOver 类的某个对象对自身，也就是交易策略本身的引用，__instrument 是交易策略的一个属性（成员）。

接着,把头寸设定为空,即 self. __position = None。我们在运行交易策略的时候,可以使用收盘价,也可以使用调整过的收盘价。本交易策略使用后者,即 self. setUseAdjustedValues(True)。

self. __prices 是 SMACrossOver 类的一个属性,记录股票的收盘价序列。feed 是__init__函数的参数,它以字典表的形式记录若干股票的价格序列,通过 feed[instrument]提取某只股票的 Price Bar 序列,并且通过 getPriceDataSeries()获得收盘价序列。

self. __sma 是 SMACrossOver 类的一个属性,记录股票价格的移动平均序列。我们调用 ma 模块的 SMA 方法,在 self. __prices 基础上计算周期为 smaPeriod 的移动平均。smaPeriod 是__init__函数的参数。

当本策略运行时,Price Bar 不断到达,self. __prices不断积攒价格数据点。一旦攒够 smaPeriod 个价格数据点,就可以开始计算 self. __sma 序列。

```
class SMACrossOver(strategy.BacktestingStrategy):
    def __init__(self, feed, instrument, smaPeriod):
        super(SMACrossOver, self).__init__(feed)
        self.__instrument = instrument
        self.__position = None
        # We'll use adjusted close values instead of regular close values
        self.setUseAdjustedValues(True)
        self.__prices = feed[instrument].getPriceDataSeries()
        self.__sma = ma.SMA(self.__prices, smaPeriod)
```

3. 定义 SMACrossOver 类的若干函数

getSMA 函数返回策略内部管理的移动平均序列。

onEnterCanceled 函数把头寸设置为空。它在买入操作取消,被 PyAlgoTrade 运行时(Runtime)回调。

onExitOk 函数把头寸设置为空。它在卖出成功,被 PyAlgoTrade 运行时回调。

onExitCanceled 函数调用 self. __position 的 exitMarket 方法,继续卖出。它在卖出操作取消(可能是被交易所拒绝),被 PyAlgoTrade 运行时回调,把本策略拥有的头寸即 self. __position 继续卖出。

此外,这里没有列出策略的回调函数 onEnterOK,它在买入成功,被 PyAlgoTrade 运行时回调。在 onEnterOK 和 onExitOK 函数中,一般可以把买入的价格、卖出的价格打印到屏幕上,供策略研发者查看和分析。

onEnterOK、onEnterCanceled、onExitOk、onExitCanceled 等函数的定义,对于不同策略来讲几乎都是一样的。在后续其他策略的分析中,我们将不再重复说明。

```
    def getSMA(self):
        return self.__sma

    def onEnterCanceled(self, position):
        self.__position = None

    def onExitOk(self, position):
```

```
        self.__position=None

    def onExitCanceled(self, position):
        # If the exit was canceled, re-submit it
        self.__position.exitMarket()
```

4. 定义 SMACrossOver 类的核心交易逻辑

```
    def onBars(self, bars):
        # If a position was not opened, check if we should enter a long position
        if self.__position is None:
            if cross.cross_above(self.__prices, self.__sma) > 0:
                shares=int(self.getBroker().getCash() * 0.9 /bars[self.__instru-
ment].getPrice())
                # Enter a buy market order. The order is good till canceled
                self.__position=self.enterLong(self.__instrument, shares, True)
        # Check if we have to exit the position
        elif not self.__position.exitActive() and cross.cross_below(self.__
prices, self.__sma) > 0:
            self.__position.exitMarket()
```

onBars 函数在策略运行的时候,由 PyAlgoTrade 不断馈入价格数据 Price Bar,不断回调。也就是说 PyAlgoTrade 读入价格数据,以一个 Price Bar 一个 Price Bar 的形式调用 onBars 函数。

如果目前没有股票在手,也就是策略的__position为空,发现价格从下边上穿移动平均,预示近期价格上涨,就可以买入。

cross 类的 cross_above 方法,根据 self. __prices 和 self. __sma 判断是否发生此种情况。如果是,则进行买入操作。买入的股票代码为 self. __instrument,shares 表示买入多少股。调用 enterLong 方法实现买入,并且把头寸赋给 self. __position。Long 表示做多,也就是买入,希望后面能够以更高价格卖出获利。

至于买多少股,此策略使用现存现金的 90%来尽量买入。self. getBroker( )获得本策略相关的经纪商(broker),当策略是模拟运行的时候,PyAlgoTrade 为策略建立一个虚拟的经纪商;当策略实际运行的时候,PyAlgoTrade 把策略连接到真实的经纪商。

通过经纪商对象,调用 getCash( )方法,可以获得当前账户余额,知晓有多少现金。除以 bars[self. __instrument]. getPrice( ),就知道能够买多少股。

注意,onBars 函数的参数 bars 把一只或者几只股票的当前 Price Bar 以字典表的方式递交给 onBars 函数。可以通过 bars[self. __instrument]提取当前股票的价格对象(一个 Price Bar),包含最高价、最低价、开盘价、收盘价等数据,通过 getPrice 就可以把收盘价提取出来。

如果我们有股票在手,发现价格从上边下穿移动平均,预示近期价格下跌,就可以把头寸卖出。cross 类的 cross_below 方法,根据 self. __prices 和 self. __sma 判断是否发生此种情况。

要注意的是,卖出操作需要一定时间。如果股票处在"正在卖出"状态,则不要重复卖出。这就是需要判断目前是否处在 self. __position. exitActive( )的原因。

5. 运行 SMACrossOver 策略

到目前为止,我们仅仅定义了 SMACrossOver 策略类。为了运行它,需要创建这个类的一个对象,馈入数据,才能开始运行。

首先,建立一个 GenericBarFeed 类的对象 feed,时间频率为天。从当前目录下的“AAPL-New. csv”文件装载数据到 feed,价格序列命名为 AAPL。以 feed、"AAPL" 和 163 为参数建立一个新的 SMACrossOver 类的对象 mySMACrossOver。其中,AAPL 为股票代码(苹果公司),163 为移动平均的周期。

```
feed=GenericBarFeed(Frequency.DAY, None, None)
feed.addBarsFromCSV("AAPL", "./AAPLNew.csv")
mySMACrossOver=SMACrossOver(feed, "AAPL", 163)#smaPeriod)
```

接着,创建收益、夏普指数、最大回撤、交易历史等分析对象,挂接到 mySMACrossOver 对象上。就像我们去医院做心电图检查的时候,医生在我们的手、脚、胸口夹上或者粘上电极。

当交易策略运行起来时,这些分析对象将记录每次买卖、盈亏情况,并且最后计算总收益率、夏普指数和最大回撤等关键指标。

```
# Attach analyzers to the strategy
returnsAnalyzer=returns.Returns()
mySMACrossOver.attachAnalyzer(returnsAnalyzer)
sharpeRatioAnalyzer=sharpe.SharpeRatio()
mySMACrossOver.attachAnalyzer(sharpeRatioAnalyzer)
drawdownAnalyzer=drawdown.DrawDown()
mySMACrossOver.attachAnalyzer(drawdownAnalyzer)
tradesAnalyzer=trades.Trades()
mySMACrossOver.attachAnalyzer(tradesAnalyzer)
```

我们希望看到交易策略运行的可视化结果,通过如下代码实现。

```
# Attach the plotter to the strategy
plt=plotter.StrategyPlotter(mySMACrossOver)
# Include the SMA in the instrument's subplot to get it displayed along with the
closing prices
plt.getInstrumentSubplot("AAPL").addDataSeries("SMA", mySMACrossOver.getSMA
())
# Plot the simple returns on each bar
plt.getOrCreateSubplot("returns").addDataSeries("Simple returns", returnsAna-
lyzer.getReturns())
```

在 mySMACrossOver 对象上,建立 StrategyPlotter 类的对象 plt,实际上是把绘图对象挂接到交易对象 mySMACrossOver 上。plt 对象将绘制一张图,其中一个子图把股票的价格序列绘制出来,以股票的名字命名,比如本实例中的 AAPL。

通过 mySMACrossOver 的 getSMA()方法,获得移动平均序列,把它作为一个数据序列,命名为 SMA,画到整张图的子图 AAPL 上,也就是在价格上绘制移动平均。

通过 returnsAnalyzer 分析器对象的 getReturns()方法,获得收益序列,把它作为一个数据序列,命名为 Simple returns,画到整张图的子图 returns 上。如果没有 returns 子图,就新建一个。

调用 mySMACrossOver 的 run 方法,运行 mySMACrossOver 交易策略。打印交易策略的资产净值、收益率、夏普指数、最大回撤、最大回撤周期等关键指标,并且把图形化运行结果显示出来。

相关的代码很容易理解,不予赘述。其中 getCumulativeReturns()[-1]表示取得收益率序列的最后一个值。

```
# Run the strategy
mySMACrossOver.run()

print ( " Final  portfolio  value1: MYM% .2f" % (mySMACrossOver.getBroker ( )
.getEquity())  )
print ("Final portfolio value2: MYM% .2f" % (mySMACrossOver.getResult())  )
print ("Cumulative returns: % .2f %%" % (returnsAnalyzer.getCumulativeReturns()
[-1] * 100)  )
print ("Sharpe ratio: % .2f" % (sharpeRatioAnalyzer.getSharpeRatio(0.03))  )
print ("Max. drawdown: % .2f %%" % (drawdownAnalyzer.getMaxDrawDown() * 100)  )
print ("Longest drawdown duration: % s" % (drawdownAnalyzer.getLongestDrawDownDu-
ration())  )

# Plot the strategy
plt.plot()
```

9.1.3 运行结果

mySMACrossOver 策略的运行结果如图 9-2 和图 9-3 所示。

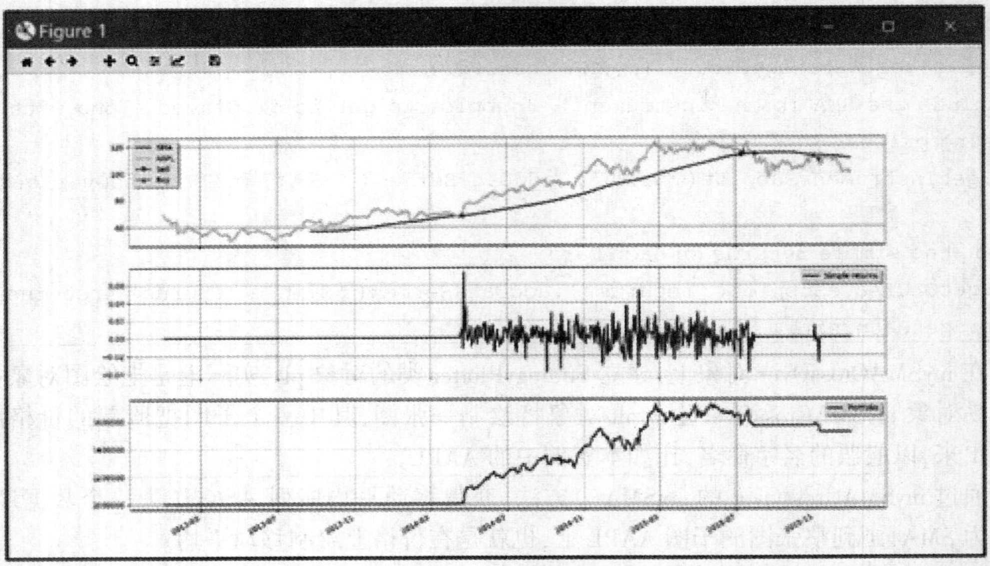

图 9-2　mySMACrossOver 策略运行的可视化结果

图 9-2 包含三个子图，分别是价格子图、收益子图（盈亏）、资产净值子图（累计盈亏）。

价格子图上还显示了 SMA 移动平均线，标记了策略运行以后买入和卖出操作的时间点。买入用尖角向上的三角形表示，卖出用尖角向下的三角形表示。

图 9-3 显示策略运行结束后的最后资产净值、收益率、夏普指数和最大回撤等指标。在 2013-01-01 到 2015-12-31 期间的 APPL 价格数据上，该策略的模拟运行结果为：

（1）资产净值为 MYM1 515 965。

（2）收益率为 51.6%，收益较好。

（3）夏普指数为 0.87，比较稳健。

（4）最大回撤为 11.82%。最长回撤周期为 223 天，时间有点长。

```
In [2]: runfile('D:/2020-python(2)/SMACrossOver.py', wdir='D:/2020-python(2)')
Final portfolio value1: $1515965.56
Final portfolio value2: $1515965.56
Cumulative returns: 51.60 %
Sharpe ratio: 0.87
Max. drawdown: 11.82 %
Longest drawdown duration: 223 days, 0:00:00

In [3]:
```

图 9-3　mySMACrossOver 策略运行的输出

9.2　利用 RSI 指标判断超买、超卖的交易策略

RSI 指标的计算方法和使用方法已经在“基本面分析和技术分析”一章介绍，请读者自行参考。

在本策略中，不仅基于 RSI 指标进行超买超卖状态的判定，而且利用价格和移动平均的上穿和下穿关系，判定买入股票和卖出股票的时机。

使用了两个移动平均，一个是 entrySMA 移动平均，利用其判定买入股票的时机；另一个是 exitSMA 移动平均，利用其判定卖出股票的时机。

9.2.1　代码分析

1. 导入必要的 Python 库

大部分 Python 库（包含各种对象类和方法）的功能已经在 9.1 节做了详细说明。

需要导入 rsi 模块，利用其方法计算 RSI 指标。

```
from pyalgotrade.barfeed.csvfeed import GenericBarFeed
from pyalgotrade.bar import Frequency


from pyalgotrade.technical import ma
from pyalgotrade.technical import rsi
from pyalgotrade.technical import cross


from pyalgotrade import strategy
```

```
from pyalgotrade.stratanalyzer import returns
from pyalgotrade.stratanalyzer import sharpe
from pyalgotrade.stratanalyzer import drawdown
from pyalgotrade.stratanalyzer import trades
from pyalgotrade import plotter

import matplotlib as mpl
mpl.style.use('classic')
```

2. 定义 MyRSIStrategy 类

基于 strategy. BacktestingStrategy 类定义 MyRSIStrategy 类，__init__函数有如下 8 个参数。self 是对策略自身的引用。feed 是__init__函数的参数，它以字典表的形式记录了若干股票的价格序列，在这里只有一只股票。instrument 是股票的名称。entrySMA 表示第一个移动平均的计算周期，用于买点判断。exitSMA 表示第二个移动平均的计算周期，用于卖点判断。rsiPeriod 表示计算 RSI 指标所使用的周期。overBoughtThreshold 和 overSoldThreshold 分别表示超买和超卖阈值。

__init__函数的初始化过程如下。首先，调用父类也就是 BacktestingStrategy 的__init__方法，完成必要的初始化工作，然后进行本交易策略的初始化。

把传递进来的参数 instrument 记录到本交易策略的成员属性 self. __instrument 中。

如果 Price Bar 里面包含 Adjusted Close Price，那么使用这个价格来运行交易策略。

从 feed 中提取 instrument 股票的 Price Bar 序列，把收盘价格序列记录到属性self. __priceDS 中。

基于 self. __priceDS 和 entrySMA 参数，计算移动平均序列，保存在self. __entrySMA 属性中。

基于 self. __priceDS 和 exitSMA 参数，计算移动平均序列，保存在self. __exitSMA属性中。

基于 self. __priceDS 和 rsiPeriod 参数，计算 RSI 指标序列，保存在 self. __rsi 属性中。

把传递进来的参数 overBoughtThreshold、overSoldThreshold 分别保存在 self. __overBoughtThreshold、self. __overSoldThreshold 属性中。

设定做多的头寸为空（参考文献中给出的实例可以做多也可以做空，这里我们只做多）。

```
class MyRSIStrategy(strategy.BacktestingStrategy):
    def __init__(self, feed, instrument, entrySMA, exitSMA, rsiPeriod, overBought-
Threshold, overSoldThreshold):
        super(MyRSIStrategy, self).__init__(feed)
        self.__instrument = instrument
         # We'll use adjusted close values, if available, instead of regular
close values
        if feed.barsHaveAdjClose():
            self.setUseAdjustedValues(True)
        self.__priceDS = feed[instrument].getPriceDataSeries()
        self.__entrySMA = ma.SMA(self.__priceDS, entrySMA)
        self.__exitSMA = ma.SMA(self.__priceDS, exitSMA)
```

```
        self.__rsi=rsi.RSI(self.__priceDS, rsiPeriod)
        self.__overBoughtThreshold=overBoughtThreshold
        self.__overSoldThreshold=overSoldThreshold
        self.__longPos=None
```

3. 定义 MyRSIStrategy 类的若干函数

onEnterCanceled、onExitOk、onExitCanceled 等回调函数，已经在 9.1 节做了详细说明。

```
    def getEntrySMA(self):
        return self.__entrySMA

    def getExitSMA(self):
        return self.__exitSMA

    def getRSI(self):
        return self.__rsi

    def onEnterCanceled(self, position):
        if self.__longPos==position:
            self.__longPos=None

    def onExitOk(self, position):
        if self.__longPos==position:
            self.__longPos=None

    def onExitCanceled(self, position):
        # If the exit was canceled, re-submit it.
        position.exitMarket()
```

4. 定义 MyRSIStrategy 类的核心交易逻辑

首先，我们必须拥有足够的价格数据点，才能够计算 exitSMA、entrySMA、RSI 等指标，因为这些指标的计算有一个计算周期参数，需要一定数量的价格数据点。

当相关指标就绪，我们取得最后一个收盘价。开始尝试执行如下交易逻辑：

(1) 如果当前的做多头寸不为空，也就是我们拥有股票，调用辅助函数 exitLongSignal，如果判断为应该卖出，就卖出股票。

(2) 如果当前做多头寸为空，也就是我们手头没有股票，调用辅助函数 enterLongSignal，如果判断为应该买入，就买入股票。

买入股票的时候，用剩余资金的 90%除以最新的股票价格，得到应该买入多少股。

```
    def onBars(self, bars):
        # Wait for enough bars to be available to calculate SMA and RSI
        if self.__exitSMA[-1] is None or self.__entrySMA[-1] is None or self.__rsi
[-1] is None:
            return
```

```
        bar=bars[self.__instrument]
        if self.__longPos is not None:
            if self.exitLongSignal():
                self.__longPos.exitMarket()
        else:
            if self.enterLongSignal(bar):
                shares=int(self.getBroker().getCash() * 0.9 /bars[self.__instru-
ment].getPrice())
                self.__longPos=self.enterLong(self.__instrument, shares, True)

    def enterLongSignal(self, bar):
        return bar.getPrice() > self.__entrySMA[-1] and self.__rsi[-1] <=self._
_overSoldThreshold

    def exitLongSignal(self):
        return cross.cross_above(self.__priceDS, self.__exitSMA) and not self.__
longPos.exitActive()
```

enterLongSignal 辅助函数根据如下条件判断是否应该买入：收盘价格大于 self. __entrySMA 序列的最后一个移动平均，并且 RSI 指标序列的最后一个取值小于超卖阈值，也就是小于 10。

exitLongSignal 辅助函数根据如下条件判断是否应该卖出：利用 cross 模块的 cross_above 方法，判断 self. __priceDS 是否从下边上穿 self. __exitSMA，并且目前没有正在卖出股票。

读者应该已经注意到，exitLongSignal 辅助函数的处理逻辑有点别扭，似乎第一个条件应该是 self. __priceDS 从上边下穿 self. __exitSMA。此外按照对称原则，exitLongSignal 是否应该判断当前市场处于超买情况？本章末参考文献[4]是这么处理的，而且策略运行的效果还可以。

5. 运行 MyRSIStrategy 策略

运行 MyRSIStrategy 策略的代码和运行 SMACrossOver 策略的代码是类似的，但也有以下区别。

通过 myRSIStrategy 的 getEntrySMA ( ) 方法，获得 self. __entrySMA 移动平均序列，把它作为一个数据序列，命名为 Entry SMA，画到整张图的子图 AAPL 上。

通过 myRSIStrategy 的 getExitSMA ( ) 方法，获得 self. __exitSMA 移动平均序列，把它作为一个数据序列，命名为 Exit SMA，画到整张图的子图 AAPL 上。

通过 myRSIStrategy 的 getRSI ( ) 方法，获得 RSI 指标序列，把它作为一个数据序列，命名为 RSI，画到整张图的子图 rsi 上。如果没有 rsi 子图，就新建一个。在该子图上绘制 Overbought 和 Oversold 阈值线，阈值的取值根据创建 myRSIStrategy 时传递进来的 overBoughtThreshold 和 overSoldThreshold 参数来设定。

```
instrument="AAPL"
entrySMA=163
exitSMA=7
```

```
rsiPeriod=2
overBoughtThreshold=90
overSoldThreshold=10

feed=GenericBarFeed(Frequency.DAY, None, None)
feed.addBarsFromCSV("AAPL", "./AAPLNew.csv")

myRSIStrategy = MyRSIStrategy ( feed, instrument, entrySMA, exitSMA, rsiPeriod,
overBoughtThreshold, overSoldThreshold)

# Attach analyzers to the strategy
returnsAnalyzer=returns.Returns()
myRSIStrategy.attachAnalyzer(returnsAnalyzer)
sharpeRatioAnalyzer=sharpe.SharpeRatio()
myRSIStrategy.attachAnalyzer(sharpeRatioAnalyzer)
drawdownAnalyzer=drawdown.DrawDown()
myRSIStrategy.attachAnalyzer(drawdownAnalyzer)
tradesAnalyzer=trades.Trades()
myRSIStrategy.attachAnalyzer(tradesAnalyzer)

# Attach the plotter to the strategy
plt=plotter.StrategyPlotter(myRSIStrategy)
#plt=plotter.StrategyPlotter(myRSIStrategy, True, False, True)
plt.getInstrumentSubplot(instrument).addDataSeries("Entry SMA", myRSIStrate-
gy.getEntrySMA())
plt.getInstrumentSubplot(instrument).addDataSeries("Exit SMA", myRSIStrate-
gy.getExitSMA())
plt.getOrCreateSubplot("rsi").addDataSeries("RSI", myRSIStrategy.getRSI())
plt.getOrCreateSubplot("rsi").addLine("Overbought", overBoughtThreshold)
plt.getOrCreateSubplot("rsi").addLine("Oversold", overSoldThreshold)
# Plot the simple returns on each bar
plt.getOrCreateSubplot("returns").addDataSeries("Simple returns", returnsAna-
lyzer.getReturns())

# Run the strategy
myRSIStrategy.run()

print ("Final portfolio value1: MYM%.2f" % (myRSIStrategy.getBroker().getEquity
()) )
print ("Final portfolio value2: MYM%.2f" % (myRSIStrategy.getResult()) )
print ("Cumulative returns: %.2f %%" % (returnsAnalyzer.getCumulativeReturns()
[-1] * 100) )
```

```
print ("Sharpe ratio: % .2f" % (sharpeRatioAnalyzer.getSharpeRatio(0.03)) )
print ("Max. drawdown: % .2f %% " % (drawdownAnalyzer.getMaxDrawDown() * 100) )
print ( " Longest drawdown duration: % s " % ( drawdownAnalyzer.getLongestDrawDownDuration()) )

# Plot the strategy
plt.plot()
```

9.2.2 运行结果

myRSIStrategy 策略的运行结果如图 9-4 和图 9-5 所示。

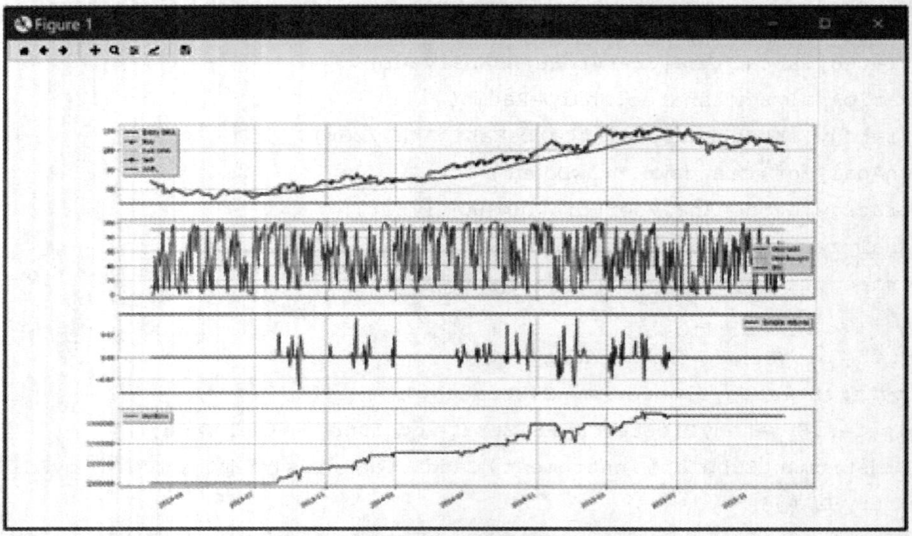

图 9-4　myRSIStrategy 策略运行的可视化结果

```
In [8]: runfile('D:/2020-python(2)/07基于规则的策略/MyRSIStrategy.py'
略')
Final portfolio value1: $1336067.25
Final portfolio value2: $1336067.25
Cumulative returns: 33.61 %
Sharpe ratio: 0.89
Max. drawdown: 7.20 %
Longest drawdown duration: 244 days, 0:00:00
```

图 9-5　myRSIStrategy 策略运行的输出

图 9-4 包含 4 个子图,分别是价格子图、RSI 指标子图、收益子图(盈亏)、资产净值子图(累计盈亏)。

价格子图上显示了 entrySMA、exitSMA 等移动平均线,并且标记了策略运行以后买入和卖出操作的时间点。买入用尖角向上的三角形表示,卖出用尖角向下的三角形表示。

图 9-5 显示策略运行结束后的最后资产净值、收益率、夏普指数和最大回撤等指标。在 2013-01-01 到 2015-12-31 期间的 APPL 价格数据上,该策略的模拟运行结果为:

(1) 资产净值为 MYM1 336 067。

(2) 收益率为 33.6%,收益较好。

(3) 夏普指数为 0.89,比较稳健。

(4) 最大回撤为 7.20%,非常好。最长回撤周期为 244 天,时间有点长。

9.3 使用遗传编程自动寻找规则

上述交易策略的规则是人工设定的。我们也可以利用计算机强大的处理能力,自动寻找合适的规则。

遗传编程(genetic programming,GP)又称为基因规划,它和遗传算法很类似,都是优化算法,都借鉴了达尔文进化论的适者生存原则对种群进行演化。两者的重大差别是,遗传算法的个体是一个个经过编码的参数组合,而遗传编程的个体是一个个程序。

遗传编程的个体是计算机程序,有多种表现形式。最常见的是基于语法树(syntactic tree)的遗传编程,可用树形结构来清晰地表达一个程序(一个逻辑表达式)。

比如,在移动平均 MA(参数为 10 天)、RSI(参数为 5 天)指标、价格动量(参数为 5 天)、交易量动量(参数为 5 天)等指标上进行遗传编程,可以指定如下原则来构造语法树。

(1) 树叶节点,也称为终止符,是指标和常量或者价格的关系表达式。比如 MA(10)>Price。

(2) 树的内部节点为逻辑运算,包括与、或、非等操作(或者称为函数)。

MA(10)表示 10 天的收盘价的移动平均。它可以和当前的收盘价构成某种关系表达式,比如 MA(10)>Price。RSI(5)为 5 天的相对强弱指标,它可以和阈值形成关系表达式,比如 RSI(5 天)>80。价格动量(5 天)表示最近 5 天的收盘价的趋势(可以使用最小二乘法拟合的直线方程斜率),这个斜率可以在一定范围变动,形成表达式,比如价格动量(5 天)[-0.1, 0]。交易量动量(5 天)按照类似办法处理。

终止符集包括上述可选的表达式,可选函数为 and、or、not 等。终止符集、函数集构成原语集(primitive set)。

GP 的初始种群(initial population)一般是在给定函数集、终止符集,以及一定的参数后随机生成的。可选参数包括种群的大小以及语法树的深度等。引入语法树的深度是为了避免生成过深、太复杂的语法树。

随机生成个体有两种方法,分别是 Grow Method 和 Full Method。

(1) Grow Method:该方法从函数集中随机选择函数作为根节点,从整个 Primitive Set 中随机选择节点作为子节点,直至达到限制的深度。达到限制的深度时,只能从终止符集(terminal set)中随机取用终止符作为叶节点,构成完整的合法的语法树。比如,限制深度为 2,那么可以生成如图 9-6 所示的一棵语法树。

(2) Full Method:该方法从函数集中随机取出函数作为根节点,从函数集中随机取出函数作为子节点,直至达到限制的深度。达到限制的深度时,只能从终止符集中随机取用终止符作为叶节点。该方法生成的初始个体中,所有的终止符都处于同一深度。

适应度(fitness)是衡量个体优劣的一个数值。适应度函数(fitness function)是计算种群中个体优劣的函数。在此,我们可以构造一个种群,每个个体包括两棵独立的语法树,其中

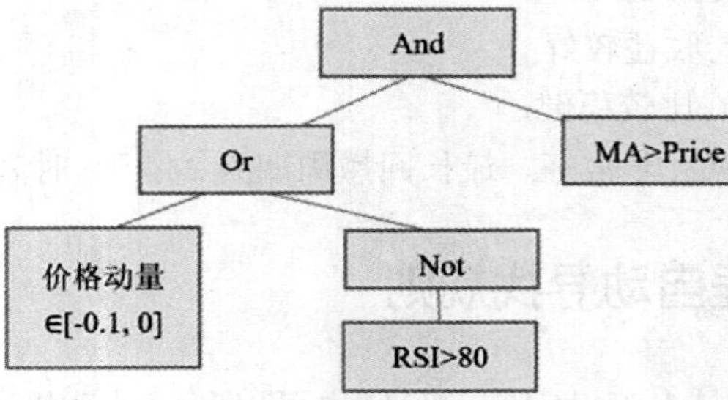

图 9-6 Grow Method

一棵语法树用于判断是否买入,另一棵语法树用于判断是否卖出。利用这两棵语法树进行交易策略的测试,获得策略的夏普指数,就可以作为个体的适应度值。

在适应度的基础上,可以对一个种群进行选择。关于选择的办法,请参考"策略参数的优化"一章中对遗传算法的描述。

然后,进行交叉和变异。交叉是对程序的交叉,即对语法树的交叉,如图 9-7 所示。在这里,变异的含义是非叶子节点可以由 and 变成 or,或者由 or 变成 and。

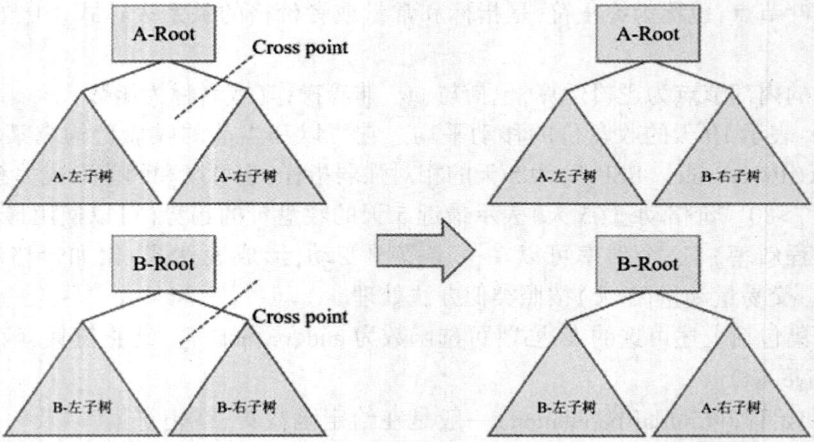

图 9-7 交叉

注:Cross Point 也可以选在根节点和左子树的连线上。

整个遗传编程的流程是:初始化种群,如果已经满足终止条件,就提取最优解;否则通过选择/交叉/变异等操作,生成下一代;一代又一代地迭代,直到满足终止条件。

它和遗传算法的流程是类似的,请参考"策略参数的优化"一章中对遗传算法的描述。

参考文献

[1] 覃雄派, 陈跃国, 杜小勇. 数据科学概论. 北京: 中国人民大学出版社, 2018.
[2] 王秋月, 覃雄派, 赵素云, 张静. 人工智能与机器学习. 北京: 中国人民大学出版社, 2020.
[3] SMA Crossover. http://gbeced. github. io/pyalgotrade/docs/v0. 20/html/sample_sma_crossover. html.
[4] RSI2. http://gbeced. github. io/pyalgotrade/docs/v0. 20/html/sample_rsi2. html.

10 基于分类的交易策略(股票内)

所谓分类,就是根据一些自变量预测一个因变量,而这个因变量只有少数几个取值(类别)。

在股票预测中进行分类预测,预测明天(也可以是后天甚至以后)的价格相对于今天是上涨还是下跌,称为二分类;预测价格是上涨、下跌还是横盘整理,称为多类别分类。

本章介绍的交易策略是股票内策略,意思是本交易策略只使用一只股票的价格数据,利用其历史价格的变化情况来预测未来的价格涨跌。

利用价格的历史变化情况预测未来价格变化,有没有内在的合理性呢? 有。读者可以想一想,今天的气温和昨天、前天、大前天的气温是相关的。

在统计学里,针对时间序列数据有 AR、ARMA、ARIMA 等模型,它的假设就是时间序列里存在自相关,也就是价格和自己的历史是相关的。AR、ARMA、ARIMA 等模型在一些实际场景中得到成功应用。

利用历史价格变化预测未来(明天)的价格涨跌,需要经过多个步骤,如图 10-1 所示。

(1) 当一个交易策略实际运行时,价格数据是以流式数据形式到达的。比如,如果价格的时间频率是天,那么每天的 Price Bar 在适当时间馈入交易模型,交易模型据此进行交易决策。所以,在进行历史回测时,即便我们手头拥有所有的数据,也不能一次把它交给交易策略,而应以流式数据形式馈入交易策略。历史价格一般保存在 CSV 文件中,PyAlgoTrade 通过 feed 对象读取 CSV 文件,Price Bar 依次交给交易策略。

(2) 交易策略内部用一个管道数据结构(Python 的 deque)管理不断到达的价格数据点。管道有一定的容量,比如图 10-1 中的管道容量是 5,也就是可以保存 5 个价格数据点。

当历史价格不断到达,管道不断填充,终于满上时,可以开始构造一个样本。

(3) 样本的构造过程如下:把价格数据点序列的相邻价格做一个差值计算,也就是用后面的价格减去前面的价格,得到一个差值,这个差值表达了相邻天之间价格的涨跌情况。比如“ 23 24 23 25 24”价格数据点列表,经过差值计算后,得到差值列表“1 -1 2 -1”。价格涨跌有不同的幅度,不利于机器学习模型的训练,需要离散化。我们使用的是决策树模型,在这里进行的离散化很简单,把上涨表示为 1,下跌表示为 0。于是,“1 -1 2 -1”差值列表变成一个涨跌列表“1 0 1 0”。

(4) scikit-learn 库的机器学习算法在训练的时候,一个样本的自变量(X)和因变量(Y)是单独给定的。现在把涨跌列表“1 0 1 0”切割一下,把前 3 个涨跌切下来即“1 0 1”作为 X,把最后一个涨跌切下来即“0”作为 Y。X 部分推入 X 管道,Y 部分推入 Y 管道。这

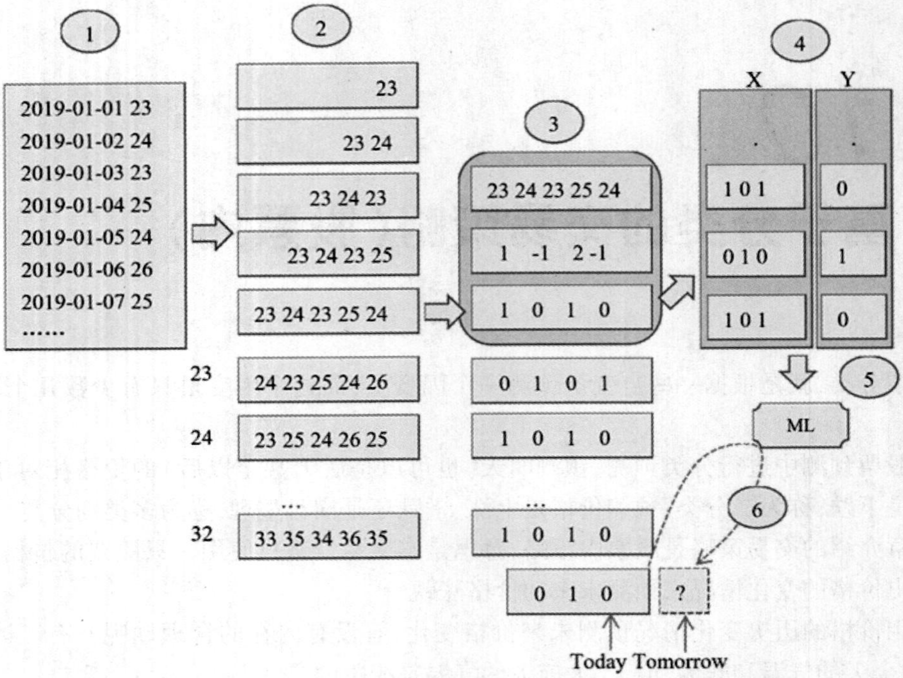

图 10-1　价格的到达、样本的构造和模型的训练

两个管道是一样大的，对应位置的元素对应一个完整的样本的 X 部分和 Y 部分。样本管道里只有一个样本，样本数量不够。机器学习模型的训练需要一定量的数据（样本数量）才行。

（5）一旦价格数据点管道有新的价格进来，推入其末端，前端的价格就丢掉了，比如“23 24 23 25 24”的末尾来一个新价格 26，前端的 23 就丢掉了，现在价格管道的内容变成“24 23 25 24 26”。按照同样的原理构造一个样本。

当价格不断到来，样本不断构造。样本数量足够了，就可以训练机器学习模型。经过训练的模型拟合到它看到的数据上。根据样本构造原理，X 部分表达的是前几天的涨跌情况，Y 部分表达的是接下来一天的涨跌。现在，机器学习模型拥有了利用前面几天的涨跌情况预测接下来一天的涨跌的能力。

机器学习模型具有一定的泛化能力，即便对从未看到的数据，也可以进行一定的预测。

（6）现在假设，最新的价格数据点管道的内容为“33 35 34 36 35”，利用它造出来的样本 X 部分为“101”，Y 部分为“0”。这个新的样本同样推入 X 管道和 Y 管道，X 管道和 Y 管道的最旧的样本被丢弃。机器学习模型利用新来的样本和已有的样本进行训练，机器学习模型得到更新，维持了它对新数据的涵盖和理解。

机器学习模型已经训练好了，接下来准备交易。基于“33 35 34 36 35”价格数据点构造出来的涨跌列表“1010”，切下靠后的三个涨跌，即“010”，把“010”馈入机器学习模型。模型会给出一个涨跌预测，这个涨跌就是明天的涨跌情况。

只要我们建立的模型足够好，机器学习模型得出来的预测就差不离，具有比随机猜测更好的预测能力。

有了明天的涨跌，我们可以根据如下逻辑进行交易。

(1) 如果我们现在有头寸,也就是拥有股票,价格看涨,就什么都不做,也就是继续拥有股票;价格看跌,就卖出股票。

(2) 如果我们现在没有头寸,也就是没有股票,价格看涨,就买入股票;价格看跌,就什么都不做。

这样的交易信号生成原理是很简单的。我们应该从简单入手,通过不断修改和优化交易策略,去构造更加复杂的策略,构造可以制胜的策略。

10.1 代码分析

1. 导入必要的 Python 库

大部分 Python 库(模块)和类已经在 9.1 节做了详细说明。这里仅仅描述新增的内容。

deque 是 Python 的 collections 模块里提供的管道类。对于管道内的元素类型不做要求,包括整数、小数、字符串,甚至列表都可以。

在数据处理过程中用到了 numpy 库的一些函数,所以要导入进来。

在机器学习模型方面,用到 scikit-learn 库的 DecisionTreeClassifier 类,也就是基于决策树的分类器。

```
from pyalgotrade.barfeed.csvfeed import GenericBarFeed
from pyalgotrade.bar import Frequency

from collections import deque
import numpy as np
from sklearn.tree import DecisionTreeClassifier

from pyalgotrade import strategy
from pyalgotrade.stratanalyzer import returns
from pyalgotrade.stratanalyzer import sharpe
from pyalgotrade.stratanalyzer import drawdown
from pyalgotrade.stratanalyzer import trades
from pyalgotrade import plotter

import matplotlib as mpl
mpl.style.use('classic')
```

2. 定义 MyDTStrategy 类

基于 strategy. BacktestingStrategy 类定义 MyDTStrategy 类,这就是将要实现的基于分类的交易策略。

初始化函数__init__有三个参数,分别是 self、feed 和 instrument。self 是对策略自身的引用,feed 是 PyAlgoTrade 运行时馈入的数据,instrument 是交易的股票名称。首先,调用父类也就是 BacktestingStrategy 类的__init__方法,完成必要的初始化工作,并且进行本交易策略的初始化。初始资金设定为 100 000,也就是 10 万元。

接着,把本交易策略的头寸属性设定为空,即 self. __position = None。把参数 instrument

记录到本交易策略的属性 self. __instrument 里。

我们希望观察前 10 天的涨跌情况,把本交易策略的 self. __window_length 属性设定为 10。根据 self. __window_length 设定价格管道的大小,建立一个价格数据点管道 deque,记录到本交易策略的 self. __recent_prices 属性里。其他属性按照类似办法进行定义及初始化,属性初始化以后,在交易策略的其他函数中可以存取。

因为 X 的大小是 10,Y 的大小是 1,加起来是 11,也就是有 11 个价格差,所以必须有 12 个价格数据点才能得到 11 个价格差,self. __recent_prices 管道的大小应该为 12。

接下来,建立一个决策树模型,并且记录到本交易策略的 self. __classifier 属性里。建立两个管道,分别是 X 管道和 Y 管道,存放样本的 X 部分和 Y 部分,这两个管道的大小都是 500,分别记录在本交易策略的 self. __X 和 self. __Y 属性里。

最后,把 self. __prediction 属性设定为 0,self. __prediction 表达的是最近一次预测。

```
class MyDTStrategy(strategy.BacktestingStrategy):
    def __init__(self, feed, instrument):
        super(MyDTStrategy, self).__init__(feed, 100000)
        self.__position=None
        self.__instrument=instrument

        self.__window_length=10
        self.__recent_prices=deque(maxlen=self.__window_length+2)

        self.__classifier=DecisionTreeClassifier()

        # 自变量或者输入变量(Independent, or input variables)
        self.__X=deque(maxlen=500)
        # 因变量或者输出变量(Dependent, or output variable)
        self.__Y=deque(maxlen=500)

        self.__prediction=0 # Stores most recent prediction
        self.__predictionList=[]
```

3. 定义 MyDTStrategy 类的若干函数

onEnterOk、onEnterCanceled、onExitOk、onExitCanceled 等回调函数,由 PyAlgoTrade 运行时在适当时机调用,已经在 9.1 节做了说明。

在 onEnterOk 回调函数中,由于刚刚完成买入,可以提取订单信息,把订单的价格在终端上显示出来。

在 onExitOk 回调函数中,由于刚刚完成卖出,可以提取订单信息,把订单的价格在终端上显示出来。

position 是 onEnterOk 回调函数和 onExitOk 回调函数的参数,可以通过它提取刚刚完成的订单信息。getEntryOrder 函数取得买入订单,getExitOrder 函数取得卖出订单。买入订单和卖出订单的 getExecutionInfo 函数返回订单信息,其中就包含成交价格,可以通过 getPrice 函数提取出来。self. info 函数在终端上按照一定的格式显示信息,在这里,格式串里“%. 2f”

表示以小数点后保留两个有效数字的格式显示成交价格。

getPredictionList 函数返回涨跌预测的列表,以便显示出来查看。

```
    def onEnterOk(self, position):
        execInfo=position.getEntryOrder().getExecutionInfo()
        self.info("BUY at MYM% .2f" % (execInfo.getPrice()))

    def onEnterCanceled(self, position):
        self.__position=None

    def onExitOk(self, position):
        execInfo=position.getExitOrder().getExecutionInfo()
        self.info("SELL at MYM% .2f" % (execInfo.getPrice()))
        self.__position=None

    def onExitCanceled(self, position):
        # If the exit was canceled, re-submit it.
        self.__position.exitMarket()

    def getPredictionList(self):
        return self.__predictionList
```

4. 定义 MyDTStrategy 类的核心交易逻辑

onBars 函数在策略运行的时候,由 PyAlgoTrade 不断馈入价格数据 Price Bar,不断回调。也就是说 PyAlgoTrade 读入价格数据,以一个 Price Bar 一个 Price Bar 的形式调用 onBars 函数。

onBars 函数把所有的工作委托给了 handle_data 函数。读者可以想象,当我们不使用 PyAlgoTrade 框架而是使用其他框架进行交易策略开发时,把交易策略核心逻辑代码集中在一个 handle_data 函数里,是不是可以加快迁移过程?

```
    def handle_data(self, bars):
        bar=bars[self.__instrument]
        self.__recent_prices.append(bar.getPrice())

        if len(self.__recent_prices)= =self.__window_length+2:
            changes=np.diff(self.__recent_prices) > 0
            self.__X.append(changes[:-1])
            self.__Y.append(changes[-1])

            if len(self.__Y) >=66:
                self.__classifier.fit(self.__X, self.__Y)
                # 预测下期的涨跌
                self.__prediction=self.__classifier.predict(changes[1:]
.reshape(1,-1))
```

```
            print('self.__prediction', self.__prediction)
            self.__predictionList.append(self.__prediction)

            if self.__position is not None:
                if (self.__prediction>=0.5):
                    pass
                else:
                    if not self.__position.exitActive():
                        self.__position.exitMarket()
            else:
                if (self.__prediction>=0.5):
                        self.__position = self.enterLong(self.__instrument, 10,
True)
                else:
                    pass


    def onBars(self, bars):
        self.handle_data(bars)
```

对于传递进来的参数 bar,通过 bars[self. __instrument]提取本只股票的 Price Bar。

从这个 Price Bar 提取收盘价,推入价格数据点管道 self. __recent_prices。

如果价格数据点管道 self. __recent_price 满了,也就是它的长度达到 self. __window_length+2(为 12),就开始构造样本。

利用 numpy 的 diff 函数,计算 self. __recent_prices 相邻价格差值,如果 self. __recent_prices 为"23 24 23 25 24",那么这个差值为"1 -1 2 -1"。对这个列表进行">0"运算,得到一个真假列表"真假真假",也就是"1010"。

changes[:-1]表示把"1010"的倒数第一个元素之前的元素"101"切下来,作为 *X*,推入 self. __X管道。changes[-1]表示把"1010"的倒数第一个元素"0"切下来,作为 *Y*,推入 self. __Y管道。

如果 self. __Y 管道里的样本已够 66 个(这个参数可以调整),就用 self. __X 和 self. __Y 来训练 self. __classifier,这是一个决策树分类器。

changes[1:]表示把样本比如"1010"下标为 1 以及以后的元素"010"切下来,作为 newX,交给刚刚训练完的模型进行预测,预测出来的结果就是明天的涨跌情况。

5. 运行 MyDTStrategy 策略

运行 MyDTStrategy 策略的代码和"基于规则的交易策略"一章中两个交易策略的相关代码类似,主要的差别是这里的交易策略的类名为 MyDTStrategy,交易策略的对象名为 myDTStrategy。

10.2 运行结果

myDTStrategy 策略的运行结果如图 10-2 和图 10-3 所示。

图 10-2 包含 3 个子图,分别是价格子图、收益子图(盈亏)、资产净值子图(累计盈亏)。

价格子图上标记了策略运行以后的买入和卖出操作的时间点。买入用尖角向上的三角形表示,卖出用尖角向下的三角形表示。

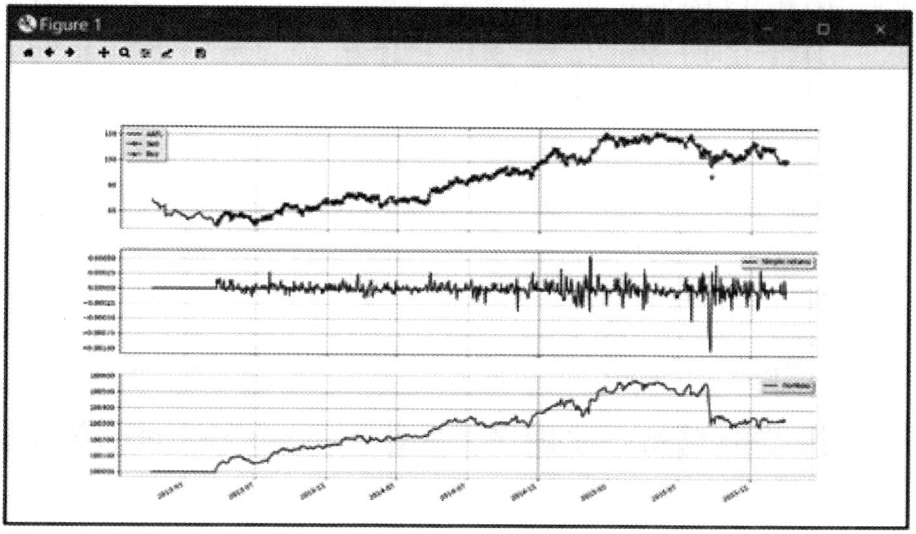

图 10-2　myDTStrategy 策略运行的可视化结果

```
Final portfolio value1: 100332.60
Final portfolio value2: 100332.60
Cumulative returns: 0.33 %
Sharpe ratio: -17.45
Max. drawdown: 0.29 %
Longest drawdown duration: 260 days, 0:00:00
```

图 10-3　myDTStrategy 策略运行的输出

图 10-3 显示策略运行结束后的最后资产净值、收益率、夏普指数和最大回撤等指标。在 2013-01-01 到 2015-12-31 期间的 APPL 价格数据上,该策略的模拟运行结果为:

(1) 资产净值为 MYM100 332。

(2) 收益率为 0.33%,收益很差。我们将在后续章节对本交易策略进行分析和改进。

(3) 夏普指数为-17.45,这是由于收益很差。

(4) 最大回撤为 0.29%,非常好。最长回撤周期为 260 天,时间有点长。

10.3　对 Prediction 进行可视化

MyDTStrategy 类的__init__函数增加一个属性 self.__predictionList ,并且初始化为一个空的列表,即 self.__predictionList = [ ]。

MyDTStrategy 类的 handle_data 函数在预测完成后增加一个语句“self.__predictionList.append(self.__prediction)”,把刚刚完成的预测(可能是 1 或者 0)推入 self.__

predictionList 列表。

在运行 myDTStrategy 策略之前，我们给可视化的图形增加一个子图，称为"predict"，它要显示的数据序列称为"predict"，要显示的内容就是我们收集的 self. __predictionList 列表。

很神奇的是，PyAlgoTrade"运行时"正确地对价格、买卖、涨跌预测、盈亏、累计盈亏等信息自动对齐。要知道，self. __predictionList 在刚开始运行策略时是没有数据的，是空的。

```
plt.getOrCreateSubplot ( " predict ") .addDataSeries ( " predict ", myDTStrate-
gy.getPredictionList())
```

为了存取 MyDTStrategy 类的__predictionList 成员，我们还单独为 MyDTStrategy 类设计了一个存取函数 getPredictionList，前文已介绍。

```
    def getPredictionList(self):
        return self.__predictionList
```

经过改动的代码的运行结果如图 10-4 所示。第三个子图显示涨跌预测效果。

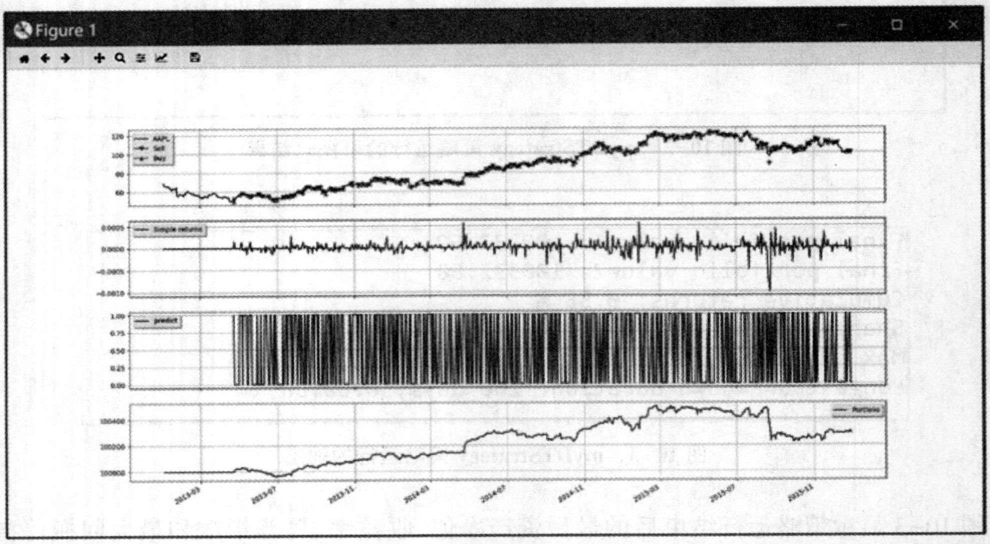

图 10-4　myDTStrategy 策略运行的可视化结果

参考文献

[1]　覃雄派，陈跃国，杜小勇．数据科学概论．北京：中国人民大学出版社，2018.

[2]　王秋月，覃雄派，赵素云，张静．人工智能与机器学习．北京：中国人民大学出版社，2020.

11

基于回归的交易策略(股票内)

11.1　基于分类的交易策略(股票内)的改进

“基于分类的交易策略(股票内)”一章中介绍的交易策略表现并不好。究其原因,样本构造得比较简单,仅仅记录了前几天的涨跌(用1和0表示)情况,就预测接下来一天的涨跌。前几天的价格变化状况是多样和复杂的,简化为涨跌,忽略了很多细节信息。即便使用其他分类模型,也很难获得较好的预测效果。

我们希望保留前几天的价格涨跌的细节信息,并且预测未来(明天)的价格,把问题变成一个回归问题。在回归预测的基础上,根据未来的价格和现在的价格的相对关系进行交易决策。

11.1.1　数据规范化

由于我们使用过去几天的价格(也就是其具体数值)进行机器学习训练,为了保证机器学习模型能够真正把握历史价格变化和接下来一天的价格的关系,需要对样本进行规范化处理。至于为什么需要进行规范化处理,通过如下实例进行解释。

假设根据前几天的价格变化情况构造的一个样本为“5 10 5 10 15”,我们还构造了另外一个样本“10 20 10 20 30”。乍一看,这两个序列没有什么相似性,因为它们的数值绝对不同。如果计算两者之间的欧式距离,会发现距离还是很大的。

把两个价格序列绘制在一张图的两个子图上,我们发现这两个价格序列的变化趋势是类似的,如图11-1所示。

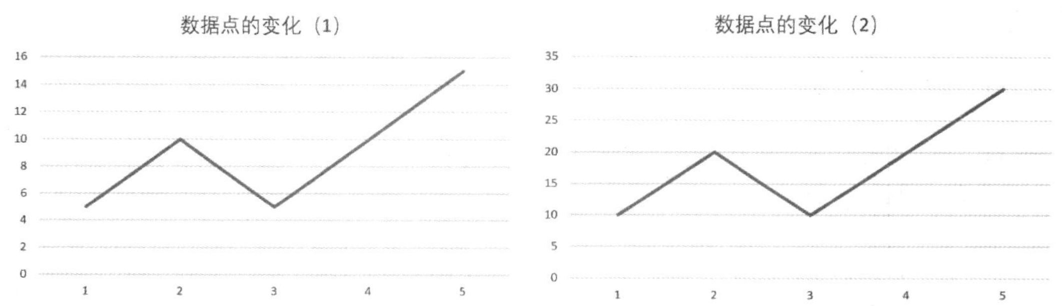

图 11-1　两个价格序列的变化趋势

数据的规范化可以把类似的两个序列,经过一定的变化(压缩、平移等)转换成类似的样本。机器学习模型将面对类似的样本,而不是两个完全不同的样本,这有利于机器学习模型学习到真正的数据变化趋势。

11.1.2　数据规范化实例

我们使用 MinMaxScaler 进行数据的规范化,MinMaxScaler 对象把一个列表(数组)的各个元素,根据它和列表(数组)最大值、最小值的关系压缩到[0,1]之间。

下面给出一个实例。

```
from sklearn.preprocessing import MinMaxScaler
import numpy as np

dataX=[2,3,4,4,3]
dataY=[5]
print("dataX", dataX)
print("dataY",dataY)

scaler=MinMaxScaler()
scaler.fit(dataX)

scaleX=scaler.transform(dataX)
scaleY=scaler.transform(dataY)
print("scaleX", scaleX)
print("scaleY",scaleY)

inverseX=scaler.inverse_transform(scaleX)
inverseY=scaler.inverse_transform(scaleY)

print("inverseX", inverseX)
print("inverseY",inverseY)
```

上述代码可以在 scikit learn 0.18.1 上运行,在 scikit learn 0.22.0 上需要运行新的版本,请参考从本书在线资源网址下载的代码“MinMaxScalerExample_new.py”。代码的执行结果如下:

```
('dataX', [2, 3, 4, 4, 3])
('dataY', [5])

('dataX array', array([2, 3, 4, 4, 3]))
('dataY array', array([5]))

('scaleX', array([0. , 0.5, 1. , 1. , 0.5]))
('scaleY', array([1.5]))
```

```
('inverseX', array([2., 3., 4., 4., 3.]))
('inverseY', array([5.]))
```

为了实现数据的规范化,需要使用 sklearn. preprocessing 模块的 MinMaxScaler 类。

接着把 dataX 初始化为一个列表[2,3,4,4,3],把 dataY 初始化为一个列表[5]。dataX 有好几个元素,dataY 只有一个元素。在理解本实例的基础上,我们很容易将这些技能迁移到处理样本的 X 部分和 Y 部分上。

创建一个 MinMaxScaler 对象 scaler,用 dataX 来训练它。

然后用训练好的 scaler 把 dataX 转换为 scaleX,把 dataY 转换为 scaleY。

从打印的结果可以看到 dataX 原来为[2, 3, 4, 4, 3],转换后的 scaleX 为[0.　, 0.5, 1.　, 1.　, 0.5],数值范围在[0,1]之间。dataY 原来为[5],转换后的 scaleY 为[1.5]。

我们又通过 scaler,反向地把 scaleX 转换为 inverseX,反向地把 scaleY 转换为 inverseY。发现 inverseX 的内容和 dataX 一样,inverseY 的内容和 dataY 一样。

读者可以试想一下,我们训练机器学习模型时,用的是一系列转换后的 $scaleX_i$ 和 $scaleY_i$。我们把一个新的元素取值范围在[0,1]之间的 newX 馈入机器学习模型,它将输出一个[0,1]区间内或者[0,1]附近的数值。

这个数值是机器学习模型能够预测的数值,不是实际业务中使用的带有实际意义的数值,比如价格,需要进行反向转换,才能把对应的具体数值求出来。

上述转换仅仅把 X 部分转换到[0,1]之间,Y 有可能由转换器转换到[0,1]之外,比如 dataY[5]转换为 scaleY[1.5]。这是因为,我们在利用模型进行预测的时候,股票价格有跳空高开和跳空低开的状况,明天的价格有可能不在近几天的价格范围之内。请读者仔细体会一下。

11.2　基于回归的交易策略(股票内)概述

基于回归的交易策略(股票内)与基于分类的交易策略(股票内)的主要区别是:前者利用前几天的价格变化预测接下来一天的价格,是一个回归问题;后者利用前几天的价格涨跌预测接下来一天的价格涨跌,是一个分类问题。

本交易策略的基本流程和基于分类的交易策略(股票内)类似,步骤如下:(1) 价格数据 Price Bar 以流式数据形式到达,交易策略通过价格管道积攒价格数据点。(2) 价格数据点管道满上,开始构造样本。(3)构造样本的 X 和 Y 部分,并且进行适当的规范化,推入样本的 X 管道和 Y 管道。(4) 当拥有足够的样本数量时,就开始训练回归模型。(5) 根据新到达的价格数据点构造样本,同时构造 newX,馈入机器学习模型,得到以今天为基准的明天的价格。(6) 根据明天价格和今天价格的数量关系决定是买入还是卖出。

可以根据如下逻辑进行交易:

(1) 如果我们现在有头寸,也就是拥有股票,价格有一定涨幅,就什么都不做,也就是继续持有股票;价格有一定跌幅,就卖出;价格横盘整理,就什么都不做。

(2) 如果我们现在没有头寸,也就是没有股票,价格有一定涨幅,就买入股票;价格有一定跌幅,就什么都不做;价格横盘整理,就什么都不做。

由于使用回归模型进行预测,在样本构造上就有区别,如图 11-2 所示。

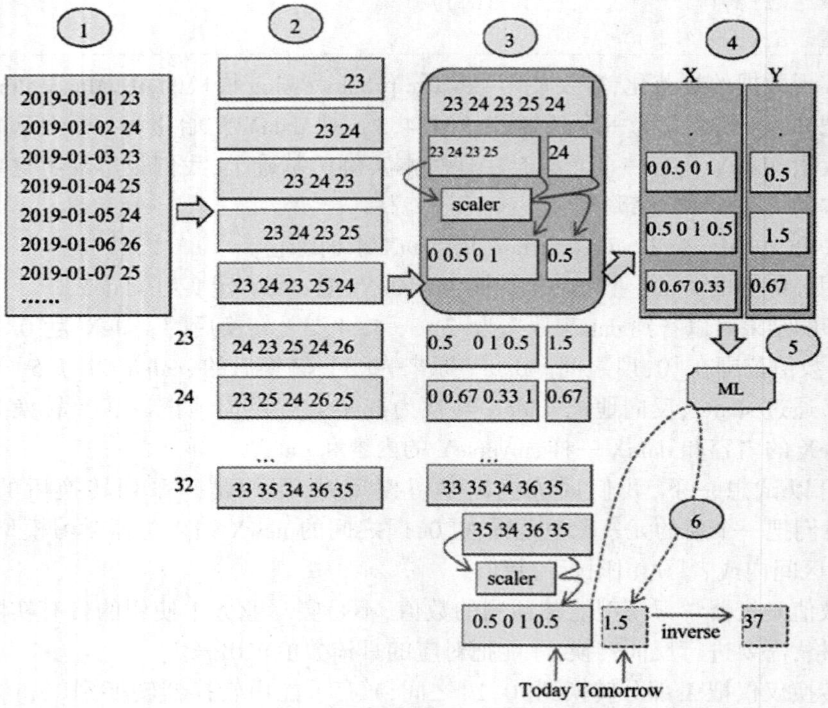

图 11-2 价格的到达、样本的构造和模型的训练

(1) 将"23 24 23 25 24"价格数据点列表切割成 X 部分"23 24 23 25"和 Y 部分"24"。利用 X 部分训练一个 MinMaxScaler 对象 scaler。

(2) 利用这个 scaler 对 X 部分进行转换得到"0 0. 5 0 1",对 Y 部分进行转换得到"0. 5"。

(3) 把转换后的 X 和转换后的 Y 推入样本的 X 管道和 Y 管道。

注意,scaler 利用 X 部分进行训练,但是对 X 和 Y 部分都进行转换,可以处理股票价格跳空高开和跳空低开的状况。

将价格数据点列表"24 23 25 24 26"经过上述转换后,得到的转换后的 X 为"0.5 0 1 0. 5",转换后的 Y 为"1. 5"。转换后的 X 的每个元素的数值保证在[0,1]区间内。转换后的 Y 的各个元素(只有一个元素)的数值不要求在[0,1]范围内。

最新的价格数据点管道的内容为"33 35 34 36 35",利用上述办法创建和转换样本的 X 部分和 Y 部分,继续推入 X 管道和 Y 管道(图 11-2 中没有显示出来)。

同时构造一个 newX,也就是把靠后的四个价格切下来,为"35 34 36 35",利用 scaler 进行训练、转换,得到转换后的 newX 为"0. 5 0 1 0. 5",馈入模型,输出"1. 5"。"1. 5"经过反向转换,得到"37"。如果我们把"35 34 36 35"看作前几天的价格表现,37 就是模型预测的接下来一天(即明天)的价格。

11. 3 代码分析

本实例的代码大部分和"基于分类的交易策略(股票内)"一章中的代码相同,在此仅对不同的部分进行说明。

1. 导入必要的 Python 库

在机器学习模型方面,采用的是 scikit-learn 库的 DecisionTreeRegressor 类,同时需要使用 scikit-learn 库的数据预处理类 MinMaxScaler。

```
from pyalgotrade.barfeed.csvfeed import GenericBarFeed
from pyalgotrade.bar import Frequency

from collections import deque
import numpy as np
from sklearn.tree import DecisionTreeRegressor
from sklearn.preprocessing import MinMaxScaler

from pyalgotrade import strategy
from pyalgotrade.stratanalyzer import returns
from pyalgotrade.stratanalyzer import sharpe
from pyalgotrade.stratanalyzer import drawdown
from pyalgotrade.stratanalyzer import trades
from pyalgotrade import plotter

import matplotlib as mpl
mpl.style.use('classic')
```

2. 定义 MyDTRStrategy 类

基于 strategy. BacktestingStrategy 类定义 MyDTRStrategy 类,这就是我们将要实现的基于回归的交易策略。

特别需要说明的是,初始化函数里新建了一个回归模型,记录在交易策略的 self. __regressor 属性里。

```
class MyDTRStrategy(strategy.BacktestingStrategy):
    def __init__(self, feed, instrument):
        super(MyDTRStrategy, self).__init__(feed, 100000)
        self.__position=None
        self.__instrument=instrument

        self.__window_length=10
        self.__recent_prices=deque(maxlen=self.__window_length+2)

        # 自变量或者输入变量(Independent, or input variables)
        self.__X=deque(maxlen=500)
        # 因变量或者输出变量(Dependent, or output variable)
        self.__Y=deque(maxlen=500)
```

```
    self.__regressor=DecisionTreeRegressor(random_state=0,max_depth=5, max
_features=10)
```

3. 定义 MyDTRStrategy 类的若干函数

onEnterOk、onEnterCanceled、onExitOk、onExitCanceled 等回调函数，由 PyAlgoTrade 运行时在适当时机调用。

在 onEnterOk 回调函数中，由于刚刚完成买入，可以提取订单信息，把订单的价格在终端上显示出来。

在 onExitOk 回调函数中，由于刚刚完成卖出，可以提取订单信息，把订单的价格在终端上显示出来。

```
def onEnterOk(self, position):
    execInfo=position.getEntryOrder().getExecutionInfo()
    self.info("BUY at MYM% .2f" % (execInfo.getPrice()))

def onEnterCanceled(self, position):
    self.__position=None

def onExitOk(self, position):
    execInfo=position.getExitOrder().getExecutionInfo()
    self.info("SELL at MYM% .2f" % (execInfo.getPrice()))
    self.__position=None

def onExitCanceled(self, position):
    # If the exit was canceled, re-submit it
    self.__position.exitMarket()
```

4. 定义 MyDTRStrategy 类的核心交易逻辑

onBars 函数在策略运行的时候，由 PyAlgoTrade 不断馈入价格数据 Price Bar，不断回调。也就是说 PyAlgoTrade 读入价格数据，以一个 Price Bar 一个 Price Bar 的形式调用 onBars 函数。

onBars 函数把所有的工作委托给了 handle_data 函数。

首先取得 bars 参数里本只股票的 Price Bar，然后把收盘价提取出来，作为今天的价格 today_price，并且推入价格管道 self. __recent_prices。

如果价格管道满了，那么从价格管道提取数据，插入列表对象 price_list，然后从列表建立数组，数组的名称仍然为 price_list。这是因为后续一系列处理需要基于数组进行操作，不能直接基于 deque 进行操作。把 price_list 的内容打印出来，以便查看和分析。

接着通过下标操作，切割 price_list 倒数第一个价格之前的所有价格，赋给 dataX。切割 price_list 倒数最后一个价格，赋给 dataY。

创建一个 MinMaxScaler 对象 scaler，用 dataX 进行训练。对 dataX 和 dataY 进行转换，形成 scaleX 和 scaleY。把它们推入样本的 *X* 部分管道 self. __X 和样本的 *Y* 部分管道 self. __Y。

如果样本数量已经超过 66 个（这个参数还可以修改），就用样本集训练回归模型。

接着，把 price_list 下标 1 开始的所有价格切割下来，作为 finalX，并且重新用 finalX 训练

scaler,用 scaler 对 finalX 进行转换,得到 scale_finalX。

把 scale_finalX 作为自变量馈入机器学习模型,得到一个预测值 scale_finalY,用 scaler 进行反向变换,得到 finalY。finalY 可以看作明天的价格,赋给 tomorrow_price。

根据 tomorrow_price 和 today_price,计算价格变化率 the_ratio。

接着执行如下交易逻辑:

(1) 如果我们拥有头寸,明天价格有较大幅度上涨,就什么都不做;明天价格继续横盘整理,就什么都不做;明天价格有较大幅度下跌,就卖出股票。

(2) 如果我们没有头寸,明天价格有较大幅度上涨,就买入股票;明天价格继续横盘整理,就什么都不做;明天价格有较大幅度下跌,就什么都不做。

具体的买卖函数已经在前面章节进行说明,这里就不赘述了。

注意:正如上文所述,scikit-learn 0.22.0 的 MinMaxScaler 进行训练、转换、反转换的时候,要求输入的数据符合一定格式,代码中的 reshape 函数起到这样的作用。读者可以参考从本书在线资源网址下载的代码“MinMaxScalerExample_new. py”来理解。

```
    def handle_data(self, bars):
        bar=bars[self.__instrument]
        today_price=bar.getPrice()
        self.__recent_prices.append(bar.getPrice())

        if len(self.__recent_prices)==self.__window_length+2:
            price_list=list()
            for obj in self.__recent_prices:
                price_list.append(obj)
            price_list=np.array(price_list)

            print("price_list")
            print(price_list)
            dataX=price_list[:-1]
            dataY=price_list[-1:]

            scaler=MinMaxScaler()
            scaler.fit(dataX.reshape(-1, 1)) #scikit learn 0.22.0

             scaleX = scaler.transform(dataX.reshape(-1,1)).flatten() # scikit
learn 0.22.0
             scaleY = scaler.transform(dataY.reshape(-1,1)).flatten() # scikit
learn 0.22.0
            print("scaleX")
            print(scaleX)
            print("scaleY")
            print(scaleY)
```

```
    self.__X.append(scaleX)
    self.__Y.append(scaleY)

    if len(self.__Y) >=66:
        self.__regressor.fit(self.__X, self.__Y)

        finalX=price_list[1:]
        scaler.fit(finalX.reshape(-1, 1)) #scikit learn 0.22.0

        scale_finalX=scaler.transform(finalX.reshape(-1,1)).flatten()
# scikit learn 0.22.0
        print("scale_finalX")
        print(scale_finalX)

        scale_finalY=self.__regressor.predict(scale_finalX.reshape(1,
-1)) # scikit learn 0.22.0
        print("scale_finalY")
        print(scale_finalY)
        finalY=scaler.inverse_transform(scale_finalY.reshape(-1,1))
.flatten() # scikit learn 0.22.0
        print("finalY")
        print(finalY)

        tomorrow_price=finalY
        print("today_price: %.2f" % today_price)
        print("tomorrow_price: %.2f" % tomorrow_price)
        the_ratio=(tomorrow_price-today_price)/today_price
        print("price change ratio: %.2f" %the_ratio)

        if self.__position is not None:
            if ( the_ratio>=0.01):# price change ratio >=0.01(上涨)
                pass
            elif ( the_ratio >=-0.01):# price change ratio in [-0.01, 0.01]
(持平)
                pass
            else:#price change ratio <0.01(下跌)
                if not self.__position.exitActive():
                    self.__position.exitMarket()
        else:
            if ( the_ratio>=0.01):# price change ratio >=0.01(上涨)
                self.__position=self.enterLong(self.__instrument, 100,
True)
```

```
                elif ( the_ratio >=-0.01):# price change ratio in [-0.01, 0.01]
(持平)
                    pass
                else:#price change ratio <0.01(下跌)
                    pass

    def onBars(self, bars):
        self.handle_data(bars)
```

5. 运行 MyDTRStrategy 策略

运行 MyDTRStrategy 策略的代码和"基于规则的交易策略"一章中两个交易策略的相关代码类似,主要的差别是这里的交易策略的类名为 MyDTRStrategy,交易策略的对象名为 myDTRStrategy。

11.4　运行结果

myDTRStrategy 策略的运行结果如图 11-3 和图 11-4 所示。

图 11-3 包含 3 个子图,分别是价格子图、收益子图(盈亏)、资产净值子图(累计盈亏)。

价格子图上标记了策略运行以后的买入和卖出操作的时间点。买入用尖角向上的三角形表示,卖出用尖角向下的三角形表示。

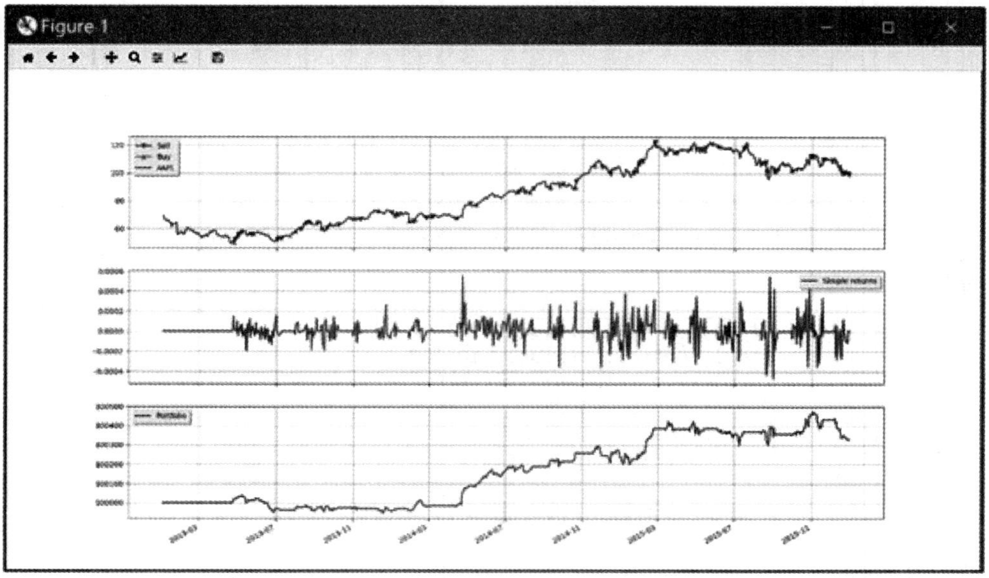

图 11-3　myDTRStrategy 策略运行的可视化结果

图 11-4 显示策略运行结束后的最后资产净值、收益率、夏普指数和最大回撤等指标。在 2013-01-01 到 2015-12-31 期间的 APPL 价格数据上,该策略的模拟运行结果为:

(1) 资产净值为 MYM100 330。

(2) 收益率为 0.33%,收益很差。

（3）夏普指数为-18.79，这是由于收益很差。

（4）最大回撤为0.15%，非常好。最长回撤周期为350天，时间有点长。

```
Final portfolio value1: 100330.20
Final portfolio value2: 100330.20
Cumulative returns: 0.33 %
Sharpe ratio: -18.79
Max. drawdown: 0.15 %
Longest drawdown duration: 350 days, 0:00:00
```

图 11-4　**myDTRStrategy** 策略运行的输出

11.5　改变每次购买股票的数量

我们把代码中购买股票的语句“self. __position = self. enterLong(self. __instrument， 10, True)”的参数10改为100，执行结果如图11-5和图11-6所示。

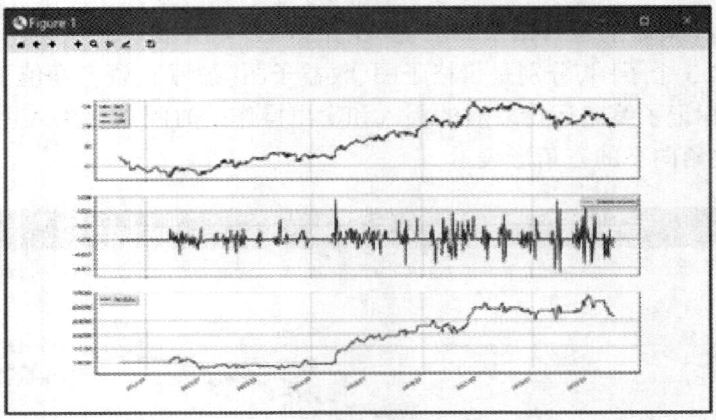

图 11-5　**myDTRStrategy** 策略运行的可视化结果（改变参数后）

```
Final portfolio value1: 103302.00
Final portfolio value2: 103302.00
Cumulative returns: 3.30 %
Sharpe ratio: -1.27
Max. drawdown: 1.39 %
Longest drawdown duration: 350 days, 0:00:00
```

图 11-6　**myDTRStrategy** 策略运行的输出（改变参数后）

从结果来看，收益率、夏普指数、最大回撤等指标都有一定的提升。

11.6　观察样本构造

我们把样本构造过程的输出截取了一部分，以便观察是否正确构造样本、利用样本训练机器学习模型，并利用模型进行预测。

```
price_list [108.56 105.76 105.11 ... 101.49 100.95  99.82]
scaleX [1.         0.70464135 0.63607595 ... 0.11814346 0.25421941 0.19725738]
scaleY [0.07805907]

scale_ finalX  [1.           0.90269461  0.6242515    ...  0.36077844  0.27994012
0.11077844]
scale_finalY [-1.37142857]
finalY [89.91885714]

today_price: 99.82
tomorrow_price: 89.92
price chage ratio:-0.10
```

我们看到 price_list 积攒了最近(到今天为止)的价格。从 price_list 上切割下来的 dataX 和 dataY 以及转换以后的 scaleX 和 scaleY,显示其结果经过了正确的规范化。

对 finalX 进行规范化得到的 scale_finalX 也正确,保证其各个元素取值在[0,1]之间。经过机器学习模型的预测,得到的 scale_finalY 突破了[0,1]取值范围,表明跳空低开。

经过 scaler 的反向转换,得到的 finalY 为 89.9,这就是明天的价格。把它和今天的价格做一个比较,发现降幅超过-0.10。

参考文献

[1] 覃雄派,陈跃国,杜小勇.数据科学概论.北京:中国人民大学出版社,2018.

[2] 王秋月,覃雄派,赵素云,张静.人工智能与机器学习.北京:中国人民大学出版社,2020.

12 基于回归的交易策略(股票间)

12.1 股票间的拉动作用

在股票市场上,不同公司之间的股票具有某种拉动作用。某只股票有利好消息,开始上涨,其他股票稍晚跟涨,时间差从较细的时间粒度(比如小时)到更大的时间粒度(比如一天或者几天不等)。

这些股票所对应的公司可能存在上下游供应关系,或者它们隶属于同一个板块,比如高科技板块。图 12-1 展示了 A 股票的上涨拉动 B 股票的上涨。注意这只是一个示意图,不同股票的上涨幅度、上涨快慢可能有区别,上涨中可能还伴随着一些回调等。

只要股票 A 和股票 B 存在一定时间差的某种相关性,我们就可以利用这个特点做出交易决策。

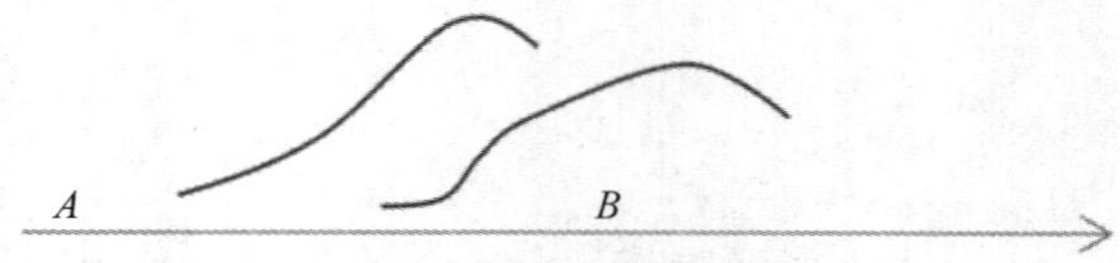

图 12-1 股票间的拉动作用

12.2 MACD 指标及其应用

在本策略中,不仅利用微软(MSFT)、雅虎(YHOO)、英特尔(INTC)等股票价格来预测苹果(AAPL)的股票价格,看是涨了还是跌了,而且利用 MACD 指标来做一个确认。经过确认以后,策略认为涨跌的可能性更高、更靠谱,才进行交易。

MACD 指标的计算方法和使用方法已经在“基本面分析和技术分析”一章介绍。

12.3 代码分析

1. 导入必要的 Python 库

回归模型采用的是 sklearn. svm 模块的 SVR 模型,同时需要使用 talib 库(模块)的指标计算函数 MACD。

```
import numpy as np
import pandas as pd
from sklearn import svm# use SVR
from collections import deque

import talib# use MACD

from pyalgotrade.barfeed.csvfeed import GenericBarFeed
from pyalgotrade.bar import Frequency

from pyalgotrade import strategy
from pyalgotrade.stratanalyzer import returns
from pyalgotrade.stratanalyzer import sharpe
from pyalgotrade.stratanalyzer import drawdown
from pyalgotrade.stratanalyzer import trades
from pyalgotrade import plotter

import matplotlib as mpl
mpl.style.use('classic')
```

2. 定义 MySVRStrategy 类

基于 strategy. BacktestingStrategy 类定义 MySVRStrategy 类，这就是我们将要实现的基于回归的交易策略。

初始资金为 100 000 元，头寸 self. __position 置为空。

把用作解释变量的三只股票代码“MSFT”、“YHOO”和“INTC”记录到self. __auxsec1、self. __auxsec2、self. __auxsec3 属性里，把用作目标变量的股票代码“AAPL”记录到 self. __sec 属性里。参数 self. __pct_per_stock 在本策略没有用到。属性 self. __date 记录今天的日期。

self. __prices 记录最近 40 天的价格数据点，self. __hist 记录最近 200 天的样本。

```
class MySVRStrategy(strategy.BacktestingStrategy):
    def __init__(self, feed, instrument):
        super(MySVRStrategy, self).__init__(feed, 100000)
        self.__position=None

        self.__sec='AAPL'#apple
        self.__auxsec1='MSFT'#microsoft
        self.__auxsec2='YHOO'#yahoo
        self.__auxsec3='INTC'#intel

        self.__pct_per_stock=0.5 # not use
        self.__date=None

        self.__prices=deque(maxlen=40)
```

```
    self.__hist=deque(maxlen=200)
```

3. 定义 MySVRStrategy 类的若干函数

onEnterOk、onEnterCanceled、onExitOk、onExitCanceled 等回调函数,由 PyAlgoTrade 运行时在适当时机调用。

在 onEnterOk 回调函数中,由于刚刚完成买入,可以提取订单信息,把订单的价格在终端上显示出来。

在 onExitOk 回调函数中,由于刚刚完成卖出,可以提取订单信息,把订单的价格在终端上显示出来。

```
def onEnterOk(self, position):
    execInfo=position.getEntryOrder().getExecutionInfo()
    self.info("BUY at MYM% .2f" % (execInfo.getPrice()))

def onEnterCanceled(self, position):
    self.__position=None

def onExitOk(self, position):
    execInfo=position.getExitOrder().getExecutionInfo()
    self.info("SELL at MYM% .2f" % (execInfo.getPrice()))
    self.__position=None

def onExitCanceled(self, position):
    # If the exit was canceled, re-submit it
    self.__position.exitMarket()
```

4. 定义 MySVRStrategy 类的核心交易逻辑

onBars 函数在策略运行的时候,由 PyAlgoTrade 不断馈入价格数据 Price Bar,不断回调。也就是说 PyAlgoTrade 读入价格数据,以一个 Price Bar 一个 Price Bar 的形式调用 onBars 函数。

onBars 函数把所有的工作委托给了 handle_data 函数。

通过 bars. getDateTime(). date()取得今天日期,记录到 todays_date。打印 self. __date 和 todays_date 看看是否不同。这个交易策略每天只进行一次交易。一天中,剩下的时间就不再交易了。如果馈入这个交易策略的是分钟级的价格数据,那么需要注意这个约束。在程序的处理逻辑中,利用策略自身的局部成员变量 self. __date 来保存当天的日期,和新来的 Price Bar 的日期字段进行对比,实现日期检查。

如果 todays_date= =self. __date 成立,就返回,什么都不做。由于__init__函数把 self. __date 设定为 None,来第一个 Price Bar 的时候肯定会往下处理。

从 bars 提取 self. __sec(即 AAPL)对应的 bar,取得收盘价,把这个收盘价插入 self. __prices。从 bars 中提取 self. __auxsec1(MSFT)、self. __auxsec2(YHOO)、self. __auxsec3(INTC)对应的 bar,取得收盘价。构造一个样本[__auxsec1_price, __auxsec2_price, __auxsec3_price, __sec_price],插入 self. __hist。样本的构造如表 12-1 所示,比如我们取得 2013-07-01 的 MSFT、YHOO、INTC 的价格作为 X,取得 AAPL 的同一天的价格作为 y。依此

类推,构造后续各个交易日的样本。细心的读者应该隐隐约约感觉到,样本构造似乎有一点问题,留待本章末尾讨论。

表 12-1　样本构造

日期	MSFT	YHOO	INTC	AAPL
2013-07-01	29.69	25.24	19.87	52.21
2013-07-02	29.33	24.99	19.73	53.39
2013-07-03	29.39	25.59	19.76	53.68
2013-07-05	29.56	25.68	20.01	53.25
2013-07-08	29.66	25.52	19.28	52.95

如果样本数量不够(len(self.__hist) <200),或者价格数量不够(len(self.__prices) < 40),那么继续处理源源不断到来的 bars,积攒价格数量和样本数量。

把最近的 40 个价格转换成 list,再转换成 array,因为 MACD 函数(下文介绍)需要传入一个数组。调用 MACD 函数,计算 macd 值。

从 self.__hist 历史样本中构造一个 DataFrame,然后进行切割。把最后一个样本之前的所有样本的 *X* 部分拿出来,赋给 *X*。把最后一个样本之前的所有样本的 *y* 部分切下来,赋给 *y*。把最后一个样本的 *X* 部分切下来,赋给 newx。请读者对照前面章节中关于 Pyhton 的下标运算的介绍来理解。

以 *X*、*y*、newx 作为参数调用 ml 函数,获得一个预测的价格,作为明天的价格。

```
def handle_data(self, bars):
    todays_date=bars.getDateTime().date()
    print('self.__date', self.__date, 'todays_date', todays_date)

    if todays_date==self.__date:
        return

    # Set the new date
    self.__date=todays_date

    bar=bars[self.__sec]
    __sec_price=bar.getPrice()
    self.__prices.append(__sec_price)

    bar=bars[self.__auxsec1]
    __auxsec1_price=bar.getPrice()
    bar=bars[self.__auxsec2]
    __auxsec2_price=bar.getPrice()
    bar=bars[self.__auxsec3]
    __auxsec3_price=bar.getPrice()
    list1=[__auxsec1_price, __auxsec2_price, __auxsec3_price, __sec_price]
```

```
        self.__hist.append(list1)

        if(len(self.__hist) <200 or len(self.__prices) <40 ):
            return

        __prices_array=np.asarray( list(self.__prices))
        macd=MACD(__prices_array, __fastperiod=12, __slowperiod=26, __signalpe-
riod=9)
        print ("The macd is % .3f" % macd)

        df=getDataframe( self.__hist )
        # print(df)
        X=df.iloc[:-1,:-1]
        y=df.iloc[:-1,-1]
        newx=df.iloc[-1,:-1]

        predicted=ml(X, y, newx)

        if macd < 0 and predicted < 1.1 * __sec_price and self.__position is not None:
            self.__position.exitMarket()
        elif macd > 0 and predicted > 0.9 * __sec_price and self.__position is None:
            # self.__position=self.enterLong( self.__sec, 100, True)
             shares = int (self.getBroker( ).getCash( ) * 0.9 / bars[ self. __sec]
.getPrice())
            self.__position=self.enterLong(self.__sec, shares, True)

    def onBars(self, bars):
        self.handle_data(bars)
```

拿到预测的价格后,交易策略的交易逻辑如下:

(1) 如果 macd 小于 0,价格看跌,预测的价格比__sec_price 的 1.1 倍还低,下跌的可能性很大,并且当前拥有股票,那么卖出。

(2) 如果 macd 大于 0,价格看涨,预测的价格比__sec_price 的 0.9 倍还高,上涨的可能性很大,并且当前没有股票,那么用当前拥有的现金的 90%除以股价得到数量,买入这么多股票。

5. 定义 MySVRStrategy 类用到的辅助函数

getDataframe 辅助函数的参数是 hist,hist 是一个管道数据结构,里面包含一系列样本(<MSFT 价格, YHOO 价格, INTC 价格, APPL 价格>),转换成一个列表 list,然后各列命名,构造一个 DataFrame 返回。

函数 MACD 有 4 个参数, prices 是最近的价格列表, __fastperiod(缺省值 12)、__slowperiod(缺省值 26)、__signalperiod(缺省值 9)为 MACD 函数的参数,其意义请读者参考“基本面分析与技术分析”一章。这些参数转交给 talib. MACD 函数以后,返回 macd、macdsignal、macdhist。macd 为 12 天 EMA 减去 26 天 EMA 的值。macdsignal 为 MACD 的 9 天 EMA。macdhist 为 macd 列表减去 macdsignal 列表形成的列表。MACD 函数返回 macd 列表的最后元素减去 macdsignal 的最后元素得到的差值。

ml 函数有 3 个参数,分别是 X、y 和 newx,利用 X 和 y 训练模型,然后用 newx 预测一个新的 y,并且返回。reshape(1,-1)把 newx 变成一行,即行向量。

```
def getDataframe(hist):
    headers=['__auxsec1','__auxsec2','__auxsec3','__sec']
    df=pd.DataFrame( list(hist) , columns=headers)
    return df

def MACD(prices, __fastperiod=12, __slowperiod=26, __signalperiod=9):
    macd, macdsignal, macdhist=talib.MACD(prices, fastperiod=__fastperiod,
        slowperiod=__slowperiod, signalperiod=__signalperiod)
    return macd[-1]-macdsignal[-1] # MACD 的信号线交叉

def ml(X, y, newx):
    clf=svm.SVR()
    clf.fit(X, y)
    return clf.predict(newx.values.reshape(1,-1))[0]
```

6. 运行 MySVRStrategy 策略

运行 MySVRStrategy 策略的代码和运行其他策略的代码是类似的。

需要注意的是,在 feed 对象中包含 4 个价格数据流,即 MSFT、YHOO、INTC 的价格数据流(作为自变量),以及 AAPL 的价格数据流(作为因变量)。在交易策略中,每个 bars 包含 4 个 bar,分别用 MSFT、YHOO、INTC、AAPL 命名。

```
feed=GenericBarFeed(Frequency.DAY, None, None)
feed.addBarsFromCSV("AAPL", "./AAPLnew.csv")
feed.addBarsFromCSV("MSFT", "./MSFTnew.csv")
feed.addBarsFromCSV("YHOO", "./YHOOnew.csv")
feed.addBarsFromCSV("INTC", "./INTCnew.csv")

# Evaluate the strategy with the feed
mySVRStrategy=MySVRStrategy(feed, "AAPL")

# Attach analyzers to the strategy
returnsAnalyzer=returns.Returns()
mySVRStrategy.attachAnalyzer(returnsAnalyzer)
sharpeRatioAnalyzer=sharpe.SharpeRatio()
mySVRStrategy.attachAnalyzer(sharpeRatioAnalyzer)
drawdownAnalyzer=drawdown.DrawDown()
mySVRStrategy.attachAnalyzer(drawdownAnalyzer)
tradesAnalyzer=trades.Trades()
```

```
mySVRStrategy.attachAnalyzer(tradesAnalyzer)

# Attach the plotter to the strategy
plt = plotter.StrategyPlotter(mySVRStrategy)
# Plot the simple returns on each bar.
plt.getOrCreateSubplot("returns").addDataSeries("Simple returns", returnsAna-
lyzer.getReturns())

# Run the strategy
mySVRStrategy.run()

print ("Final portfolio value1: MYM% .2f" % (mySVRStrategy.getBroker().getEquity
()) )
print ("Final portfolio value2: MYM% .2f" % (mySVRStrategy.getResult()) )
print ("Cumulative returns: % .2f %%" % (returnsAnalyzer.getCumulativeReturns()
[-1] * 100) )
print ("Sharpe ratio: % .2f" % (sharpeRatioAnalyzer.getSharpeRatio(0.03)) )
print ("Max. drawdown: % .2f %%" % (drawdownAnalyzer.getMaxDrawDown() * 100) )
print ( " Longest drawdown duration: % s " % ( drawdownAnalyz-
er.getLongestDrawDownDuration()) )

# Plot the strategy
plt.plot()
```

12.4 运行结果

mySVRStrategy 策略的运行结果如图 12-2 和图 12-3 所示。

图 12-2 包含若干子图,分别是 4 个价格子图、收益子图(盈亏)、资产净值子图(累计盈亏)。

AAPL 价格子图上标记了策略运行以后的买入和卖出操作的时间点。买入用尖角向上的三角形表示,卖出用尖角向下的三角形表示。

图 12-3 显示策略运行结束后的最后资产净值、收益率、夏普指数和最大回撤等指标。在 2013-01-01 到 2015-12-31 期间的 APPL 价格数据上,该策略的模拟运行结果为:

(1) 资产净值为 MYM126 565。

(2) 收益率为 26.57%,收益可以。

(3) 夏普指数为 0.59,表现一般。

(4) 最大回撤为 9.82%,有点大,需要注意了。最长回撤周期为 248 天,时间有点长。

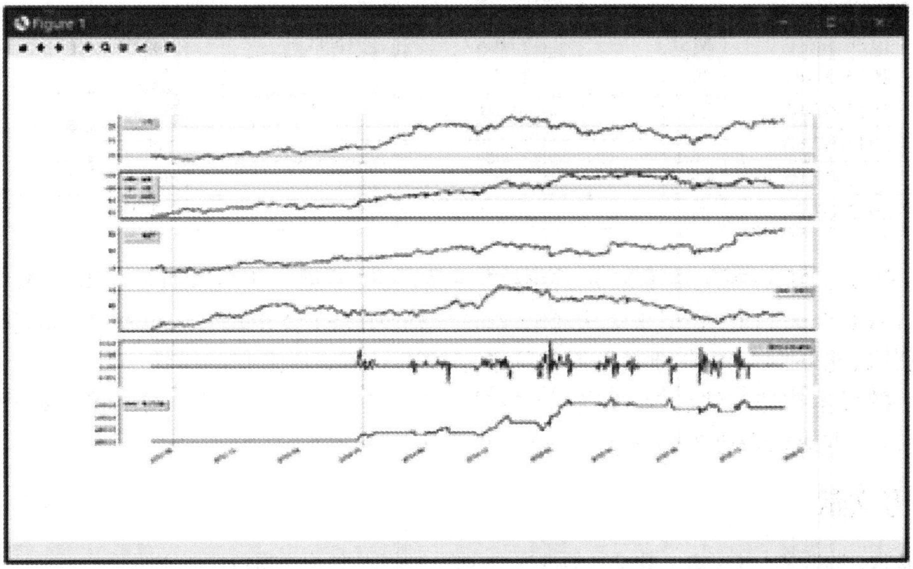

图 12-2 mySVRStrategy 策略运行的可视化结果

```
Final portfolio value1: $126565.59
Final portfolio value2: $126565.59
Cumulative returns: 26.57 %
Sharpe ratio: 0.59
Max. drawdown: 9.82 %
Longest drawdown duration: 248 days, 0:00:00
```

图 12-3 mySVRStrategy 策略运行的输出

12.5 样本构造的讨论

在前文的样本构造中,我们把每个交易日的 MSFT、YHOO、INTC 的价格作为 X,同一天的 AAPL 价格作为 y。机器学习算法预测的是同一天的价格,我们没有时间来打埋伏,也就是预测到明天的价格变化,今天提前行动。

我们应该用今天的 MSFT、YHOO、INTC 的价格预测 AAPL 明天的价格(甚至后天的价格),如果价格有上涨趋势,才好提前行动。样本的构造如表 12-2 所示。

需要注意的是:

(1) 时间错位的理解和把握。“用今天的 MSFT、YHOO、INTC 的价格预测 AAPL 明天的价格”和“用昨天的 MSFT、YHOO、INTC 的价格预测 AAPL 今天的价格”,道理是一样的。把前者的时间向前移动 1 天即可。

当我们利用历史价格构造样本时,重要的是用前几天的价格预测接下来一天的价格,具有这样的错位关系即可。

表 12-2 样本构造

日期	MSFT	YHOO	INTC	AAPL
2013-07-01	29.69	25.24	19.87	52.21
2013-07-02	29.33	24.99	[illegible]	53.39
2013-07-03	29.39	25.59	[illegible]	[illegible]
2013-07-05	29.56	25.68	20.01	[illegible]
2013-07-08	29.66	25.52	19.28	52.95

X　y

（2）前 m 天价格预测接下来 n 天价格。我们仅仅根据昨天的 MSFT、YHOO、INTC 的价格预测 AAPL 今天的价格，似乎丢失了较多的信息。MSFT、YHOO、INTC 前几天的价格似乎有必要获取，此外，AAPL 自身前几天的价格也对接下来的预测有解释作用。

更多的样本构造方法已经在“深度学习初步”一章介绍，读者可以对本策略的代码进行改造，使得样本的构造更为合理。

参考文献

[1] 覃雄派，陈跃国，杜小勇．数据科学概论．北京：中国人民大学出版社，2018.

[2] 王秋月，覃雄派，赵素云，张静．人工智能与机器学习．北京：中国人民大学出版社，2020.

13

基于统计分析的交易策略

13.1 基于 ARIMA 模型的交易策略

关于 ARIMA 模型的原理，请读者参考“统计分析初步”一章。

这里直接介绍基于 ARIMA 的交易策略的代码。

1. 导入必要的 Python 库

```
from pyalgotrade.barfeed.csvfeed import GenericBarFeed
from pyalgotrade.bar import Frequency

from collections import deque
import numpy as np

from statsmodels.tsa.arima_model import ARIMA

from pyalgotrade import strategy

from pyalgotrade.stratanalyzer import returns
from pyalgotrade.stratanalyzer import sharpe
from pyalgotrade.stratanalyzer import drawdown
from pyalgotrade.stratanalyzer import trades
from pyalgotrade import plotter

import matplotlib as mpl
mpl.style.use('classic')
```

我们要用到 statsmodels. tsa. arima_model 模块的 ARIMA 模型，所以要把它导入进来。

2. 定义 MyARIMAStrategy 类

```
class MyARIMAStrategy(strategy.BacktestingStrategy):
    def __init__(self, feed, instrument):
        super(MyARIMAStrategy, self).__init__(feed, 100000) #100000
        self.__position = None
        self.__instrument = instrument
```

```
    # for ARIMA
    self._Ylist=deque(maxlen=200)

    self.__lastratio=0
```

基于 strategy. BacktestingStrategy 类定义 MyARIMAStrategy 类,这就是我们将要实现的基于 ARIMA 模型的交易策略。

初始化函数__init__有三个参数 self、feed 和 instrument。self 是对策略自身的引用,feed 是 PyAlgoTrade 运行时馈入的数据,instrument 是交易的股票名称。调用父类即 Backtesting-Strategy 的__init__方法完成必要的初始化,参数“100000”表示初始资金为 100 000 元。

然后设定头寸属性 self. __position 为 None,设定 self. __instrument 属性为初始化函数接收的 instrument 参数。

创建 self. _Ylist,形成一个容量为 200 的管道数据结构,用于容纳历史价格数据点。

设置 self. __lastratio 为 0,这是今天价格相对于昨天价格的变化率。这个参数的使用方法在交易策略的核心逻辑部分介绍。

3. 定义 MyARIMAStrategy 类的若干函数

```
def onEnterOk(self, position):
    execInfo=position.getEntryOrder().getExecutionInfo()
    self.info("BUY at MYM% .2f" % (execInfo.getPrice()))

def onEnterCanceled(self, position):
    self.__position=None

def onExitOk(self, position):
    execInfo=position.getExitOrder().getExecutionInfo()
    self.info("SELL at MYM% .2f" % (execInfo.getPrice()))
    self.__position=None

def onExitCanceled(self, position):
    # If the exit was canceled, re-submit it
    self.__position.exitMarket()
```

onEnterOk、onEnterCanceled、onExitOk、onExitCanceled 等回调函数,由 PyAlgoTrade 运行时在适当时机调用。这已经在前几章的交易策略的分析中做了说明。

4. 定义 MyARIMAStrategy 类的核心交易逻辑

onBars 函数在策略运行的时候,由 PyAlgoTrade 不断馈入价格数据 Price Bar,不断回调。也就是说 PyAlgoTrade 读入价格数据,以一个 Price Bar 一个 Price Bar 的形式调用 onBars 函数。

onBars 函数把所有的工作委托给了 handle_data 函数,handle_data 函数的功能如下:

从 bars 数据结构中,提取 self. __instrument 对应的 bar。从 bar 中提取 Close 价格,赋给 today_price。

把 today_price 推入 self. _Ylist,这是一个容量为 200 的管道。一旦 self. _Ylist 填满,后续的价格数据点不断推入,老的价格数据点就会掉出去。由 self. _Ylist 构造 ynew 列表,再转换成 numpy 数组。这样做的原因在于 ARIMA 模型不接受 deque 数据结构,它接受 numpy 数组。

ARIMA 模型的 p、d、q 的阶数是给定的,用 ynew 进行训练时,有可能不能收敛,而是发生异常。我们把训练过程放在 try-except 代码框架中,这样,在程序出错以后代码还可以继续运行,否则整个策略就会停止运行。

接着用 ynew 训练一个 ARIMA 模型,p、d、q 三个参数分别为 5、1、1。训练完成以后,做样本外 12 个周期(12 天)的预测,得到预测结果 predict_obj。

predict_obj 的 0 号下标元素是一个价格序列,赋给 predict_list。predict_obj 还有其他数据,比如预测的误差(上下界)等,我们没有用到而已。

把 predict_list 的 0 号下标元素 predict_list[0]提取出来作为明天价格 tomorrow_price。计算 tomorrow_price 和 today_price 的相对变化率 the_ratio。

我们把上一个相对变化率self. __lastratio(即今天/昨天)和 the_ratio(即明天/今天)相加,如果总和超过 0,作为近两天价格总体上涨的依据;如果总和<=0,作为近两天价格总体下跌的依据。

比如第 2 天相对于第 1 天,change ratio 是 0.5,第 3 天相对于第 2 天,change ratio 是 -0.4,两者相加为 0.1。以第 2 天为基准,我们估计后续价格将上涨。

交易的核心逻辑如下:

(1) 如果当前没有头寸:看涨,什么都不做;看跌,卖出股票。

(2) 如果当前有头寸:看涨,用 90%资金买入股票;看跌,什么都不做。

```
def handle_data(self, bars):
    bar=bars[self.__instrument]
    today_price=bar.getPrice()
    # for ARIMA model train
    self._Ylist.append(bar.getPrice())

    if( len(self._Ylist)= =200):
        # build model and fit
        ynew=list()
        for obj in self._Ylist:
            ynew.append(obj)
        ynew=np.array(ynew)
        ynew=ynew.astype('float32')

        try:
            model=ARIMA(ynew, order=(5,1,1))
            result_ARIMA=model.fit(disp=-1)

            # get forecast 12 steps ahead in future
```

```
            predict_obj = result_ARIMA.forecast(steps = 12)
            predict_list = predict_obj[0]
            tomorrow_price = predict_list[0]#[0]

            #print("today_price: %.2f" % today_price)
            #print("tomorrow_price: %.2f" % tomorrow_price)
            the_ratio = (tomorrow_price-today_price) /today_price
            print("tomorrow 2 today change ratio: %.3f" % the_ratio)

            total_ratio =  self.__lastratio+the_ratio
            print("total_ratio: %.3f" % total_ratio)
            self.__lastratio = the_ratio

            if self.__position is not None:
                if ( total_ratio >0):# total change ratio >0(上涨)
                    pass
                else:#total change ratio <= 0(下跌)
                    if not self.__position.exitActive():
                        self.__position.exitMarket()
            else:
                if ( total_ratio >0):# total change ratio >0(上涨)
                    shares = int(self.getBroker().getCash() * 0.9 /bars[self._
_instrument].getPrice())
                    self.__position = self.enterLong(self.__instrument, shares,
True)
                     #self.__position = self.enterLong(self.__instrument, 100,
True)
                else:#total change ratio <= 0(下跌)
                    pass
        except:
            print("pdq error...")

    def onBars(self, bars):
        self.handle_data(bars)
```

5. 运行 MyARIMAStrategy 策略

运行 MyARIMAStrategy 策略的代码和其他交易策略的相关代码类似，主要的差别是这里的交易策略的类名为 MyARIMAStrategy，交易策略的对象名为 myARIMAStrategy。

myARIMAStrategy 策略的运行结果如图 13-1 和图 13-2 所示。

图 13-1 包含 3 个子图，分别是价格子图、收益子图（盈亏）、资产净值子图（累计盈亏）。

价格子图上标记了策略运行以后的买入和卖出操作的时间点。买入用尖角向上的三角形表示，卖出用尖角向下的三角形表示。

图 13-2 显示策略运行结束后的最后资产净值、收益率、夏普指数和最大回撤等指标。

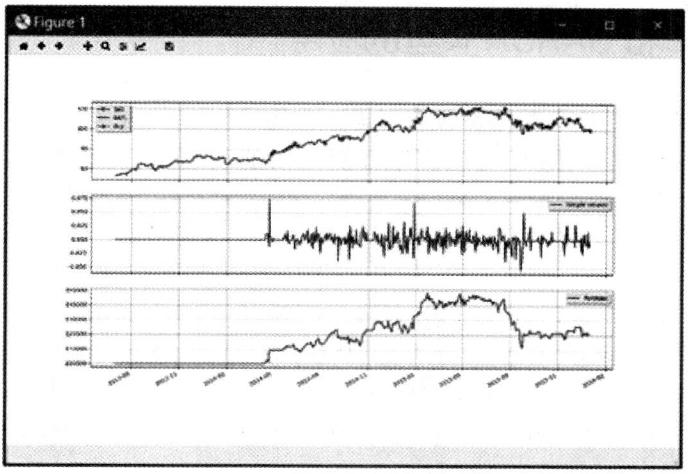

图 13-1 myARIMAStrategy 策略运行的可视化结果

在 2013-07-01 到 2015-12-31 期间的 APPL 价格数据上,该策略的模拟运行结果为:

(1) 资产净值为 MYM120 714。

(2) 收益率为 20.71%,收益还可以。

(3) 夏普指数为 0.36,有待改进。

(4) 最大回撤为 24.96%,回撤有点大。最长回撤周期为 311 天,时间有点长。

```
Final portfolio value1: 120714.73
Final portfolio value2: 120714.73
Cumulative returns: 20.71 %
Sharpe ratio: 0.36
Max. drawdown: 24.96 %
Longest drawdown duration: 311 days, 0:00:00
```

图 13-2 myARIMAStrategy 策略运行的输出

我们注意到,在价格总体下跌的趋势中进行交易,亏损的多。我们可以用其他方法来判断当前是处在总体上涨趋势,还是总体下跌趋势。如果为前者,得出交易信号以后进行交易。如果是后者,得出交易信号以后不进行交易,如果有头寸,就清空头寸。

判断趋势的办法有:(1) 价格在移动平均(比如 20 天)之上还是之下。(2) 价格从下往上穿越移动平均,还是从上往下穿越移动平均。穿越后是否还维持当前趋势一段时间,直到发生方向相反的下次穿越。

当然,也可以用短周期移动平均和长周期移动平均来做判断。

13.2 基于 HMM 的交易策略

感兴趣的读者可根据“统计分析初步”一章对 HMM 原理的介绍以及 Python 实例,借鉴上述基于 ARIMA 模型的交易策略代码,自行编写基于 HMM 的交易策略代码。

13.3 ARCH 和 GARCH 模型的应用

到目前为止,所有的交易策略都没有考虑未来的风险度。

统计模型 ARCH 和 GARCH 可以用于预测未来的波动性,波动性可以理解为风险度。感兴趣的读者可以看本章末参考文献[3],了解 ARCH 和 GARCH 的基本原理及其应用。

参考文献

[1] 覃雄派,陈跃国,杜小勇. 数据科学概论. 北京:中国人民大学出版社,2018.

[2] 王秋月,覃雄派,赵素云,张静. 人工智能与机器学习. 北京:中国人民大学出版社,2020.

[3] How to Model Volatility with ARCH and GARCH for Time Series Forecasting in Python. https://machinelearningmastery.com/develop-arch-and-garch-models-for-time-series-forecasting-in-python/.

14 交易策略参数的优化

一个交易策略有很多参数。以往,我们一般凭经验设置这些参数的值,有可能不是最优的。我们可以利用计算机强大的处理能力,搜索到最佳的参数组合。

在这里,我们将针对"基于规则的交易策略"一章中介绍的 MyRSIStrategy 策略,介绍如何寻找最优的参数组合。

在这个策略中有几个关键的参数,如表 14-1 所示。在本章的代码中设定的参数的取值范围比起表格中的取值范围要小很多,目的是尽快运行完代码。确认代码无误后,我们可以把参数的范围设定为表 14-1 所示的范围。这些参数的组合有 4 409 559 种。

表 14-1　MyRSIStrategy 策略的参数

参数名称	参数意义	参数范围
entrySMA	这是一个移动平均的周期参数,用于确定价格趋势,准备买入。	150~250
exitSMA	这是一个移动平均的周期参数,用于判定股票卖出的时间点。	5~15
rsiPeriod	RSI 指标周期参数。	2~10
overSoldThreshold	RSI 超卖阈值,目的是做多。价格已经低迷,处于超卖状态,可能反弹上涨,可以做多。	5~25
overBoughtThreshold	RSI 的超买阈值,目的是做空。价格已经高涨,处于超买状态,可能下跌,可以做空。	75~95

注:本书的交易策略经过改写,只做多,不做空。

14.1 Server/Worker 模式寻找最优参数

进行参数优化的第一种模式是 Server/Worker,需要设计一个 Server 程序以及一个 Worker 程序。

Server 程序的功能是:(1) 为策略的运行准备 Price Bar。(2) 为策略的运行准备参数组合。(3) 发动一系列 Worker 进程以某个参数组合运行,从各个 Worker 进程收集和比较策略的运行结果。根据这些运行结果挑选最优的参数组合。

Worker 程序的功能是:根据 Server 提供的 Price Bar 和参数组合运行交易策略,并且向

Server 汇报运行结果。

注意,先运行 Server 再运行 Worker,Server 只能运行一份,也就是一个进程,但是 Worker 可以运行多份,也就是多个进程,这些进程还可以运行在不同机器上。

接下来对 Server 和 Worker 的代码进行介绍。

14.1.1 Server 代码

1. 导入必要的 Python 库

```
import itertools
from pyalgotrade.optimizer import server

from pyalgotrade.barfeed.csvfeed import GenericBarFeed
from pyalgotrade.bar import Frequency

import MyRSIStrategy
```

MyRSIStrategy. py 文件保存了 MyRSIStrategy 类的定义,所以需要导入 MyRSIStrategy(模块)。

itertools 提供参数组合和迭代功能,比如参数 A 的取值为[1,2],参数 B 的取值为[11,12],那么利用 itertools 就可以很方便地构造出[1,11]、[1,12]、[2,11]、[2,12]等组合。参数的数量越多,每个参数的可能取值越多,组合数就越多。

2. 定义 parameters_generator 函数

```
def parameters_generator():
    instrument = [ "AAPL"]
    entrySMA = range(162, 165)
    exitSMA = range(7, 10)
    rsiPeriod = range(2, 5)
    overSoldThreshold = range(9, 12)
overBoughtThreshold = range(89, 92)
     return itertools.product ( instrument, entrySMA, exitSMA, rsiPeriod, over-
BoughtThreshold, overSoldThreshold)
```

parameters_generator 函数的功能是产生参数组合。

3. 执行 Server 程序的主逻辑

```
# The if __name__ = = '__main__' part is necessary if running on Windows
if __name__ = = '__main__':
    # Load the feed from the CSV files
    feed = GenericBarFeed(Frequency.DAY, None, None)
    feed.addBarsFromCSV( "AAPL", "./AAPLNew.csv")

    # Run the server
    server.serve( feed, parameters_generator(), "localhost", 9090)
```

从 CSV 文件装载价格数据,然后调用 server. serve 方法。serve 的参数包括已经装载的价格数据以及参数组合生成函数等。另外两个参数"localhost"和9090,表示Server程序绑定到本机的9090端口,准备读取价格数据,把数据输送给各个Worker,然后收集各个Worker的运行结果。

14.1.2 Worker代码

1. 导入必要的Python库

```
from pyalgotrade.optimizer import worker
import MyRSIStrategy
```

2. 运行Worker的核心逻辑

```
# The if __name__=='__main__' part is necessary if running on Windows
if __name__=='__main__':
    worker.run(MyRSIStrategy.MyRSIStrategy, "localhost", 9090, workerName="lo-
calworker")
```

使用pyalgotrade.optimizer.worker模块的run方法,利用Server提供的价格数据和参数,并行地运行策略MyRSIStrategy,并且向Server汇报运行结果。

14.1.3 运行Server和Worker

以管理员方式启动"Anaconda Command Prompt",也就是在"Anaconda Command Prompt"快捷键上按鼠标右键,选择"以管理员方式运行"。

需要打开两个"Anaconda Command Prompt"窗口,一个运行Server,一个运行Worker。

运行Server的命令为:

```
python Optimize_server.py
```

出现的提示如图14-1所示。

图14-1 Server程序提示

运行Worker的命令为:

```
python Optimize_worker.py
```

出现的提示如图14-2所示。

最后,Server程序输出的最好的参数组合是:

```
Best final result 1356283.9100000008 with parameters ('AAPL', 164, 9, 2, 91, 10)
```

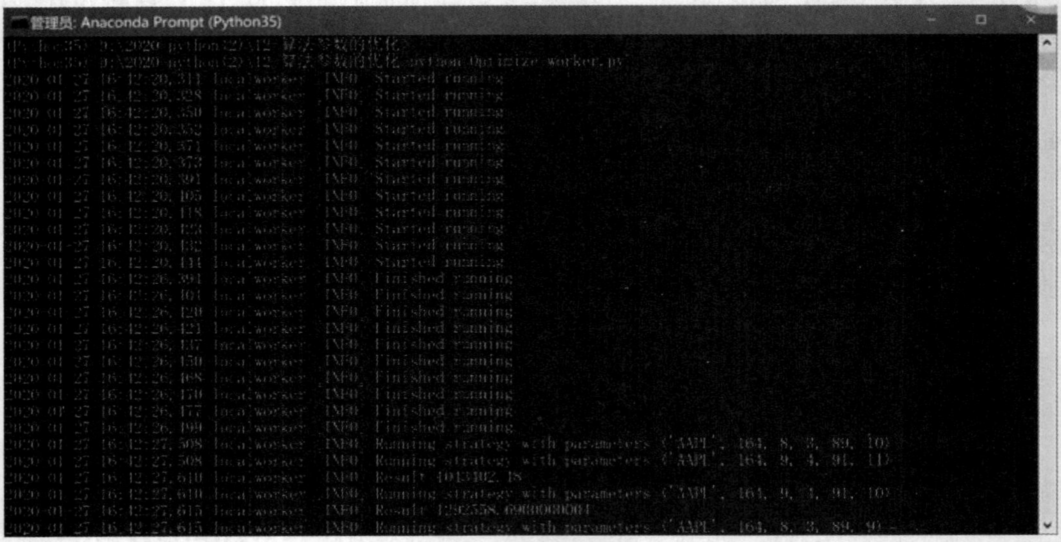

图 14-2　Worker 程序提示

14.2　Local 模式寻找最优参数

在 Server/Worker 模式中,我们可以启动多台机器,运行多个 Worker(只有一个 Server),利用并行处理来加快参数的搜索。

如果我们只有一台机器,也可以利用多核来实现并行处理。我们可以使用 pyalgotrade.optimizer.local 模块的 run 方法来实现参数的搜寻。

具体代码如下:

```
import itertools
from pyalgotrade.optimizer import local

from pyalgotrade.barfeed.csvfeed import GenericBarFeed
from pyalgotrade.bar import Frequency

import MyRSIStrategy

def parameters_generator():
    instrument=["AAPL"]
    entrySMA=range(162, 165)
    exitSMA=range(7, 10)
    rsiPeriod=range(2, 5)
    overBoughtThreshold=range(89, 92)
    overSoldThreshold=range(9, 12)
```

```
    return itertools.product(instrument, entrySMA, exitSMA, rsiPeriod, overBoughtThreshold, overSoldThreshold)

# The if __name__=='__main__' part is necessary if running on Windows
if __name__=='__main__':
    # Load the feed from the CSV files
    feed=GenericBarFeed(Frequency.DAY, None, None)
    feed.addBarsFromCSV("AAPL", "./AAPLNew.csv")

    local.run(MyRSIStrategy.MyRSIStrategy, feed, parameters_generator())
```

在这里只有一段代码，把 Server/Worker 模式的代码整合在一起了。

定义一个 parameters_generator，用于构造各个参数组合。然后从 CSV 文件装载价格数据。最后，使用 pyalgotrade. optimizer. local 模块的 run 方法（而不是 pyalgotrade. optimizer. worker 模块的 run 方法），用价格数据及参数组合执行交易策略 MyRSIStrategy。根据执行结果找到最优的参数组合。

以管理员方式启动“Anaconda Command Prompt”，运行如下命令：

```
python Optimize_local.py
```

出现的提示如图 14-3 所示。

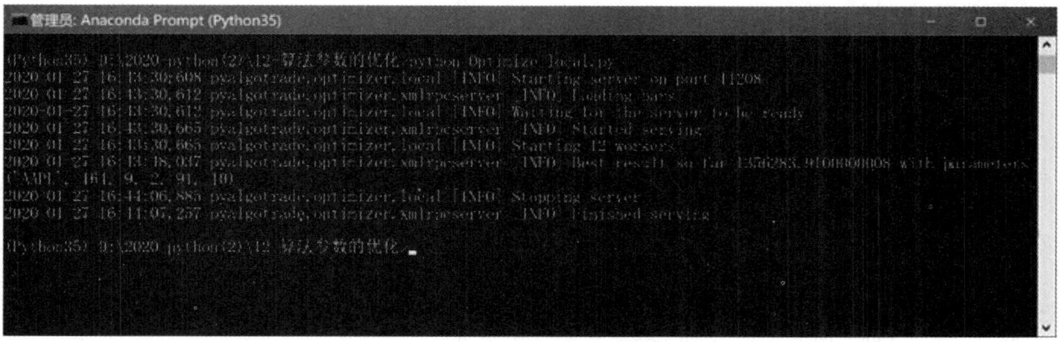

图 14-3　Local 程序提示

最后，程序找到的最优参数组合为：

```
Best result so far 1356283.9100000008 with parameters ('AAPL', 164, 9, 2, 91, 10)
```

14.3　其他交易策略的参数优化

其他交易策略，根据内在原理的不同，有不同的参数需要优化。比如，基于决策树分类的交易策略，可以优化的参数有 self. __window_length。

为了优化该参数，需要在策略的__init__方法中定义 window_length 参数，并且把 window_length 的值赋给交易策略类型的 self. __window_length 属性。

在此基础上，仿照上述 Server 和 Worker 的写法，开发优化程序并运行，寻找最优的

window_length。

14.3.1　算法级参数优化

需要注意的是，某些交易策略使用的算法（机器学习模型），比如支持向量机分类器，有一些参数可以优化，包括正则化参数 C、gamma 参数、核函数的选择等。

在这里，我们把算法级参数和策略级参数分开。算法级参数仅用于策略内部的具体的算法，策略级参数类似于前文提到的不局限于某个算法的一些参数，比如窗口大小、移动平均周期等。

我们可以把这两类参数通过交易策略的__init__方法暴露出来，以便优化器（Server/Worker）可以优化它。

对于支持向量机分类器的核函数的选择，我们可以用列表的方式给出可能的核函数名称。策略的__init__方法内部，根据核函数的名称构造真正的核函数，并且用该核函数构造支持向量机分类器。

14.3.2　利用遗传算法进行参数优化

当交易策略及核心算法的参数组合数量极大的时候，一个一个进行测试非常费时。比如某个交易策略（包括核心算法）有 9 个参数，每个参数的取值有 10 个，那么参数组合就是 10^9 个，对整个参数空间进行搜索费时费力。

遗传算法是一种优化算法，可以用于较快地找到最优或者次优的算法参数。遗传算法是模拟达尔文进化论的自然选择原理构建的进化模型，它能够不断选择优良的个体。在这里，个体表示某个模型的若干参数的一种配置。在生物学上，自然选择包括染色体的选择、交叉和变异等，繁衍一代又一代的个体，进而选择出最优或者较优的个体。

为了解遗传算法，首先要了解几个重要的概念，包括染色体和初始种群、选择、交叉和变异。

染色体用于对若干参数进行编码，比如对于上述 9 个参数，每个参数有 10 个可能取值，那么每个参数需要 4 个 bit 的编码。

参数 1	参数 2	参数 3	参数 4	参数 5	参数 6	参数 7	参数 8	参数 9
4bit	4bit	4bit	4bit	4bit	4bit	4bit	4bit	4bit

注意 4 个 bit 能够表示 0~15，共 16 个取值。每个参数的取值为 0~9（根据参数的实际意义，可以把 0~9 映射到实际的参数值，比如参数的实际取值为 10、11、12、13、14、15、16、17、18、19，那么 0~9 就映射到 10~19）。4 个 bit 表示的 0~9 表示参数取值为 0~9，那么余下的参数取值 10~15 如何处理？可以把它们映射到 9。可以给每个参数生成随机的 4 个 bit，把它们拼接起来，构成一个染色体。随机构造 n 个（比如 300 个）染色体，构成一个集合，这个集合就叫初始种群。

所谓两个染色体的交叉，是从一个染色体取得切割点的首部，从另一个染色体取得切割点的尾部，把这两部分组合起来，形成一个新的染色体。它模仿了自然界动植物的杂交（见

图 14-4）。

图 14-4　交叉

所谓变异，是把某个染色体的一定比例的 bit 由 0 变成 1，或者由 1 变成 0，构造一个新的染色体（见图 14-5）。

图 14-5　变异

对初始种群中的每个染色体，解析出它表示的参数组合，设置到交易策略，运行交易策略，计算一个 fitness 函数值（比如夏普指数），然后对这些染色体从优到劣排序。自然界有优胜劣汰的规律，我们可以保存好的染色体，也就是夏普指数高的参数组合。但是要考虑到上一代次优的染色体在下一代可能发生变异、变好。为此，在选择上要实施一些规则，选择策略有轮盘赌、锦标赛等。

轮盘赌简单来说是一种概率选择法。轮盘赌按照一定的概率有放回地抽取下一代的一个个体，重复 n 次（n 是种群的染色体数），每个个体被抽中的概率为$p_i = \frac{f(x_i)}{\sum_{j=1}^{n} f(x_j)}$，其中 $f(x)$ 为适应度函数，比如交易策略的夏普指数。

采用锦标赛优胜劣汰的方法是每次从群体中随机抽取 p 个个体，将其中适应度最好的保留下来，重复 n 次，得到 n 个个体形成下一代。

一般来说，先进行选择，再进行交叉，然后进行变异是遗传算法采用的普遍做法。交叉的概率比较大，比如 60%，变异的概率比较小，比如 0.1%。

整个遗传算法的流程如图 14-6 所示。首先确定编码规则，然后初始化种群。如果已经

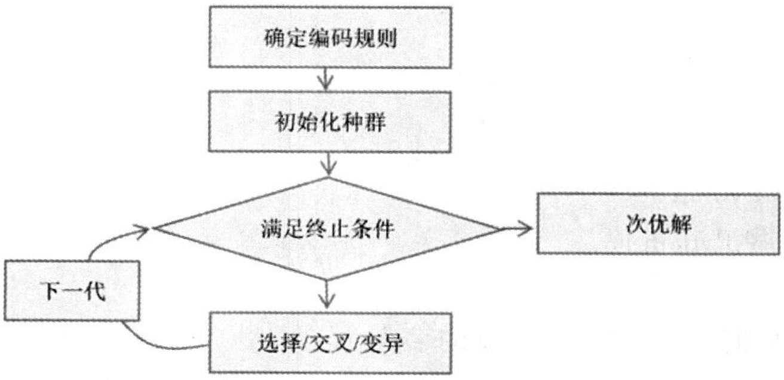

图 14-6　遗传算法流程

满足终止条件,就提取最优解(或者次优解);否则通过选择/交叉/变异等操作,生成下一代;一代又一代地迭代,直到满足终止条件。

14.4 股票之间的相关性

股票之间存在相关性,我们可以利用这个相关性来对某只股票的价格变化进行预测。

下面是计算和显示股票相关性的代码实例。

```
from pandas import DataFrame
import pandas as pd

all_data={} #先建立一个字典,用来存储股票对应的价格

for code in ['AAPL','INTC','MSFT','YHOO']:
    filename=code+'new.csv'
    df=pd.read_csv(filename, parse_dates=['Date Time'], index_col=['Date Time'],
sep=',')
    df=df[['Close']]
    print(df.head())
    all_data[code]=df

price=DataFrame({key: value['Close'] for key, value in all_data.items()})
print(price.head())

#计算股票价格每日变化
returns=price.pct_change()
print("returns", returns)

#计算相关性
correl=returns.corr()
print("correl", correl)

#计算协方差
cov=returns.cov()
print("cov", cov)
```

1. 导入必要的 Python 库

首先要导入一些 Python 库。

2. 准备数据

建立 all_data 数据结构,这是一个空的字典。

然后针对 AAPL、INTC、MSFT、YHOO 四只股票名称构成的列表,构造文件名读取 CSV 文件,装到一个 DataFrame 类型的对象 df 里。

具体来讲,把某只股票的 df 的 Close 数据列切割下来,赋给 df。把 df 以正在处理的股票

名称(for 循环依次处理 AAPL、INTC、MSFT、YHOO 四只股票)为 key,df 为 value 插入 all_data 字典表。

在 all_data 字典表的基础上,提取 key(就是股票名称)和 value(是一个只有一列的 DataFrame),以 key 作为列名,value 的 Close 列作为数据,构造新的 DataFrame 类对象 price,结果如图 14-7 所示。

	AAPL	INTC	MSFT	YHOO
Date Time				
2013-07-01	52.21	19.87	29.69	25.24
2013-07-02	53.39	19.73	29.33	24.99
2013-07-03	53.68	19.76	29.39	25.59
2013-07-05	53.25	20.01	29.56	25.68
2013-07-08	52.95	19.28	29.66	25.52

图 14-7 price 二维表(DataFrame)

3. 计算变化率(收益率)

计算每列数据的后一天相对于前一天的变化率,得到 returns(是一个 DataFrame),结果如图 14-8 所示。

	AAPL	INTC	MSFT	YHOO
Date Time				
2013-07-01	NaN	NaN	NaN	NaN
2013-07-02	0.022601	-0.007046	-0.012125	-0.009905
2013-07-03	0.005432	0.001521	0.002046	0.024010
2013-07-05	-0.008010	0.012652	0.005784	0.003517
2013-07-08	-0.005634	-0.036482	0.003383	-0.006231
...	...	...	...	...

图 14-8 returns 二维表(DataFrame)

4. 计算相关性和协方差

计算相关性和协方差,结果如图 14-9 所示。从中可以看出 AAPL 和 INTC、MSFT、YHOO 的相关性分别为 0.303、0.333、0.249,相关性并不高。

	AAPL	INTC	MSFT	YHOO
AAPL	1.000000	0.303045	0.333246	0.249168
INTC	0.303045	1.000000	0.473002	0.240982
MSFT	0.333246	0.473002	1.000000	0.281624
YHOO	0.249168	0.240982	0.281624	1.000000
	AAPL	INTC	MSFT	YHOO
AAPL	0.000234	0.000066	0.000080	0.000075
INTC	0.000066	0.000202	0.000106	0.000067
MSFT	0.000080	0.000106	0.000249	0.000087
YHOO	0.000075	0.000067	0.000087	0.000387

图 14-9 相关性和协方差

14.5 股票之间的延迟相关性

上述代码捕捉的相关性是原有时间对齐的相关性。我们需要捕捉错位的相关性,即延迟相关性(lag correlation)。我们先来看看图 14-10。

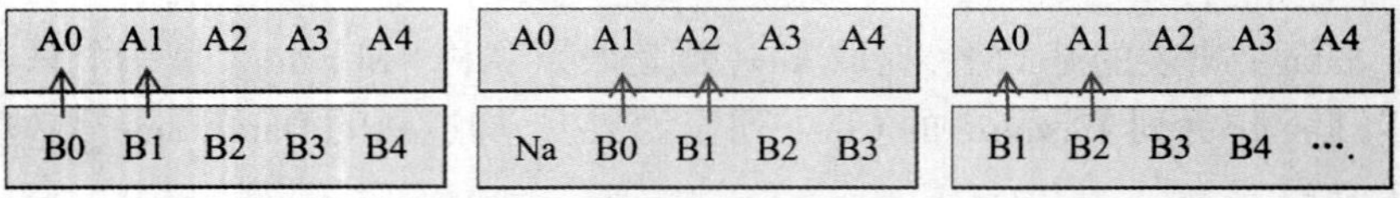

a. A vs. B 原有时间对齐的相关性 b. A vs. B 位移 1 的相关性 c. A vs. B 位移 -1 的相关性

图 14-10 延迟相关性

从图 14-10 中可以看出,如果我们计算的是 A(序列)和 B 位移 1(序列)的相关性,那么意味着,这种相关性表达的是提早的 B 和 A 的相关性,于是我们可以捕捉到 B 先于 A 变化,B 和 A 的相关性还挺高这样的情况。换句话说,可以利用 B 前几天的价格变化预测 A 的价格变化。

下面是计算和显示股票延迟相关性的代码实例。

```
import pandas as pd

#AAPL MSFT
df=pd.read_csv('AAPLnew.csv', parse_dates=['Date Time'], index_col=['Date Time'],
sep=',')
df=df[ ['Close']]
print("df.head()",df.head())

df1=pd.read_csv('MSFTnew.csv', parse_dates=['Date Time'], index_col=['Date Time
'], sep=',')
df1=df1[ ['Close']]
print(df1.head())
print("df1.head()",df1.head())

df['AAPL']=df[ ['Close']]
df['MSFT(0)']=  df1[ ['Close']]
df['MSFT(1)']=  df1[ ['Close']].shift(periods=1)
df['MSFT(2)']=  df1[ ['Close']].shift(periods=2)
df['MSFT(3)']=  df1[ ['Close']].shift(periods=3)
df['MSFT(-1)']=  df1[ ['Close']].shift(periods=-1)
df['MSFT(-2)']=  df1[ ['Close']].shift(periods=-2)
df['MSFT(-3)']=  df1[ ['Close']].shift(periods=-3)
df=df[['AAPL','MSFT(0)','MSFT(1)','MSFT(2)','MSFT(3)','MSFT(-1)','MSFT(-2)','MSFT(-3)
']]
print("df.head()",df.head())

returns=df.pct_change()
print("returns",returns)
```

```
returns=returns.dropna()
print("returns drop na",returns)

correl=returns.corr()
print("correl",correl)

# draw
import matplotlib.pyplot as plt

a=correl[['AAPL']]
print("a",a)
b=a.values
print("b",b)

x=[-3,-2,-1,0,1,2,3]
y=[]
y.append(b[7,0])
y.append(b[6,0])
y.append(b[5,0])
y.append(b[1,0])
y.append(b[2,0])
y.append(b[3,0])
y.append(b[4,0])
print("y",y)
plt.plot(x, y)
plt.show()
```

1. 导入必要的 Python 库

首先导入 pandas 库。

2. 准备两个价格序列

读取"AAPLnew. csv"文件,形成一个 DataFrame 类对象 df,然后切割 Close 数据列,还是赋给 df,这时 df 是一个只有一列的 DataFrame。

读取"MSFTnew. csv"文件,形成一个 DataFrame 类对象 df1,然后切割 Close 数据列,还是赋给 df1,这时 df1 是一个只有一列的 DataFrame。

把 df 的 Close 数据列复制,以 AAPL 作为列的名称,给 df 新建数据列。

把 df1 的 Close 数据列复制,并且位移 0、1、2、3、-1、-2、-3,以 MSFT(0)、MSFT(1)、MSFT(2)、MSFT(3)、MSFT(-1)、MSFT(-2)、MSFT(-3)作为列的名称,给 df 新建数据列。

这时 df 的结构和数据如图 14-11 所示。

3. 计算变化率(收益率)

计算每列数据的后一天相对于前一天的变化率,得到 returns(是一个 DataFrame),结果如图 14-12 所示。

Date Time	AAPL	MSFT(0)	MSFT(1)	...	MSFT(-1)	MSFT(-2)	MSFT(-3)
2013-07-01	52.21	29.69	NaN	...	29.33	29.39	29.56
2013-07-02	53.39	29.33	29.69	...	29.39	29.56	29.66
2013-07-03	53.68	29.39	29.33	...	29.56	29.66	29.68
2013-07-05	53.25	29.56	29.39	...	29.66	29.68	29.98
2013-07-08	52.95	29.66	29.56	...	29.68	29.98	30.84

图 14-11　df 二维表(DataFrame)

Date Time	AAPL	MSFT(0)	MSFT(1)	...	MSFT(-1)	MSFT(-2)	MSFT(-3)
2013-07-01	NaN	NaN	NaN	...	NaN	NaN	NaN
2013-07-02	0.022601	-0.012125	NaN	...	0.002046	0.005784	0.003383
2013-07-03	0.005432	0.002046	-0.012125	...	0.005784	0.003383	0.000674
2013-07-05	-0.008010	0.005784	0.002046	...	0.003383	0.000674	0.010108
2013-07-08	-0.005634	0.003383	0.005784	...	0.000674	0.010108	0.028686
...	...	...	...	...	...	...	...
2015-12-24	-0.005321	-0.002711	0.008395	...	0.005048	0.010817	-0.004204
2015-12-28	-0.011194	0.005048	-0.002711	...	0.010817	-0.004204	-0.014776
2015-12-29	0.017932	0.010817	0.005048	...	-0.004204	-0.014776	0.000000
2015-12-30	-0.012991	-0.004204	0.010817	...	-0.014776	0.000000	0.000000
2015-12-31	-0.019244	-0.014776	-0.004204	...	0.000000	0.000000	0.000000

图 14-12　returns 二维表(DataFrame)

4. 计算相关性

计算相关性,结果如图 14-13 所示。

	AAPL	MSFT(0)	MSFT(1)	...	MSFT(-1)	MSFT(-2)	MSFT(-3)
AAPL	1.000000	0.333246	-0.093976	...	0.060440	-0.016472	-0.066437
MSFT(0)	0.333246	1.000000	0.041746	...	0.041815	-0.022898	-0.041411
MSFT(1)	-0.093976	0.041746	1.000000	...	-0.023018	-0.041545	-0.057848
MSFT(2)	-0.056014	-0.023053	0.041255	...	-0.041582	-0.057887	-0.031759
MSFT(3)	0.005320	-0.041532	-0.022088	...	-0.057842	-0.031706	-0.066252
MSFT(-1)	0.060440	0.041815	-0.023018	...	1.000000	0.041931	-0.022504
MSFT(-2)	-0.016472	-0.022898	-0.041545	...	0.041931	1.000000	0.041909
MSFT(-3)	-0.066437	-0.041411	-0.057848	...	-0.022504	0.041909	1.000000

图 14-13　相关性

5. 提取 AAPL 和 MSFT 股票的(位移)的相关性

为了方便观察,我们截取这个二维表的 AAPL 列,结果如图 14-14 所示。我们可以很清楚地看到 AAPL 和 MSFT 股票的(位移)的相关性。

	AAPL
AAPL	1.000000
MSFT(0)	0.333246
MSFT(1)	-0.093976
MSFT(2)	-0.056014
MSFT(3)	0.005320
MSFT(-1)	0.060440
MSFT(-2)	-0.016472
MSFT(-3)	-0.066437

图 14-14　AAPL 和 MSFT 股票的(位移)的相关性

在此基础上,构造 x 和 y 序列并且绘制线图,x 是[-3,-2,-1,0,1,2,3],y 是 AAPL 和 MSFT 股票的对应[-3,-2,-1,0,1,2,3]位移的相关性,结果如图 14-15 所示。位移为 0 时,

两者的相关性最高为 0.33。

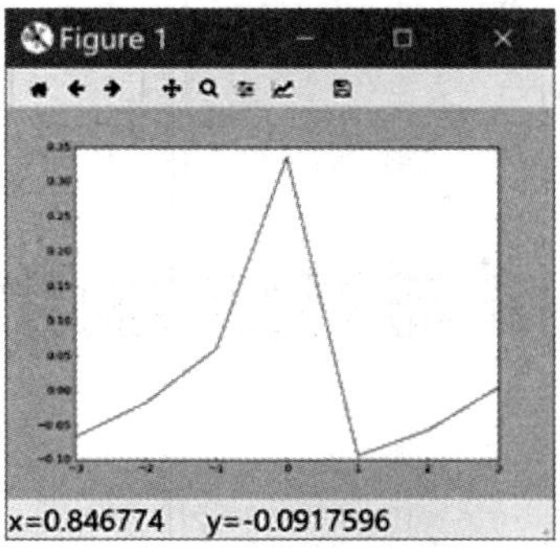

图 14-15 AAPL 和 MSFT 股票的(位移)的相关性

参考文献

[1] 覃雄派，陈跃国，杜小勇．数据科学概论．北京：中国人民大学出版社，2018.

[2] 王秋月，覃雄派，赵素云，张静．人工智能与机器学习．北京：中国人民大学出版社，2020.

[3] PyAlgoTrade Tutorial. https://gbeced.github.io/pyalgotrade/docs/v0.17/html/tutorial.html.

[4] 如何利用 Tushare 计算各股票间的相关性和协方差．https://www.jianshu.com/p/aa7ba4a54a85.

[5] 算法理解-遗传算法(Genetic Algorithm). https://blog.csdn.net/qq_27755195/article/details/56597467.

15 尝试其他算法与算法的组合

机器学习算法家族中,有各种分类和回归算法。不同算法的适用情况和场合是有区别的,它们的预测能力是不一样的。

我们可以尝试其他的分类和回归算法,比如把基于分类的交易策略(股票内)的决策树替换成 KNN,或者把基于回归的交易策略(股票内)的 Decision Tree Regressor 替换成 Support Vector Regressor 等。把不同算法结合起来,利用它们的长处和短处的互补性,可获得更好的预测效果。

此类方法称为集成(ensemble)学习,主要的策略如下:

(1) 装袋(bagging)。将样本集的子集作为训练集,建立不同的模型(模型的类型一般是一样的,也就是算法是一样的)。

(2) 提升(boosting)。以顺序的方式构造一系列模型,后续模型不断学习怎样把之前的模型的预测误差给修正过来,当然之前的模型预测对的要保留(模型的类型一般是一样的,也就是算法是一样的)。

(3) 投票(voting)。建立多个模型(一般类型不一样),把多个模型的预测结合起来。比如通过少数服从多数的投票原则,整合多个预测器的分类。或者以计算平均值的方式,整合多个回归预测器的预测值。每个模型的权重还可以定制。

15.1 尝试其他分类算法及其组合

15.1.1 把基于分类的交易策略(股票内)的决策树替换成 KNN

本策略的代码和基于分类的交易策略(股票内)的代码基本一样。只不过那里用决策树,这里用 KNN。下面仅介绍不同的部分。

1. 导入必要的 Python 库及对象类

```
from sklearn.neighbors import KNeighborsClassifier
```

我们将用到 sklearn. neighbors 模块的 KNeighborsClassifier 分类器,所以要把这个类导入进来。

2. 在策略的__init__函数定义分类器

```
self.__classifier=KNeighborsClassifier(n_neighbors=7)
```

参数 n_neighbors 表示我们预测一个数据点的类别时,需要参考 7 个邻居数据点的类别情况。

该策略的运行结果如图 15-1 和图 15-2 所示。

图 15-1 包含 4 个子图,分别是价格子图、收益子图(盈亏)、预测值子图、资产净值子图(累计盈亏)。价格子图上标记了策略运行以后的买入和卖出操作的时间点。买入用尖角向上的三角形表示,卖出用尖角向下的三角形表示。

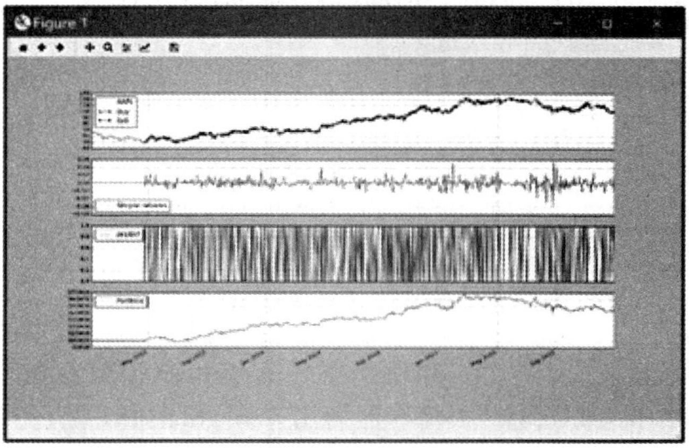

图 15-1 myDT2KNNStrategy 策略运行的可视化结果

图 15-2 显示策略运行结束后的最后资产净值、收益率、夏普指数和最大回撤等指标。在 2013-01-02 到 2015-12-31 期间的 APPL 价格数据上,该策略的模拟运行结果为:

(1) 资产净值为 MYM141 313。

(2) 收益率为 41.31%,收益还可以。

(3) 夏普指数为 0.65,有改进空间。

(4) 最大回撤为 16.66%。最长回撤周期为 311 天,时间有点长。

```
Final portfolio value1: 141313.52
Final portfolio value2: 141313.52
Cumulative returns: 41.31 %
Sharpe ratio: 0.65
Max. drawdown: 16.66 %
Longest drawdown duration: 311 days, 0:00:00
```

图 15-2 myDT2KNNStrategy 策略运行的输出

15.1.2 把 Decision Tree 与 KNN、SVC 组合起来

接下来的实例把 Decision Tree 与 KNN、SVC(Support Vector Classifier)用 Voting Classifier(一种元分类器)进行整合,看是否可以提高分类能力。读者也可以尝试其他分类器,比如 Logistic Regression 分类器。

在这里主要对代码的改进部分进行解析,其余部分和 myDT2KNNStrategy 策略的代码是类似的。

1. 导入必要的 Python 库及对象类

```
from sklearn.tree import DecisionTreeClassifier
from sklearn.neighbors import KNeighborsClassifier
from sklearn.svm import SVC
from sklearn.ensemble import VotingClassifier
```

我们将用到 DecisionTreeClassifier、KNeighborsClassifier、SVC 等分类器，以及元分类器 VotingClassifier，所以要把这些类导入进来。

2. 在策略的__init__函数定义分类器

```
self.__classifier1=DecisionTreeClassifier(max_depth=7)
self.__classifier2=KNeighborsClassifier(n_neighbors=7)
self.__classifier3=SVC(kernel='rbf', probability=True)
self.__classifier=VotingClassifier(estimators=[('dt', self.__classifier1), ('
knn', self.__classifier2),
   ('svc', self.__classifier3)], voting='soft', weights=[2,1,2])
```

建立 self. __classifier1、self. __classifier2、self. __classifier3 子分类器，分别是 DecisionTreeClassifier、KNeighborsClassifier、SVC 类型。然后用 VotingClassifier 把它们整合在一起，权重为 2、1、2，赋给 self. __classifier。

该策略的运行结果如图 15-3 和图 15-4 所示。

图 15-3 包含 4 个子图，分别是价格子图、收益子图(盈亏)、预测值子图、资产净值子图(累计盈亏)。

价格子图上标记了策略运行以后的买入和卖出操作的时间点。买入用尖角向上的三角形表示，卖出用尖角向下的三角形表示。

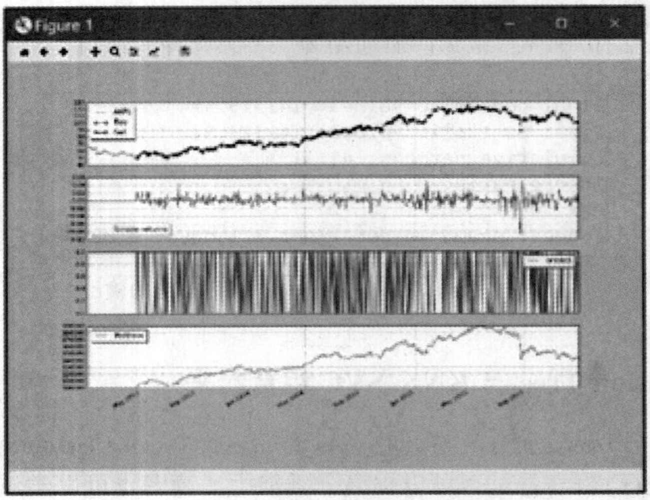

图 15-3　myDT_KNN_SVCStrategy 策略运行的可视化结果

图 15-4 显示策略运行结束后的最后资产净值、收益率、夏普指数和最大回撤等指标。在 2013-01-02 到 2015-12-31 期间的 APPL 价格数据上，该策略的模拟运行结果为：

(1) 资产净值为 MYM139 540。

（2）收益率为 39.54%，收益还可以。

（3）夏普指数为 0.56，有改进空间。

（4）最大回撤为 26.3%，有点大。最长回撤周期为 217 天，时间有点长。

```
Final portfolio value1: 139540.32
Final portfolio value2: 139540.32
Cumulative returns: 39.54 %
Sharpe ratio: 0.56
Max. drawdown: 26.23 %
Longest drawdown duration: 217 days, 0:00:00
```

图 15-4　myDT_KNN_SVCStrategy 策略运行的输出

15.2　尝试其他回归算法及其组合

15.2.1　把基于回归的交易策略（股票内）的 Decision Tree Regressor 替换成 Support Vector Regressor

本策略的代码和基于回归的交易策略（股票内）的代码基本一样，只不过那里用 Decision Tree Regressor，这里用 Support Vector Regressor。下面仅介绍不同之处。

1. 导入必要的 Python 库及对象类

```
from sklearn.svm import SVR
```

我们将用到 sklearn.svm 模块的 SVR 作为回归预测器，所以要把这个类导入进来。

2. 在策略的__init__函数定义回归模型

```
self.__regressor   =SVR(C=1, gamma=1e-6)
```

建立 SVR 回归模型，参数 C 为 1，参数 gamma 为 1e-6。

该策略的运行结果如图 15-5 和图 15-6 所示。

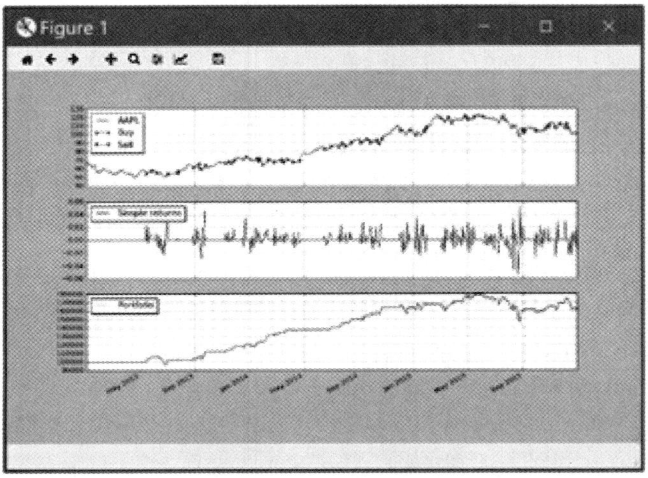

图 15-5　myDTR2SVRStrategy 策略运行的可视化结果

图 15-5 包含 3 个子图,分别是价格子图、收益子图(盈亏)、资产净值子图(累计盈亏)。

价格子图上标记了策略运行以后的买入和卖出操作的时间点。买入用尖角向上的三角形表示,卖出用尖角向下的三角形表示。

图 15-6 显示策略运行结束后的最后资产净值、收益率、夏普指数和最大回撤等指标。在 2013-01-02 到 2015-12-31 期间的 APPL 价格数据上,该策略的模拟运行结果为:

(1) 资产净值为 MYM58 896。

(2) 收益率为 58.90%,收益还可以。

(3) 夏普指数为 0.97,有改进空间。

(4) 最大回撤为 17.94%。最长回撤周期为 212 天,时间有点长。

```
Final portfolio value1: 158896.98
Final portfolio value2: 158896.98
Cumulative returns: 58.90 %
Sharpe ratio: 0.97
Max. drawdown: 17.94 %
Longest drawdown duration: 212 days, 0:00:00
```

图 15-6 myDTR2SVRStrategy 策略运行的输出

15.2.2 Decision Tree Regressor 与 SVR、GBR 组合

接下来的实例把 Decision Tree Regressor 与 SVR、GBR(Gradient Boosting Regressor)等回归预测器,用 Voting Regressor 元回归预测器整合起来,看是否可以提高回归预测能力。

读者可以尝试其他回归技术,比如 Polynomial Regression 等。

在这里主要对代码的改进部分进行解析,其余部分和上述 myDTR2SVRStrategy 策略的代码是类似的。

1. 导入必要的 Python 库及对象类

```
from sklearn.tree import DecisionTreeRegressor
from sklearn.svm import SVR
from sklearn.ensemble import GradientBoostingRegressor
from sklearn.ensemble import VotingRegressor # scikit-learn 0.22.0
```

我们将用到 DecisionTreeRegressor、SVR、GradientBoostingRegressor 等回归模型,以及元回归模型 VotingRegressor,所以要把这些类导入进来。

需要注意的是,VotingRegressor 在高版本的 scikit-learn 库里才有,比如 0.22.0 版本。

2. 在策略的__init__函数定义分类器

```
self.__regressor1 = DecisionTreeRegressor(random_state = 0,max_depth = 5, max_fea-
tures = 10)
self.__regressor2 =  SVR(C = 1, gamma = 1e-6)
self.__regressor3 = GradientBoostingRegressor(random_state = 1, n_estimators = 10)
self.__regressor = VotingRegressor(estimators = [('dtr', self.__regressor1),
('svr',  self.__regressor2), ('gbr', self.__regressor3)])
```

建立 self.__regressor1、self.__regressor2、self.__regressor3 子回归模型,分别是 Decision-

TreeRegressor、SVR、GradientBoostingRegressor 类型。然后用 VotingRegressor 把它们整合在一起，赋给 self. __regressor。

该策略的运行结果如图 15-7 和图 15-8 所示。

图 15-7 包含 3 个子图，分别是价格子图、收益子图（盈亏）、资产净值子图（累计盈亏）。

价格子图上标记了策略运行以后的买入和卖出操作的时间点。买入用尖角向上的三角形表示，卖出用尖角向下的三角形表示。

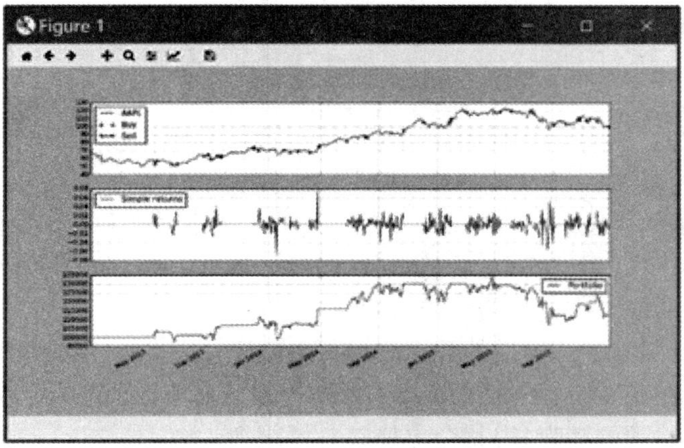

图 15-7　myDTR_SVR_GBRStrategy 策略运行的可视化结果

图 15-8 显示策略运行结束后的最后资产净值、收益率、夏普指数和最大回撤等指标。在 2013-01-02 到 2015-12-31 期间的 APPL 价格数据上，该策略的模拟运行结果为：

（1）资产净值为 MYM12 161。

（2）收益率为 12.16%，收益还可以。

（3）夏普指数为 0.13，有改进空间。

（4）最大回撤为 19.91%，有点大。最长回撤周期为 248 天，时间有点长。

```
Final portfolio value1: 112161.75
Final portfolio value2: 112161.75
Cumulative returns: 12.16 %
Sharpe ratio: 0.13
Max. drawdown: 19.91 %
Longest drawdown duration: 248 days, 0:00:00
```

图 15-8　myDTR_SVR_GBRStrategy 策略运行的输出

参考文献

[1]　覃雄派，陈跃国，杜小勇. 数据科学概论. 北京：中国人民大学出版社，2018.

[2]　王秋月，覃雄派，赵素云，张静. 人工智能与机器学习. 北京：中国人民大学出版社，2020.

16 基于深度学习模型的交易策略

在“深度学习初步”一章中,我们介绍了 1 个时间序列预测多步、n 个时间序列预测多步的预测模式,以及利用 MLP、CNN、LSTM 等网络构造的预测模型。

在本章,将展示如何装载已经训练过的模型,进行价格预测和交易决策。

基本过程是:流式处理价格数据,基于各个 Price Bar 的收盘价,积攒价格数据点,构造样本。利用已经装载的模型进行预测,根据预测结果进行交易。

需要注意的是,用于训练模型的数据集(时间范围),也进行了预测和交易,这点是不具有说服力的。因为在现实中,一旦利用历史数据进行训练,历史就不会重演。所以,等到进入测试集以后才开始预测和交易,就会更加具有说服力。

16.1 离线训练和在线预测

深度学习模型的训练时间很长,在交易策略中在线进行训练和预测是不现实的。可行的办法是,离线训练模型,把模型保存起来,在交易策略中装载和使用模型,进行预测。

16.2 基于深度学习模型的交易策略概述

我们将使用“深度学习初步”一章中“MLP_1timeseries_nstep. py”实例所保存的深度学习模型。

1. 首先导入必要的 Python 库

```
from pyalgotrade.barfeed.csvfeed import GenericBarFeed
from pyalgotrade.bar import Frequency

from collections import deque
import numpy as np

from pyalgotrade import strategy
from pyalgotrade.stratanalyzer import returns
from pyalgotrade.stratanalyzer import sharpe
from pyalgotrade.stratanalyzer import drawdown
from pyalgotrade.stratanalyzer import trades
```

```
from pyalgotrade import plotter

from keras.models import Sequential
from keras.layers import Dense
import math
from keras.models import load_model

import matplotlib as mpl
mpl.style.use('classic')
```

我们将用到 keras. models 模块的 load_model 方法装载 keras 模型。

mpl. style. use('classic')表示使用传统的 matplotlib 风格来显示图形。

2. 定义 MyMLPStrategy 类

基于 strategy. BacktestingStrategy 类定义 MyMLPStrategy 类,这就是我们将要实现的基于深度学习模型的交易策略。

self. __recent_prices 是一个管道数据结构,用于保存最近 5 天的价格信息。其实,我们不用训练模型,保留最近 3 天的价格信息即可。

self. __model 是从“model. h5”文件装载的 Keras 模型。

```
class MyMLPStrategy(strategy.BacktestingStrategy):
    def __init__(self, feed, instrument):
        super(MyMLPStrategy, self).__init__(feed, 100000)

        self.__position=None
        self.__instrument=instrument

        self.__window_length=5 # 3 天预测 2 天
        self.__recent_prices=deque( maxlen=self.__window_length)

        # load model
        self.__model=load_model('model.h5')
        # summarize model
        self.__model.summary()
```

3. 定义 MyMLPStrategy 类的若干函数

onEnterOk、onEnterCanceled、onExitOk、onExitCanceled 等回调函数,由 PyAlgoTrade 运行时在适当时机调用。

```
    def onEnterOk(self, position):
        execInfo=position.getEntryOrder().getExecutionInfo()
        self.info( "BUY at MYM% .2f" % (execInfo.getPrice()))

    def onEnterCanceled(self, position):
        self.__position=None
```

```
    def onExitOk(self, position):
        execInfo=position.getExitOrder().getExecutionInfo()
        self.info("SELL at MYM% .2f" % (execInfo.getPrice()))
        self.__position=None

    def onExitCanceled(self, position):
        # If the exit was canceled, re-submit it
        self.__position.exitMarket()
```

4. 定义 MyMLPStrategy 类的核心交易逻辑

onBars 函数在策略运行的时候，由 PyAlgoTrade 不断馈入价格数据 Price Bar，不断回调。也就是说 PyAlgoTrade 读入价格数据，以一个 Price Bar 一个 Price Bar 的形式调用 onBars 函数。

onBars 函数把所有的工作委托给了 handle_data 函数。

```
def handle_data(self, bars):
    bar=bars[self.__instrument]
    today_price=bar.getPrice()
    self.__recent_prices.append(bar.getPrice())

    if len(self.__recent_prices)==self.__window_length: # 3 天预测 2 天
        price_list=list()
        for obj in self.__recent_prices:
            price_list.append(obj)
        price_list=np.array(price_list)

        print("price_list", price_list)

        dataX=price_list[:-2] # 3 天预测 2 天
        dataY=price_list[-2:] # 3 天预测 2 天

        finalX=price_list[2:] # 3 天预测 2 天
        finalY=self.__model.predict(finalX.reshape(1,-1))
        print("finalY", finalY)#finalY [[53.56341  53.474438]]

        tomorrow_price=finalY[0][0] #取得明天预测价格

        print("today_price: % .2f" % today_price)
        print("tomorrow_price: % .2f" % tomorrow_price)
        the_ratio=(tomorrow_price-today_price)/today_price
        print("price change ratio: % .3f" % the_ratio)
```

```
            if self.__position is not None:
                if ( the_ratio>=0.01):# price change ratio >=0.01(涨)
                    pass
                elif ( the_ratio >=-0.01):# price change ratio in [-0.01, 0.01](持
平)

                    pass
                else:#price change ratio <0.01(下跌)
                    if not self.__position.exitActive():
                        self.__position.exitMarket()
            else:
                if ( the_ratio>=0.01):# price change ratio >=0.01(涨)
                    shares=int(self.getBroker().getCash() * 0.9 /bars[self.__in-
strument].getPrice())
                     self.__position = self.enterLong(self.__instrument, shares,
True)
                    #self.__position=self.enterLong(self.__instrument, 100, True)
                elif ( the_ratio >=-0.01):# price change ratio in [-0.01, 0.01](持
平)
                    pass
                else:#price change ratio <0.01(下跌)
                    pass

    def onBars(self, bars):
        self.handle_data(bars)
```

首先从 bars 中提取self. __instrument股票对应的 bar,并且提取收盘价,即 today_price,插入 self. __recent_prices 管道。

当 self. __recent_prices 管道已经满了,即达到 5 个价格数据点的时候,从self. __recent_prices 提取价格,构造 price_list 列表,并且转换为数组。

切割 price_list 的前三个价格作为 X,后两个价格作为 y。虽然我们构造了 X 和 y,但是并没有收集样本,因为我们已经在另外的地方收集过样本,并且训练了模型。这些代码是多余的。

接下来,切割 price_list 的后三个价格,作为 finalX,预测明天和后天的价格 finalY。提取明天的价格 tomorrow_price,根据 tomorrow_price 和 today_price 计算价格变化率 the_ratio。

最后,执行如下交易逻辑:

(1) 如果我们拥有头寸,明天价格有较大上涨幅度,就什么都不做;明天价格继续横盘整理,就什么都不做;明天价格有较大下跌幅度,就卖出股票。

(2) 如果我们没有头寸,明天价格有较大上涨幅度,就买入股票;明天价格继续横盘整理,就什么都不做;明天价格有较大下跌幅度,就什么都不做。

具体的买卖函数已经在前面章节进行说明,这里就不赘述了。

5. 运行 MyMLPStrategy 策略

运行 MyMLPStrategy 策略的代码和其他交易策略的相关代码类似,主要的差别是这里的

交易策略的类名为 MyMLPStrategy，交易策略的对象名为 myMLPStrategy。

16.3　运行结果

myMLPStrategy 策略的运行结果如图 16-1 和图 16-2 所示。

图 16-1 包含 3 个子图，分别是价格子图、收益子图（盈亏）、资产净值子图（累计盈亏）。

AAPL 价格子图上标记了策略运行以后的买入和卖出操作的时间点。买入用尖角向上的三角形表示，卖出用尖角向下的三角形表示。

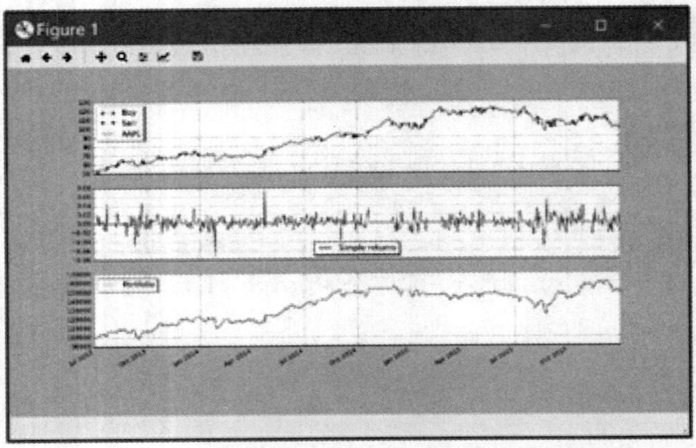

图 16-1　myMLPStrategy 策略运行的可视化结果

图 16-2 显示策略运行结束后的最后资产净值、收益率、夏普指数和最大回撤等指标。在 2013-07-01 到 2015-12-31 期间的 APPL 价格数据上，该策略的模拟运行结果为：

（1）资产净值为 MYM140 035。

（2）收益率为 47.04%，收益可以。

（3）夏普指数为 0.76，还可以。

（4）最大回撤为 20.37%，有点大，需要注意了。最长回撤周期为 328 天，时间有点长。

```
Final portfolio value1: 147035.17
Final portfolio value2: 147035.17
Cumulative returns: 47.04 %
Sharpe ratio: 0.76
Max. drawdown: 20.37 %
Longest drawdown duration: 328 days, 0:00:00
```

图 16-2　myMLPStrategy 策略运行的输出

16.4　回测速度和模型更新

上述交易策略回测的速度是很快的，因为模型事先经过训练，无须在线训练。馈入新样本，很快就可以得到预测结果，响应时间是亚秒级的。

使用已有模型的一个缺点是模型得不到及时更新。我们可以利用闭市时间,用新的价格数据对模型进行训练。

其实,一个好的模型没有必要每天都更新。可以间隔一定时间再更新,比如一周或者一个月,这时候积攒的新价格数据(包括其他数据)会更多。在这样的时间窗内,如果市场没有发生较大的变迁(shift),已有模型的预测能力还是可以信任的。

参考文献

[1] 覃雄派, 陈跃国, 杜小勇. 数据科学概论. 北京: 中国人民大学出版社, 2018.

[2] 王秋月, 覃雄派, 赵素云, 张静. 人工智能与机器学习. 北京: 中国人民大学出版社, 2020.

17 其他话题

量化交易包括很多的话题,在前面的章节中未能逐一详尽介绍,在本章集中介绍。

有些话题内容丰富,由于篇幅有限,我们只做简单介绍。感兴趣的读者可以参考其他相关资料,做深入研究。

17.1 实盘交易

本书的交易策略都是用历史数据做回测。一旦我们提出一个不错的策略,就希望进入下一步,即实盘模拟以及实盘交易。

对于实盘交易,我们需要改造已有的交易策略才能实现。主要涉及两个方面:

(1) 实时行情的获取:需要连接到实时行情提供商,通过它们的接口获取实时行情。

(2) 订单的执行:需要路由到交易所(通过证券经纪公司)真正地执行。

这时,激动人心同时也是担惊受怕的时刻就到来了。

1. 大单分解

对于某些交易量比较大的订单,为了减少市场冲击,我们需要对订单进行分解,变成一系列小订单,交给交易所执行。

订单拆分策略以 TWAP(time weighted average price)、VWAP(volume weighted average price)和 POV(percent of volume)为代表。这类技术已经很成熟,可以直接采用。

第 1 章已经介绍过,订单拆分策略仅仅作用于订单执行部分,它不是量化交易的核心部分。量化交易的核心是决定买还是卖、买/卖什么、什么时候以及多少等。

2. 滑点问题

由于订单是拆分后执行的,我们想要的成交价格可能随着时间的推移已经发生变化,这叫作滑点。滑点是没有办法避免的,这就要求我们的交易策略认准趋势,用以后创造的利润来涵盖住滑点的影响。

有一个非常微妙的问题,当我们执行一个交易策略的时候,上午开市,新的价格数据不断到达,下午闭市之前,我们是没有办法拿到收盘价的。如果基于收盘价进行交易决策,那么只能在第二天的开市时刻下订单完成买进。这样做似乎有些不妥。

一种解决办法是,在闭市前半小时,把最新成交价格当作收盘价进行交易决策。然后留出 30 分钟时间执行订单,这样还可以考虑到大单分解的情形。

17.2 日内、隔日、中短期和长期交易

本书的实例都是基于 Daily Price Bar 进行分析，基于对明天价格的预测完成交易决策，如果上涨就买入，如果下跌就卖出，最短持有 1 天。其实，我们也可以做中短期、长期交易，也就是持有头寸多天。

具体的代码改写由读者自行完成。这里给出一个思路，一旦持有头寸，在策略里做一个 Count Down 计数器。开始设置为持有的天数(比如 3 天)，后续的交易日不断向下减 1，直到 Count Down 计数器为 0 的那一天，再卖出。

当然，需要模型具有强大的中短期和长期预测能力。当模型预测不利时，也就是在持有期间发生较大的浮动亏损时，可以适当执行止损策略。

由于股票市场实行 T+1 制度，我们无法进行日内交易。期货交易实行 T+0 制度，我们不仅可以进行日内交易，还可以进行双向交易，包括做多(先买后卖)和做空(先卖后买)。

17.3 高频交易

高频交易是利用短暂的市场变化从中寻求获利的计算机化的交易。高频交易利用个股的买入价和卖出价的价差的微小变化或者某只股票在不同交易所的微小价差，来实现盈利。

高频交易要求速度很快，有些投资者把交易服务器安放在离交易所很近的机房，以便缩短交易指令到达交易所的时间。

高频交易的特点包括：(1) 由计算机自动完成，速度快；高频交易公司利用强大的计算机程序进行快速交易，交易时间经常不到 10 毫秒。(2) 交易量大。(3) 持仓时间短，日内交易次数很多。(4) 每笔收益率很低，通过大量交易实现总体稳定收益。对于高频交易来讲，每笔交易的利润很微薄，但大量的高频交易的利润是可观的。这是一种通过增加交易的频率从而获利的方式。

高频交易一般基于订单簿(order book)①数据(订单簿的结构请参考“股票与期货基础”一章)完成交易决策。订单簿包括未成交的、正在等待的订单(甚至包含虚假订单)，体现了多空双方的力量博弈。随着订单的不断成交，成交价格不断变化。高频交易需要进行快速决策，以期利用微小的价格变化获得盈利。盘口交易(ticker tape trading)是指根据订单流、交易量等信息进行交易的策略。

17.4 风险控制和投资组合

股市有风险，入市需谨慎。当我们的预测不准，发生浮动亏损，这时是继续持有还是清空持仓，是一个重要的问题。一般来讲，我们可以基于买入时的价格制定一个止损阈值，比如下跌 7%。当价格向下运行，突破止损阈值的时候，我们应该果断卖出(赔钱卖出)。这是

① Working with order book data (Hands-On Machine Learning for Algorithmic Trading by Stefan Jansen). https://www.oreilly.com/library/view/hands-on-machine-learning/9781789346411.

一个比较简单的止损策略。

风险控制的内容很丰富,这里就不展开了。需要注意的是,灵活的交易策略可以通过设定相关参数,根据每个用户的风险偏好等级提供对应的量化交易策略的定制版本。

17.4.1 投资组合管理入门及相关策略

鸡蛋不能放在一个篮子里,真正的投资者一般不会仅仅交易一只股票,而是对多只股票进行交易。选择一批未来可能有优异表现的股票,形成投资组合(portfolio)。这样的投资组合,短则一个月、长则一个季度或者半年就调整一次。

在成熟的市场中,阿尔法(Alpha)策略与贝塔(Beta)策略是两类基于不同的出发点,来获取超过大盘表现的超额收益的投资策略。

阿尔法策略是一种主动型投资策略,追求的是阿尔法收益,即投资收益中超出市场(大盘)收益的部分,主要依靠多因子模型精选行业和个股。阿尔法策略适合激进的投资者,在市场上涨阶段很有优势。阿尔法策略轻择时、重选股。这类策略还可以用股指期货对冲掉市场的贝塔,控制风险,获得超额收益。

在构造个股组合的时候,可以依据多因子进行选股,因子有长期因子和短期因子。长期因子包括价值因子、盈利因子等,短期因子包括技术指标和动量因子等。这些因子组合起来,形成个股的打分,这个打分就是一个预期的收益。有些股票预期收益很高,预期风险也很高。那些历史上收益波动率很大的个股,在股票投资组合中的占比不宜过高。

贝塔策略是一种被动型投资策略。贝塔策略追求的是市场收益,也就是贝塔收益。贝塔策略适合稳健的投资者,主要依靠把握市场大势,获得超越大盘的收益。贝塔策略和阿尔法策略正好相反,轻选股、重择时。

17.4.2 套利交易和配对交易

量化交易策略种类繁多,有的针对单一的资产(投资组合的每个资产单独进行交易),有的针对多个资产(交易策略涉及投资组合的多个资产)。后者包括套利交易(arbitrage)和配对交易(pair trading)等。

套利交易通过捕捉标的物完全相同的两种金融资产的价差来获取利润。比如,在美国金融市场,针对同一标的物,可能同时有期权、期货等多种金融产品。每种资产又可以同时在几个交易所挂牌交易。这样的市场生态为套利交易提供了较大的市场空间。

套利型策略捕捉市场的错误定价即套利机会,迅速完成交易,这需要量化模型的帮助。虽然套利型策略的风险较低,但是因为容纳资金规模有限以及套利机会稀缺等问题,难以获得很高收益。

统计套利(statistical arbitrage)关注资产组合中上百个资产之间统计上的相关性,在此基础上进行套利。

配对交易也称收敛交易(convergence trading),它假设相关联的标的物的价格变化具有相关性,在一种资产的价格上涨时,另一种资产的价格下跌,可以分别对其做多和做空,从而获利。

17.4.3 股票聚类与多样性选择及 Python 实例

投资组合最好具有一定的多样性。如果投资组合里的股票表现单一,可能发生一荣俱荣、一损俱损的局面。一荣俱荣当然好,一损俱损则会放大损失。多样性的投资组合可以实现风险对冲。

下面给出一个根据股票的收益、波动历史对股票进行聚类的实例。从每个类簇中选取 1~2 只股票,就可以构造多样性的投资组合。

1. 导入必要的 Python 库,打开 CSV 文件

```
import pandas as pd
import numpy as np
from math import sqrt
from matplotlib import pyplot as plt

from sklearn.cluster import KMeans
from scipy.cluster.vq import kmeans,vq

prices_df=pd.read_csv('./SP_500_close_2015.csv', parse_dates=['Date'], index_col
=['Date'], sep=',')
prices_df.head()
```

首先,导入必要的 Python 库,将用到 sklearn.cluster 模块的 KMeans 类,以及 scipy.cluster.vq 模块的 kmeans 函数和 vq 函数。

接着,利用 pandas 读取"SP_500_close_2015.csv"文件,显示该文件的头 5 行,如图 17-1 所示。

Date	MMM	ABT	ABBV	ACN	ATVI	AYI	ADBE	AAP	AES	AET	...
2015-01-02	156.678596	43.160459	61.986410	86.129228	19.765196	139.234407	72.339996	158.132353	12.860543	87.354435	...
2015-01-05	153.145069	43.170070	60.819874	84.674997	19.490271	135.889914	71.980003	156.047994	12.494440	86.173965	...
2015-01-06	151.511999	42.679830	60.518833	84.064223	19.126976	134.187800	70.529999	155.938290	12.212822	86.301853	...
2015-01-07	152.610267	43.025880	62.964797	85.828689	18.714587	136.566769	71.110001	159.289228	12.231597	88.033197	...
2015-01-08	156.267949	43.910238	63.623323	87.137495	18.901144	141.344618	72.919998	160.685446	12.419342	90.885990	...

图 17-1 SP_500_close_2015.csv 文件内容

该文件的每行表示 2015 年的每个交易日,标准普尔指数的每只股票的收盘价。每只股票作为一列,也就是把每个交易日的所有股票的价格作为一行。

2. 对 DataFrame 类的对象 prices_df 进行处理

```
# Calculate average annual percentage return and volatilities over a theoretical
one-year period
returns=prices_df.pct_change().mean() * 252
returns=pd.DataFrame(returns)
returns.columns=['Returns']
```

```
print(returns)

returns['Volatility']=prices_df.pct_change().std() * sqrt(252)
print(returns)

# format the data as a numpy array to feed into the K-Means algorithm
data=np.asarray([np.asarray(returns['Returns']),np.asarray(returns['Volatility
'])]).T

# removing NaN values, replacing them by 0
cleaned_data=np.where(np.isnan(data), 0, data)
print(cleaned_data)
```

首先,计算 prices_df 每只股票前后两天的收盘价的变化率,求均值,再乘以全年的交易天数,得到针对每只股票的全年的平均价格变化率,创建一个 DataFrame 类的对象 returns。

接着,计算每只股票前后两天的收盘价的变化率,再针对一年时间求标准差,作为 returns 二维表的 Volatility 列。这时候,returns 的内容如图 17-2 所示。

```
       Returns  Volatility
MMM  -0.042455    0.185081
ABT   0.045157    0.218244
ABBV -0.023557    0.318354
ACN   0.205307    0.204710
ATVI  0.705524    0.278454
...        ...         ...
YHOO -0.364626    0.309161
YUM   0.086469    0.324170
ZBH  -0.064260    0.204587
ZION  0.010264    0.277784
ZTS   0.152553    0.295686
```

图 17-2　returns(DataFrame)

最后,把二维表 returns 转换为一个二维数组,把空值(not available, or NULL)置为 0。

3. 确定 K-Means 的 *K*(最佳类簇数量)

```
X=cleaned_data
# within cluster sum of squares. we calculate the sum of squares of the distance of
each data point
# in cluster k from their center point ki
wcss=[]
for k in range(2, 20):
    k_means=KMeans(n_clusters=k)
    k_means.fit(X)
    wcss.append(k_means.inertia_)

fig=plt.figure(figsize=(15, 5))
plt.plot(range(2, 20), wcss)
plt.grid(True)
```

```
plt.title('Elbow curve')
plt.show()
```

以类簇内部误差平方和(within cluster sum of squares)作为指标,以[2,20]列表中的数值作为类簇数量,对数据进行聚类。

求每个类簇的数据点到类簇核心的误差平方和,绘制出图形,结果如图 17-3 所示,称为 Elbow Curve。

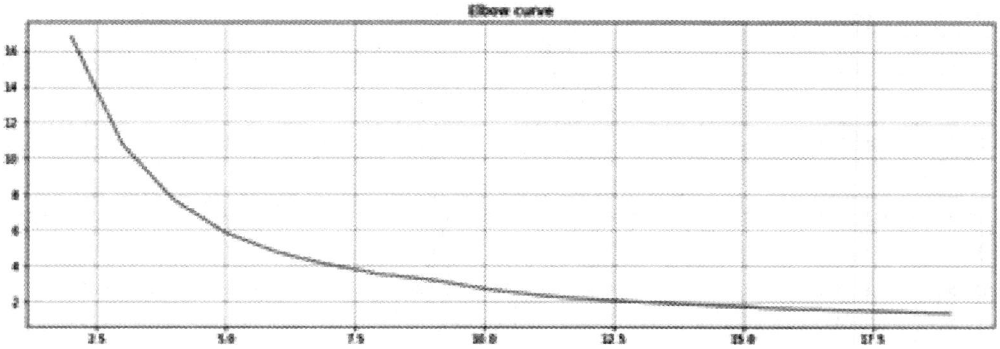

图 17-3 Elbow Curve

由图 17-3 可以看出,当 K 为 5 的时候,类簇内部误差平方和继续变小的速率大大降低,可以看作一个拐点。

4. K-Mean 聚类

```
# the change in slope of curve is not significant after k=5. Hence, we select no. of
clusters to be 5

# computing K-Means with K=5 (5 clusters)
centroids,_=kmeans(cleaned_data,5)
# assign each sample to a cluster
idx,_=vq(cleaned_data, centroids)

data=cleaned_data
```

利用 kmeans 函数,计算 5 个类簇的质心。利用 vq 函数,把各个数据点分配给各个质心,也就是得到各个数据点的类簇标签(或者编号,即 idx)。

5. 找到每只股票所属的类簇

```
# Finally, to get the details of which stock is actually in which cluster we can run
the following line
# of code to carry out a list comprehension to create a list of tuples in the (Stock
Name, Cluster Number) format
details=[(name,cluster) for name, cluster in zip(returns.index,idx)]
print(details)
```

从 returns 二维表获得行标签(即股票名称),从 idx 获得类簇编号,打印每只股票的类簇编号,结果如图 17-4 所示。

```
[('MMM', 2), ('ABT', 2), ('ABBV', 2), ('ACN', 3), ('ATVI', 0), ('AYI', 0), ('ADBE', 3), ('AAP', 2), ('AES', 4), ('AET', 3), ('AMG', 4), ('AF
L', 2), ('A', 2), ('APD', 2), ('AKAM', 4), ('ALK', 0), ('ALB', 2), ('AA', 1), ('ALXN', 2), ('ALLE', 3), ('AGN', 3), ('ADS', 2), ('LNT', 2),
('ALL', 2), ('GOOGL', 0), ('GOOG', 0), ('MO', 3), ('AMZN', 0), ('AEE', 2), ('AAL', 4), ('AEP', 2), ('AXP', 4), ('AIG', 3), ('AMT', 2), ('AW
K', 3), ('AMP', 4), ('ABC', 3), ('AME', 2), ('AMGN', 2), ('APH', 2), ('APC', 1), ('ADI', 2), ('ANTM', 3), ('AON', 2), ('APA', 4), ('AIV',
3), ('AAPL', 2), ('AMAT', 4), ('ADM', 4), ('AJG', 2), ('AIZ', 3), ('T', 2), ('ADSK', 2), ('ADP', 2), ('AN', 2), ('AZO', 3), ('AVGO', 0), ('A
```

图 17-4　股票名称及其所属类簇编号

6. 对类簇进行可视化

```
# using scatter plot
plt.scatter(X[idx==0,0],X[idx==0,1],s=100,c='red',label='Cluster1',alpha=
0.65)
plt.scatter(X[idx==1,0],X[idx==1,1],s=100,c='blue',label='Cluster2',alpha=
0.65)
plt.scatter(X[idx==2,0],X[idx==2,1],s=100,c='green',label='Cluster3',alpha=
0.65)
plt.scatter(X[idx==3,0],X[idx==3,1],s=100,c='cyan',label='Cluster4',alpha=
0.65)
plt.scatter(X[idx==4,0],X[idx==4,1],s=100,c='black',label='Cluster5',alpha=
0.65)
#plt.scatter(k_means.cluster_centers_[:,0],k_means.cluster_centers_[:,1],s=
300,c='yellow')
plt.scatter(centroids[:,0],centroids[:,1],s=200, c='yellow', alpha=0.8)
plt.legend()
plt.show()
```

由于现在只有两个特征,即“Returns”和“Volatility”,可以把每个数据点显示在二维平面上;以散点图的形式,用不同颜色显示各个类簇的数据点,并且显示各个类簇的质心。如图 17-5 所示。

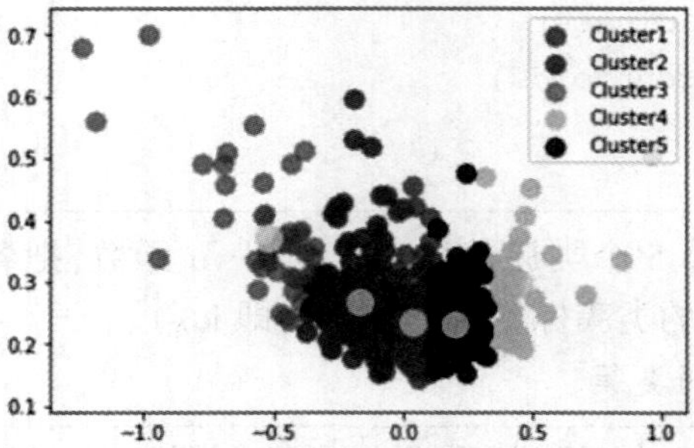

图 17-5　各个类簇以及类簇的质心

注意,idx==0 是一个向量计算。idx 是一个数组,idx==0 指的是把数组里分量为 0 的下标标记为 True,其他标记为 False,返回一个 True/False 列表,以便选择某个类簇的横坐标和纵坐标。

本书在线资源给出的代码增加了一个代码段。若想更好地理解这一系列运算,请读者参考相关资料。

7. 构造结果 DataFrame

```
labels=['Stock Symbol','Cluster']
df=pd.DataFrame.from_records(details, columns=labels)
df.head(n=5)
```

构造一个 DataFrame,列标签为'Stock Symbol'和'Cluster',内容为各个股票名称以及对应的类簇编号。这段代码的运行结果如图 17-6 所示。

	Stock Symbol	Cluster
0	MMM	0
1	ABT	0
2	ABBV	0
3	ACN	4
4	ATVI	3

图 17-6　Result DataFrame

8. 把聚类结果写入文件

```
import os
import warnings
warnings.filterwarnings('ignore')
os.chdir('./')

# writing the stocks and cluster they belong to a csv file which can be used to build
diverse portfolio
df.to_csv('stock_portfolio.csv', header=True)
```

这段代码不言自明,无须过多解释。

17.4.4　投资组合(比例)与 Python 案例

股票、期货、外汇等市场充满了风险,这种风险与市场规律和偶然性有关。此外,金融危机、国家政策以及自然灾难等也会影响金融市场,进而影响投资的收益。投资者希望减少风险,增加收益。但是风险和收益并存,天下没有免费的午餐。

投资者可以在可投资的风险资产中合理分配资金,实现既定风险下收益最大化,或者一定收益下风险最小化。

1. 相关矩阵

相关矩阵用于估算多只股票收益之间的相关关系,可使用 pandas DataFrame 内建的 corr()方法来计算,比如 correlation_matrix = stock_return. corr()。其中,stock_return 为若干股票的历史收益情况,每行表示隔天收益,每列表示一只股票。

相关矩阵中,每一个元素都对应股票间的相关系数,取值从-1 到 1,正数代表正相关,负数代表负相关。该矩阵的对角线元素都是 1,因为每只股票和自己一定是完全相关的。另外，相关矩阵是对称的，即上三角和下三角呈对称关系。

2. 协方差矩阵

相关系数只反映了股票之间的线性关系，不能告诉我们股票的波动情况，协方差矩阵包含这一信息，可使用 pandas DataFrame 内建的 cov( ) 方法来计算，比如，cov_mat = stock_return. cov( )。

投资组合的风险可以用标准差来衡量。当我们知道投资组合权重和协方差矩阵后，可以通过如下公式计算标准差：

$$\sigma=\sqrt{w^{T}.\,\Sigma.\,w}$$

式中，w 表示投资组合的每只股票的权重；. 表示点积；Σ 表示协方差矩阵。

3. 投资组合经典理论

诺贝尔经济学奖得主马科维茨(Markowitz)1952 年提出的投资组合理论，广泛应用于资产选择和配置中，影响深远。该理论使用均值-方差分析法以及有效边界模型，寻找最优的投资组合。它可以在给定风险水平的情况下最大化投资组合的预期收益。该理论不仅强调鸡蛋不应该放在一个篮子里，还提供了计算每个资产的比例的办法。

求解 Markowitz 模型的最优解比较复杂。我们用蒙特卡罗模拟法来求解 Markowitz 模型的最优解。

所谓蒙特卡罗模拟法，就是每一次随机生成一组权重，计算该组权重下的收益和标准差。重复这一过程很多次，比如上万次。然后将每一种组合的收益和标准差绘制成散点图，从中寻找最优解。散点图的横坐标代表风险的标准差，纵坐标是收益率。

投资者希望在给定风险水平下对期望收益进行最大化或者在给定收益水平下对期望风险进行最小化，这就是有效边界。只有在有效边界上的点，才是有效的投资组合。在散点图中，有效边界表现为冲着左上方向的边缘线。

选择投资组合，第一种方法是选择最低的风险，并且在该风险水平下尽量使收益最高，这样的组合称为最小风险组合。第二种方法是选择收益最高的投资组合，并且把风险最小化。

4. 投资组合的评价

夏普比率或者夏普指数(Sharpe ratio)，是由诺贝尔奖得主威廉·夏普提出的。该指标用于帮助投资者比较投资的回报和风险。夏普比率(指数)表达了每承受一单位的风险所产生的超额回报，可以用于对投资组合进行评价。

5. 投资组合配置 Python 实例分析

(1) 计算一只股票的年化收益率和风险指数(波动率)。

```
import numpy as np
import pandas as pd


stock=['AAPL']
data=pd.read_csv('AAPLnew.csv', parse_dates=['Date Time'], index_col=['Date Time
'], sep=',')
data=data[ ['Close']]
```

```
data.columns=[['AAPL']]
data.sort_index(inplace=True)

returns=data.pct_change()

mean_return=returns.mean()
return_stdev=returns.std()
print("mean_return", mean_return)
print("return_stdev", return_stdev)

annualised_return=round(mean_return * 252,2)
annualised_stdev=round(return_stdev * np.sqrt(252),2)

print ( (' The annualised mean return of stock {} is {}, and the annualised
volatility is {}') \
      .format(stock[0],annualised_return,annualised_stdev))
```

这段代码装载“AAPLnew. csv”中的 APPLE 价格数据，然后切割出 Close 列，列名重新设定为 AAPL，计算隔天变化率。在此基础上计算均值和标准差，并且进行年化处理。

（2）计算四只股票的年化收益率和风险指数（波动率）。

```
stocks=['AAPL','INTC','MSFT','YHOO']

data0=pd.read_csv('AAPLnew.csv', parse_dates=['Date Time'], index_col=['Date Time
'], sep=',')
data0=data0[ ['Close']]
data0.sort_index(inplace=True)
data0.columns=[['AAPL']]
print(data0.head())

data1=pd.read_csv('INTCnew.csv', parse_dates=['Date Time'], index_col=['Date Time
'], sep=',')
data1=data1[ ['Close']]
data1.sort_index(inplace=True)
data1.columns=[['INTC']]
print(data1.head())

data2=pd.read_csv('MSFTnew.csv', parse_dates=['Date Time'], index_col=['Date Time
'], sep=',')
data2=data2[ ['Close']]
data2.sort_index(inplace=True)
data2.columns=[['MSFT']]
print(data2.head())
```

```
data3=pd.read_csv('YHOOnew.csv', parse_dates=['Date Time'], index_col=['Date Time
'], sep=',')
data3=data3[ ['Close']]
data3.sort_index(inplace=True)
data3.columns=[['YHOO']]
print(data3.head())

data=data0.join(data1)
data=data.join(data2)
data=data.join(data3)

print(data.head())

# convert daily stock prices into daily returns
returns=data.pct_change()

# calculate mean daily return and covariance of daily returns
mean_daily_returns=returns.mean()
cov_matrix=returns.cov()

# set array holding portfolio weights of each stock
weights=np.asarray([0.5,0.2,0.2,0.1])

# calculate annualised portfolio return
portfolio_return=round(np.sum(mean_daily_returns * weights) * 252,2)
# calculate annualised portfolio volatility
portfolio_std_dev = round ( np.sqrt ( np.dot ( weights.T, np.dot ( cov_matrix,
weights))) * np.sqrt(252),2)

print (('Portfolio expected annualised return is {} and volatility is {}') \
.format(portfolio_return,portfolio_std_dev))
```

这段代码装载了四只股票的价格，截取各自的 Close 价格，重新命名，计算各自的隔天收益率，并且计算均值和协方差。

在预定权重下，计算投资组合的年化收益和年化标准差。

（3）蒙特卡罗方法。

```
%matplotlib qt
import  matplotlib.pyplot as plt

# convert daily stock prices into daily returns
returns=data.pct_change()

# calculate mean daily return and covariance of daily returns
```

```
mean_daily_returns=returns.mean()
cov_matrix=returns.cov()

# set number of runs of random portfolio weights
num_combinations=3000

# set up array to hold results
results=np.zeros((3,num_combinations))

for i in range(num_combinations):
    # select random weights for portfolio holdings
    weights=np.random.random(4)
    # rebalance weights to sum to 1
    weights /=np.sum(weights)

    # calculate portfolio return and volatility
    portfolio_return=np.sum(mean_daily_returns * weights) * 252
    portfolio_std_dev=np.sqrt(np.dot(weights.T,np.dot(cov_matrix, weights))) *
np.sqrt(252)

    # store results in results array
    results[0,i]=portfolio_return
    results[1,i]=portfolio_std_dev
    # store Sharpe Ratio (return / volatility) -risk free rate element excluded
for simplicity
    results[2,i]=results[0,i] /results[1,i]

# convert results array to pandasDataFrame
results_frame=pd.DataFrame(results.T,columns=['ret','stdev','sharpe'])

# create scatter plot coloured by Sharpe Ratio
plt.scatter(results_frame.stdev,results_frame.ret,c=results_frame.sharpe,cmap
='RdYlBu')
plt.colorbar()
plt.show()
```

我们用蒙特卡罗模拟法循环 3 000 次,对不同的权重组合计算预期收益和预期波动性(风险度),并且计算夏普指数。

最后把结果显示出来,如图 17-7 所示。我们看到一个面向左上方向的边缘线,那就是有效边界,在有效边界上的投资组合才是有效的投资组合。

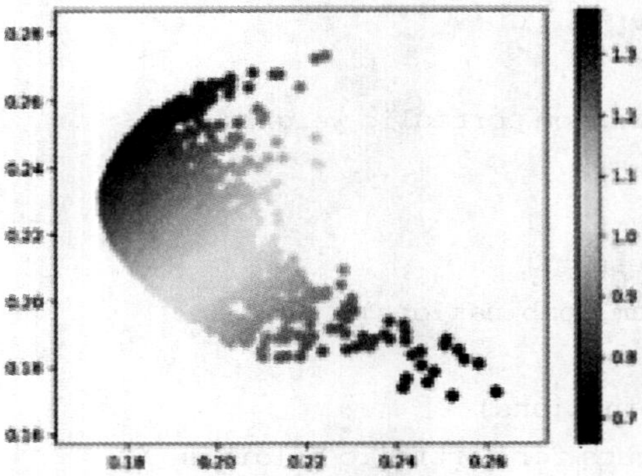

图 17-7　蒙特卡罗模拟法及可视化

（4）蒙特卡罗方法与两种投资组合的选择。

```
% matplotlib qt
import  matplotlib.pyplot as plt

# convert daily stock prices into daily returns
returns=data.pct_change()

# calculate mean daily return and covariance of daily returns
mean_daily_returns=returns.mean()
cov_matrix=returns.cov()

# set number of runs of random portfolio weights
num_combinations=3000

# set up array to hold results
# We have increased the size of the array to hold the weight values for each stock
results=np.zeros((3+len(stocks),num_combinations))

for i in range(num_combinations):
    # select random weights for portfolio holdings
    weights=np.random.random(4)
    # rebalance weights to sum to 1
    weights /=np.sum(weights)

    # calculate portfolio return and volatility
    portfolio_return=np.sum(mean_daily_returns * weights) * 252
    portfolio_std_dev=np.sqrt(np.dot(weights.T,np.dot(cov_matrix, weights))) *
np.sqrt(252)
```

```
    # store results in results array
    results[0,i]=portfolio_return
    results[1,i]=portfolio_std_dev
    # store Sharpe Ratio (return / volatility) - risk free rate element excluded
for simplicity
    results[2,i]=results[0,i] /results[1,i]

    # iterate through the weight vector and add data to results array
    for k in range(len(weights)):
        results[k+3,i]=weights[k]

# convert results array to pandas DataFrame
results_frame=pd.DataFrame(results.T,columns=['ret','stdev','sharpe',stocks[0],
stocks[1],stocks[2],stocks[3]])
print(results_frame.head())
# create scatter plot coloured by Sharpe Ratio
plt.scatter(results_frame.stdev,results_frame.ret,c=results_frame.sharpe,cmap
='RdYlBu')
plt.colorbar()

# locate position of portfolio with highest Sharpe Ratio
max_sharpe_port=results_frame.iloc[results_frame['sharpe'].idxmax()]

# locate positon of portfolio with minimum standard deviation
min_vol_port=results_frame.iloc[results_frame['stdev'].idxmin()]
print(max_sharpe_port)
print(min_vol_port)

# plot red star to highlight position of portfolio with highest Sharpe Ratio
plt.scatter(max_sharpe_port[1],max_sharpe_port[0],marker=(5,1,0),color='r',s=
1000)

# plot green star to highlight position of minimum variance portfolio
plt.scatter(min_vol_port[1],min_vol_port[0],marker=(5,1,0),color='g',s=1000)

plt.show()
```

运行蒙特卡罗模拟法后,我们把两个特别的点标注出来,第一个是获得最高的夏普指数的投资组合,最高夏普指数表示每单位风险获得最高的超额收益;第二个是最小波动性的投资组合。

我们把这两个投资组合的比例在散点图上标注出来,如图 17-8 所示。打印四只股票的比例,这个比例在运行蒙特卡罗模拟法的过程中不断保存。

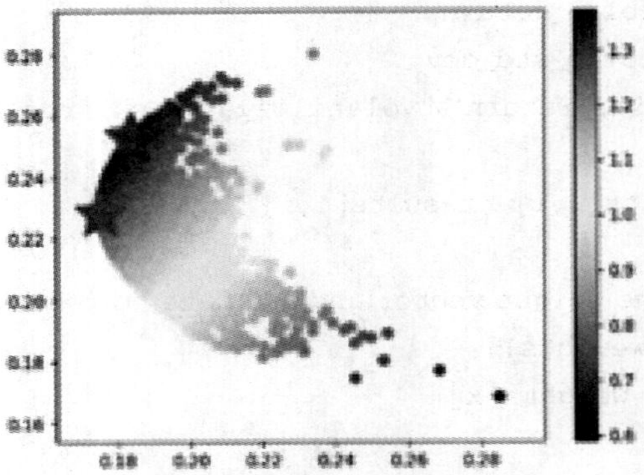

图 17-8　蒙特卡罗模拟法和两个兴趣点

6. 把选股、投资组合配置以及择时结合起来

我们通过如下过程,把选股、投资组合配置(比例)以及交易择时整合在一起。

(1) 在 100 只股票里,进行聚类,形成类簇。

(2) 针对每个类簇的每只股票预测未来收益。根据未来收益,选择每个类簇的 1~2 只股票,比如选择了 10 只未来收益为正的股票。对股票的选择意味着准备交易,即择时。

(3) 根据这些股票的未来收益,利用蒙特卡罗方法计算投资组合比例。

(4) 按照这个比例分配资金,买入这 10 只股票。

(5) 如果我们做的是短期交易,比如 3 天,那么 3 天后卖出所有股票。

(6) 把上述过程,即聚类分析、未来收益预测和股票选择(择时)、投资组合比例计算以及交易,再运行一遍。

17.5　价格数据、基本面数据、宏观经济数据的获取和使用

本书的交易策略基于以天为频率的价格数据,进行针对性研发。

其实,我们可以使用的价格数据还有不同的时间分辨率,包括分钟级别、小时级别、周级别、月级别等。

此外,我们可以从权威渠道获取基本面数据(即财务报表①)以及相关的宏观经济数据,运用到交易策略的决策中。

17.6　新闻、博客、自媒体的获取和多模态信息处理

根据 Google Trends(Google 搜索引擎的搜索关键字及其趋势),自 2007 年以来,情感分析(sentiment analysis)获得人们的持续关注,如图 17-9 所示。所谓情感,是人们表达出来的

① Extracting the financial statements and notes dataset(Hands-On Machine Learning for Algorithmic Trading by Stefan Jansen). https://www.oreilly.com/library/view/hands-on-machine-learning/9781789346411.

对于某个事物的态度。

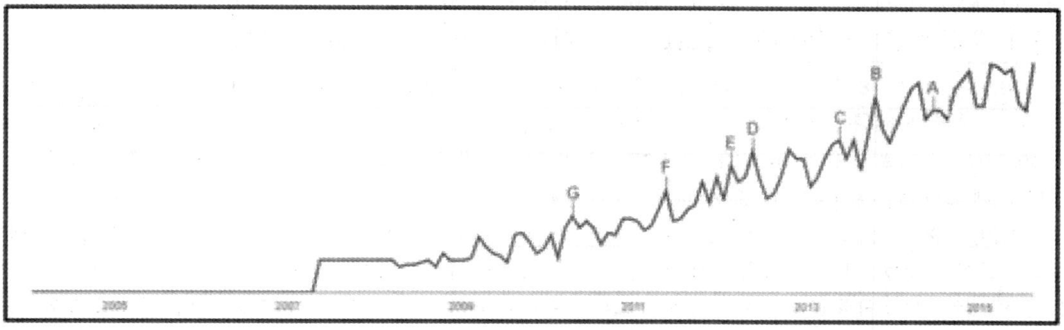

图 17-9 Google Trends 上 2007—2015 年人们对情感分析的关注度的变化

情感分析也可以应用到量化交易中,给出买入或者卖出的方向性信号。传统的做法是,当有关某家公司的正面消息发布时,就买入该公司的股票;当有关某家公司的负面消息发布时,就卖出该公司的股票。这样做的假设是,当有关某家公司的正面消息发布时,它将吸引投资者买入股票,从而推高股票价格;当有关某家公司的负面消息发布时,它将引起投资者的恐慌心理,导致他们抛出该公司股票,从而拉低股票价格。

对于普通的投资者来讲,只要他认真阅读一篇文章,就能理解文章所传达的态度。但是,如果投资组合里包含几十只上百只股票,追踪关于这些公司的新闻、博客等信息,并及时进行判读,了解每篇文章所传递的态度,是相当困难的。正常的成年人阅读文章的速度大概是每分钟 300 个单词,阅读一篇 600 个单词的文章大概需要 2 分钟。而在 2 分钟之内,新闻网站、社交媒体网站上产生的关于某个投资组合里 10 个公司的文章可能达到上百篇,谈论这些公司的博客有可能达到 10 000 篇。

我们寻求计算机的帮助,才能及时对这些新闻和博客进行情感分析。在投资者完成一篇文章的判读的时间里,计算机已经完成了上百万篇文章的判读,确定每篇文章所传递的态度或者情感,并且给出一个分数。分析的粒度甚至可以达到段落级别、语句级别。

在量化交易领域,很多投资基金把新闻、博客数据和其他数据源(价格数据、交易量数据、基本面数据等)结合起来,把情感分析的结果和其他数据的分析结果结合起来,进而做出交易决策。这已经成为一个显著的趋势。

事件套利(event arbitrage)是指针对某种特定事件的发生,包括重组、拆分、兼并、收购等,预先判断其对市场的影响,利用市场的短期新闻效应进行交易。利用金融文本数据(新闻、Twitter 等)帮助改善金融预测模型的研究,早已有之。

Derwent Capital Markets① 是伦敦的一家对冲基金,公司的 CEO 叫 Paul Hawtin。他带领团队研发了一款 Twitter 监控程序,每天处理 3.4 亿条 Tweet,评估公众的集体情绪(collective mood),据此进行交易。这个程序计算出一个全球情绪评分(global sentiment score),取值范围从 1 到 50,根据人们在社交媒体的在线对话中表现出来的悲观和乐观情绪得出。

Derwent Capital Markets 在此基础上买卖上百万美元的股票。当人们高兴的时候,一般

① https://www.enterrasolutions.com/blog/big-data-and-trend-watching/.

做多(买进);当人们焦虑的时候,做空(卖出)。2012 年第一季度,该交易模型获得了超过 7%的收益。作为先行者,Derwent Capital Markets 的业绩令人瞩目。需要注意的是,当越来越多的投资者掌握和使用类似的技术时,这样的交易模型还能否有利可图?

> 2017 年 10 月 18 日,全球首只号称使用人工智能选股的 AI Powered Equity ETF (AIEQ) 在纽约交易所推出。截至 2018 年 5 月 18 日,推出 7 个月后,AIEQ 的资产管理规模已经超过 1.3 亿美元,投资收益率为 10.35%,年化波动率为 16.02%,最大回撤为 9.75%。与之相比,同期标准普尔 500 指数的收益率为 7.17%,年化波动率为 14.97%,最大回撤为 10.10%。
>
> AIEQ 的人工智能每天做如下事情:(1) 通过人工智能构建估值模型。该模型读取美国市场上 6 000 多只股票的公开披露信息并进行分析,构建预测模型,实现估值。(2) 对上市公司的管理层进行定性分析和定量分析。对公司管理层是否能够利用机会拓展业务进行评估。(3) 了解市场情绪。读取上百万条社交媒体和公开报道并进行分析,包括新闻、博客、评论、自媒体等,计算市场对某个"主题"的情感,确定其倾向性,并应用到股票预测模型中。

有些创业公司则把情感分析包装成数据产品(data product),销售给投资者。至于如何在投资模型里使用情感分析的结果,则仁者见仁、智者见智,完全取决于各个投资者自己的见解。比如 Accern 公司[①]实时监控 2 000 万个网站(包括新闻、博客、社交媒体、上市公司年报等),利用人工智能技术对来自这些网站的信息进行分析(包括情感分析),根据投资者的订阅要求,把关于某些公司的分析结果发布给投资者,帮助投资者(在投资模型里)进行投资决策。

新闻、博客、自媒体展现了投资者的情绪,反映了他们对市场前景的展望。需要注意的是,在利用这些数据进行分析和汇总的时候,必须仔细甄别谣言。有些投资者或者机构为利益所驱动,有可能发布误导性的消息。

把这些数据导入交易策略模型,需要考虑一系列问题,包括选择数据源、爬取数据、情感分析,以及分析结果的使用等。

这时候,交易策略不仅利用价格、交易量等结构化数据,还能利用文本等非结构化数据。多模态数据的联合分析是否会带来奇妙的化学反应呢?值得期待。

17.7 强化学习、深度学习的运用

2016 年和 2017 年,Alpha GO 分别战胜李世石和柯洁,给人们留下了深刻的印象。Alpha GO 运用了深度学习、强化学习等一系列技术。现在,综合使用这些技术构造量化交易策略,成为量化交易领域的研发热点。

新技术的运用不局限于强化学习和深度学习,机器学习领域最新的研究成果都可以尝试运用到量化交易这个领域中。

这里列举一些值得注意的新技术:

(1) 高斯过程回归(gaussian process regression)。

(2) 因果推理(causal inference)与可解释性。

(3) 自动机器学习 AutoML。

---

① https://www.accern.com/.

(4) 神经-符号混合网络架构，可以把归纳学习(神经处理)和逻辑推理结合起来，实现连接主义和符号主义的结合，取得更好的性能。

(5) 遗传算法和演化策略(evolution strategy)。

(6) 对抗生成网络。

感兴趣的读者可以查阅相关资料。

17.8 时间序列数据的无监督表示学习

近年来，基于深度学习的文本处理技术取得了重要突破，典型的技术是 BERT。BERT 基于 Transformer 技术，通过注意力机制，对文本中较长范围内的依赖关系进行精准建模，大大提高了下游文本分析任务的性能，包括翻译、摘要、问答、分类、阅读理解等任务。

是否可以借鉴 BERT 的注意力机制，对时间序列数据进行表示学习，通过学习时间序列数据中较长时间范围内的依赖，来提高中短期和长期的预测能力？①

此外，对时间序列的学习，可以考虑对分钟级别、小时级别、天级别、周级别、月级别等不同时间分辨率的统一学习。

参考文献

[1] 覃雄派，陈跃国，杜小勇．数据科学概论．北京：中国人民大学出版社，2018.

[2] 王秋月，覃雄派，赵素云，张静．人工智能与机器学习．北京：中国人民大学出版社，2020.

[3] 董志勇．行为金融学．北京：北京大学出版社，2009.

[4] (美)格里纳尔德，(美)卡恩．积极型投资组合管理．北京：清华大学出版社，2008.

[5] (美)安德鲁·波尔．统计套利．北京：机械工业出版社，2011.

[6] 何海群．零起点 Python 大数据与量化交易．北京：电子工业出版社，2017.

[7] 忻海．解读量化投资:西蒙斯用公式打败市场的故事．北京：机械工业出版社，2010.

[8] 杨博理，贾芳．量化炼金术:中低频量化交易策略研发．北京：机械工业出版社，2017.

[9] 欧内斯特·陈．量化交易:如何建立自己的算法交易事业．大连：东北财经大学出版社，2014.

[10] Python3 对多股票的投资组合进行分析．https://blog.csdn.net/asialee_bird/article/details/89417750.

[11] 人 VS 机器:AIEQ 人工智能 ETF 大揭秘(转载)．http://www.pinlue.com/article/2018/05/2514/446448957433.html.

[12] JoinQuant 聚宽社区．https://www.joinquant.com/.

[13] Tushare 大数据开放社区．https://tushare.pro/.

[14] News sentiment analysis and technical analysis. https://github.com/BenjiKCF/Neural-Net-with-Financial-Time-Series-Data.

[15] Keith Fitschen. Building Reliable Trading Systems: Tradable Strategies That Perform As They Backtest and Meet Your Risk-Reward Goals. Wiley, 2013.

[16] Robert Pardo. The Evaluation and Optimization of Trading Strategies. Wiley, 2008.

[17] Investment Portfolio Optimization with Python. https://www.pythonforfinance.net/2017/01/21/investment-portfolio-optimisation-with-python/.

① Siteng Huang, Donglin Wang, Xuehan Wu, Ao Tang. DSANet: Dual Self-Attention Network for Multivariate Time Series Forecasting. CIKM 2019, pp. 2129-2132.

[18] Harry Markowitz. Portfolio Selection. *The Journal of Finance*, 1952.

[19] Stock Clusters Using K-Means Algorithms in Python. https://www.pythonforfinance.net/2018/02/08/stock-clusters-using-k-means-algorithm-in-python/9134210/? shu=9.

图书在版编目（CIP）数据

量化交易入门与 Python 实践／覃雄派，陈跃国，编著
-- 北京：中国人民大学出版社，2021.7
21 世纪通识教育系列教材
ISBN 978-7-300-29489-6

Ⅰ.①量… Ⅱ.①覃… ②陈… Ⅲ.①股票交易-应用软件-高等学校-教材 Ⅳ.①F830.91

中国版本图书馆 CIP 数据核字（2021）第 116181 号

21 世纪通识教育系列教材
量化交易入门与 Python 实践
覃雄派　陈跃国　编著
Lianghua Jiaoyi Rumen yu Python Shijian

出版发行	中国人民大学出版社		
社　　址	北京中关村大街 31 号	**邮政编码**	100080
电　　话	010－62511242（总编室）		010－62511770（质管部）
	010－82501766（邮购部）		010－62514148（门市部）
	010－62515195（发行公司）		010－62515275（盗版举报）
网　　址	http://www.crup.com.cn		
经　　销	新华书店		
印　　刷	北京市鑫霸印务有限公司		
规　　格	185 mm×260 mm　16 开本	**版　　次**	2021 年 7 月第 1 版
印　　张	17 插页 1	**印　　次**	2021 年 7 月第 1 次印刷
字　　数	401 000	**定　　价**	39.00 元

教师教学服务说明

中国人民大学出版社管理分社以出版经典、高品质的工商管理、统计、市场营销、人力资源管理、运营管理、物流管理、旅游管理等领域的各层次教材为宗旨。

为了更好地为一线教师服务，近年来管理分社着力建设了一批数字化、立体化的网络教学资源。教师可以通过以下方式获得免费下载教学资源的权限：

在中国人民大学出版社网站 www. crup. com. cn 进行注册，注册后进入“会员中心”，在左侧点击“我的教师认证”，填写相关信息，提交后等待审核。我们将在一个工作日内为您开通相关资源的下载权限。

如您急需教学资源或需要其他帮助，请在工作时间与我们联络：

中国人民大学出版社　管理分社

联系电话：010-82501048，62515782，62515735

电子邮箱：glcbfs@ crup.com.cn

通讯地址：北京市海淀区中关村大街甲 59 号文化大厦 1501 室（100872）